GUARDA COMPARTILHADA

```
C425g    Cezar-Ferreira, Verônica A. da Motta.
            Guarda compartilhada : uma visão psicojurídica / Verônica
         A. da Motta Cezar-Ferreira, Rosa Maria Stefanini de Macedo. –
         Porto Alegre : Artmed, 2016.
            239 p. : il. ; 23 cm.

            ISBN 978-85-8271-332-7

            1. Direito – Família. 2. Guarda compartilhada. 3.
         Psicologia. I. Macedo, Rosa Maria Stefanini de. II. Título.

                                                    CDU 347.6:159.9
```

Catalogação na publicação: Poliana Sanchez de Araujo – CRB 10/2094

GUARDA COMPARTILHADA

uma visão psicojurídica

VERÔNICA A. DA MOTTA CEZAR-FERREIRA

Psicóloga e Advogada. Professora de Pós-graduação, Pesquisadora, Psicoterapeuta Individual, de Família e Casal. Mediadora, Perita e Consultora Psicojurídica de Família. Doutora e Mestre em Psicologia Clínica pela Pontifícia Universidade Católica de São Paulo (PUC-SP). Bacharel em Direito pela Universidade de São Paulo (USP). Especialista em Família, Dinâmicas e Processos de Mudança pelo Serviço Social da PUC-SP. Diretora de Relações Interdisciplinares da Associação de Direito de Família e das Sucessões (ADFAS). Membro Fundadora da Associação Paulista de Terapia Familiar (APTF) e da Associação Brasileira de Terapia Familiar (ABRATEF). Membro do Conselho Científico da ADFAS. Membro do Conselho de Educadores da Escola de Pais do Brasil (EPB).
Introdutora da Visão Psicojurídica no Direito de Família.

ROSA MARIA STEFANINI DE MACEDO

Professora, Pesquisadora, Terapeuta de Família e Casal. Doutora em Psicologia pela PUC-SP. Pós-doutora em Terapia Familiar pela Universidade de Massachusetts e pela Universidade de Illinois – Chicago. Professora Emérita do Programa de Pós-graduação em Psicologia Clínica, PUC-SP. Coordenadora do Núcleo de Estudos Família e Comunidade, do Curso de Especialização em Terapia Familiar e de Casal, e do Curso de Aperfeiçoamento em Mediação – Resolução pacífica de conflitos, COGEAE/PUC-SP. Membro Fundadora da Associação Brasileira de Terapia Familiar (ABRATEF). Ex-presidente da Associação Paulista de Terapia Familiar (APTF).

2016

© Artmed Editora Ltda., 2016

Gerente editorial: *Letícia Bispo de Lima*

Colaboraram nesta edição
Coordenadora editorial: *Cláudia Bittencourt*
Assistente editorial: *Paola Araújo de Oliveira*
Capa: *Paola Manica*
Preparação de originais: *Camila W. Heck*
Editoração: *Kaéle Finalizando Ideias*

Reservados todos os direitos de publicação à
ARTMED EDITORA LTDA., uma empresa do GRUPO A EDUCAÇÃO S.A.
Av. Jerônimo de Ornelas, 670 – Santana
90040-340 – Porto Alegre – RS
Fone: (51) 3027-7000 Fax: (51) 3027-7070

SÃO PAULO
Rua Doutor Cesário Mota Jr., 63 – Vila Buarque
01221-020 – São Paulo – SP
Fone: (11) 3221-9033

SAC 0800 703-3444 – www.grupoa.com.br

É proibida a duplicação ou reprodução deste volume, no todo ou em parte, sob quaisquer formas ou por quaisquer meios (eletrônico, mecânico, gravação, fotocópia, distribuição na Web e outros), sem permissão expressa da Editora.

IMPRESSO NO BRASIL
PRINTED IN BRAZIL

O Direito de Família é o lugar
de onde o Direito transcende seu objetivo primário
– organizar a sociedade de uma forma justa –
para atingir o âmago dos cidadãos ,
em seu desiderato: a possibilidade de ser feliz.

A Psicologia é o lugar do
autoconhecimento e da compreensão do outro,
o que permite organizar de forma mais justa as relações
na procura da realização do desejo existencial: ser feliz.

(CEZAR-FERREIRA, 2004a)

Dedicatória

A minha querida Sofia,

Última flor desabrochada no jardim de meus afetos,
e que ainda precisará de muitos cuidados
para crescer, saudavelmente,
e manter o sorriso e a alegria
que a acompanham
desde que nasceu.

Verônica A. da Motta Cezar-Ferreira

Dedico este trabalho a todas(os)
que buscam no conhecimento
um meio de enriquecer suas vidas.

Rosa Maria Stefanini de Macedo

Agradecimentos

Aos magistrados participantes da pesquisa pela disponibilidade de longas horas de conversa e reflexão sobre o que vivem em seu dia a dia, sensibilizados com a dor dos jurisdicionados e suas famílias, e a lei que, prescrevendo maior aproximação entre pai e mãe, lhes permite tentar minorar aquele sofrimento.

A nossos clientes em psicoterapia, perícia, mediação ou em consultoria psicojurídica de família, por permitir-nos ajudá-los a se ajudarem no sentido de evitar maior sofrimento para todos, especialmente a seus filhos.

A todos quantos participaram da construção concreta desta obra, especialmente ao Grupo A pela iniciativa de enveredar pelos meandros da área jurídica, e, dentro desse, em particular à Artmed, cuja equipe não poupou esforços para que o trabalho chegasse a bom termo, sempre em constante e ameno diálogo.

E, finalmente, agradecemos uma à outra pela parceria antiga em várias dimensões da vida, o que, apesar de todo o trabalho longo e profundo, nos trouxe até aqui sem nenhum arranhão nesta relação de amizade.

Poesia

A poesia não é de quem a escreve, mas de quem a usa.
(ANTONIO SKÁRMETA, 2010)

▶ **DES - VINCULAR**
PARA
COM - PARTILHAR

Se eu quero criar meus filhos? Oh! Se quero!
Eu, também. São o que mais importa.
Então, por que será que eu lhes tranco a porta
Para você, que os quer tanto, também?
Meus filhos são o mais importante para mim?
Por que, então, ataco sua mãe?
Meus filhos são tão importantes para mim?
Por que, então, os afasto de seu pai?

A quem queremos? A eles ou a nós mesmos?
A quem amamos? A eles ou a nossa desavença?
Porque não há, nessa briga, quem mais vença,
Senão nossa vontade de brigar.

E de fazer de nossos filhos nossas armas,
Sem enxergar o que se passa em suas almas,
Sem ver mais nada, além de nosso ódio,
Nosso desaponto e ressentimento.
Sem nada resgatar daquele sentimento
Que nos fez, um dia, dar-lhes vida.

Podemos não mais querer sermos casados,
"A fila anda", é coisa do passado,
Mas nossos filhos são nosso presente,
O que ganhamos e o que vivemos hoje.

Por que não lhes darmos o amor que proclamamos?
Por que não os criarmos, juntos, sem mais danos,
Além de já nos terem separados?

Por que não brincarmos juntos seus brinquedos?
Por que não escutarmos, juntos, suas dores?
Por que não discutirmos juntos seu futuro?
E, amanhã, vibrarmos, também, com seus amores?

Por que? Por quê?
Será, assim, isso tão pesado?
Será fazermos isso algo errado?
Será esse um viver que nos humilha?

Por que escolhermos para amar quem não os ama?
Por que ouvirmos quem mal os conhece?
E, os desconhecendo, não lhes querem o bem?

Por que deixar alguém que veio, agora,
Ser chamado de pai ou mãe por eles?
Por que supor que um novo companheiro
Será melhor que mãe ou pai inteiro,
E poderá ocupar nosso lugar?

Que tolos somos, pensarmos desse jeito.
Que arrogantes, supormos seja assim,
Sem poder honrar nossa escolha.
E nossa escolha terá que ser por eles,
Que nem pediram, um dia, pra nascer,
Nem para se separarem nos pediram.

Que tolos somos ao sermos tão frágeis,
Que qualquer vento derruba nosso teto.
Que tolos somos em deixar qualquer estranho,
Por mais querido que ele ou ela seja,
Vir nos substituir em nosso afeto.

Um novo amor só merecerá o nome,
Se ajudar a mim e a você,
A nos entendermos por um bem maior.

Nossos filhos, como filhos, são só nossos:
Nosso dever e nossa alegria.
Nosso amor e responsabilidade,
Porque eles são, e serão, nossa unidade.

Para isso, precisamos de um lugar
Onde só caibamos como pais,
Desligando, em paz, esse casal,
Que já viveu em nós como entidade.

Nossos filhos precisam que os criemos, juntos,
Dando-lhes proteção e identidade.
E que sejamos fortes o bastante,
Para, ao nos desvincularmos no casamento,
Podermos compartilhar na parentalidade.

Verônica A. da Motta Cezar-Ferreira
São Paulo, 19/6/2012

Prefácio psicológico

Nem sempre é fácil dimensionar tudo o que se perde com o divórcio, nem como seu impacto é diverso para cada um de seus atores. Muito frequentemente, os filhos são considerados coadjuvantes. Por serem os que têm menos poder em todo o drama que se desenrola durante anos, meu coração e minha razão sempre penderam para o seu lado. Por isso, fiquei muito feliz ao saber que este livro se tornara uma realidade, pois, embora a guarda compartilhada não seja a panaceia universal, é um avanço significativo no sentido do melhor interesse dos filhos e do bem-estar familiar.

Mavis Hetherington, uma autora norte-americana que estudou o divórcio na perspectiva de todos os membros da família, tendo realizado um estudo longitudinal que durou décadas, afirmou que "todo divórcio é uma tragédia única, porque todo divórcio põe fim a uma civilização única, construída sobre centenas de experiências, memórias, esperanças e sonhos compartilhados".[1] O que fazer com tudo isso?

Só é possível compreender muito do que ocorre entre ex-cônjuges, o que muitas vezes deixa atônitos todos os que direta ou indiretamente se relacionam com eles, sendo sensível a essa dimensão de perda, que vigora mesmo quando eles pareciam ser tão razoáveis, tão preocupados com o bem-estar dos filhos, tendo chegado a uma posição aparentemente consensual.

Mesmo considerando que os casamentos não fracassam, somente duram, o divórcio traz o gosto amargo do fracasso de uma ilusão social: o amor romântico que se dizia "para sempre". Homens e mulheres não se casam para se divorciar, mas, ao fazê-lo, têm de se enlutar por não terem sido os escolhidos pelo amor eterno. E o divórcio nem é um evento, mas, sim, um longo processo de transição.

---

[1] HETHERINGTON, E. M.; KELLY, J. *For better or for worse: divorce reconsidered*. New York, W. W. Norton & Company, 2003, p.2.

Quando um dos cônjuges começa a desinvestir na relação, no projeto conjugal, e passa a investir no eu, a separação começa. O rompimento vai ocorrendo durante o casamento. A revelação do desejo de término é o termo final de algo que um deles pode ter preparado por anos. O outro não percebeu, ou fez por não perceber. As emoções são contraditórias, misto de "não me deixe" e "você vai ver, nunca encontrará alguém como eu". A dor e a raiva se referem à rejeição, aos sonhos que não se realizarão, aos amigos que tomarão partido, às perdas materiais e do estilo de vida. Mas e os filhos?

Quando comecei a estudar a perspectiva de crianças e adolescentes acerca da separação e do divórcio dos pais, deparei-me com uma profunda compreensão da psicologia dos adultos por parte delas e deles, mesmo os bem pequenos. Têm como certo que as pessoas se casam por amor e se separam quando: o amor acabou, quando brigam muito ou se desrespeitam nas brigas.

O elemento central para uma perspectiva positiva ou negativa das decorrências da separação, para os filhos, refere-se ao conflito conjugal, no casamento e depois. Reconhecem que o divórcio é triste e doloroso, mas pode conduzir ao melhor contato com cada um dos pais, melhor qualidade de vida para eles e, consequentemente, para si mesmos. Ruim, mas ruim mesmo, é quando a separação conjugal só é o primeiro ou segundo ato de uma peça que se estende indefinidamente.

Como para os adultos envolvidos, o rompimento conjugal traz muitas mudanças e perdas. Os filhos irão sofrer, funcionar fora do equilíbrio, mas, segundo eles, as coisas mais difíceis são: não receber a notícia de ambos (o que alimenta fantasias de reconciliação, ou culpa por acharem que produziram a separação), segredos, diminuição de contato com a figura parental não residencial, excesso de mudanças (de casa, escola, cidade) com consequente perda de rede de apoio (amigos, colegas), diminuição ou aumento de contato com avós e o envolvimento deles no conflito parental, imprevisibilidade ambiental (o que mais vai acontecer agora?), e principalmente, perpetuação de conflitos e/ou ter de intermediá-los.

De fato, a relação entre os pais é quase mais importante no divórcio do que no casamento, porque todos os sofrimentos referidos são intermediados pelo que delimita a guarda e o nível de conflito entre os ex-cônjuges. O rompimento conjugal, direito inegável de buscar uma vida melhor para si, traz consigo uma dimensão complexa de direito dos filhos, o do convívio familiar, pois não é infrequente que pai ou mãe espere que eles tomem partido, que rejeitem aquele que trouxe tanto sofrimento, ou que era tão inadequado.

É nesse contexto geral que este livro se insere. Suas autoras, grandes conhecedoras da área e das ações de proteção aos direitos, nem sempre considerados, de crianças e adolescentes, proporcionam uma extensa, profunda e atualizada discussão sobre "guarda", particularmente a compartilhada. Seus benefícios, malefícios, entraves e desafios.

Situação que delimita uma interface extremamente complexa entre psicologia e direito, a guarda – única ou unilateral, compartilhada, alternada, ou qualquer outra que se possa inventar – cria um campo compartilhado de conhecimentos. Saber navegar entre ambos os saberes, e traduzi-los em uma abordagem psicojurídica, é para poucos.

Quem ler este livro encontrará rigor e sensibilidade. Informação legal e psicológica fundamentada e atual, base para ação e tomada de decisão, bem como convite à reflexão. O livro começa com uma Introdução que, por si só, garante um panorama do que será aprofundado depois. A proposta, como afirmam as autoras, tem o intuito de "esclarecer os profissionais das áreas do Direito e da Psicologia, profissionais de áreas afins, estudantes e pais acerca do que seja a guarda compartilhada e como propiciar sua viabilização na maioria dos casos".

Com poder de síntese e capacidade de seleção do que importa aos profissionais que operam no divórcio, o Capítulo 1 permite acompanhar a evolução do Direito de Família desde o Direito Romano até o Código Civil de 2002, aprofundando a possibilidade de compreensão da família como unidade de proteção, introduzindo considerações sobre igualdade entre homens e mulheres e suas consequências, bem como o sentido da proteção familiar para crianças e adolescentes.

O Capítulo 2 trata a complexidade dos arranjos familiares da atualidade e aprofunda a temática dos lutos associados ao rompimento amoroso. Oferece uma visão atual e comprometida das nuances afetivas e jurídicas envolvidas nos processos de alienação parental, condição de frequente polarização de opiniões. Termina com o apontamento de possibilidades de prevenção e de geração de condições de resiliência social.

O que se segue apresenta a guarda compartilhada. Quem atua em divórcio reconhece que a questão básica da figura parental que não detém a guarda é como manter um relacionamento no qual parte das responsabilidades e privilégios-alegrias relativos ao cuidado dos filhos está limitada. Tanto pais quanto filhos identificam essas restrições impostas ao relacionamento. Nesse sentido, a guarda compartilhada é teoricamente um grande ganho e um meio de evitar que a figura parental sem guarda se torne periférica. Um dos grandes méritos deste livro é que, no Capítulo 3, traz a lei, mas a coteja a partir das condições dos sujeitos envolvidos – pai, mãe e filhos de diferentes idades.

Centrando-se no conflito conjugal, aquele que é central que decline em nome da saúde mental dos filhos, mas também dos pais, o Capítulo 4 trabalha com as condições conflituosas, discutindo a guarda compartilhada nessa perspectiva e apresentando os instrumentos que podem favorecê-la, como é o caso da mediação de conflitos. A temática ainda é reanalisada na perspectiva do que foi denominado magistratura atuante, tema do capítulo seguinte.

Dado que o livro é baseado em pesquisa de doutorado defendido em 2013, ele traz um capítulo final que atualiza alguns aspectos à luz de considerações legais posteriores, apontando conclusões importantes como "a separação ou o divórcio não afetam o poder familiar, a autoridade parental que atribui aos pais o dever e o direito de acompanhar a transformação e educação dos filhos, e que a guarda compartilhada procura dar equilíbrio, porque a responsabilidade é de ambos". Tal remate conclama a todos os envolvidos no estudo e nas ações protetivas, de prevenção e promoção de saúde familiar, a atuar de modo fundamentado no melhor da lei e da teorização psicológica.

Volume denso e ao mesmo tempo sensível ao sofrimento dos envolvidos no divórcio, este livro marcará presença como leitura obrigatória recomendada a psicoterapeutas, advogados, legisladores, pesquisadores, assistentes técnicos, assistentes sociais, educadores, estudantes... Mas também a pais, porque, mesmo sendo texto com cuidadosa perspectiva psicojurídica, é escrito de modo claro e amoroso. Por isso, só temos a comemorá-lo e recomendá-lo.

Profa. Dra. Rosane Mantilla de Souza
Professora Titular do Programa de Estudos Pós-graduados em Psicologia Clínica,
Pontifícia Universidade Católica de São Paulo.

Prefácio jurídico

Com imensa satisfação recebi o convite para prefaciar esta edição da obra *Guarda compartilhada: uma visão psicojurídica*, de Verônica A. da Motta Cezar-Ferreira e Rosa Maria Stefanini de Macedo, cujos títulos e trabalhos realizados ao longo de suas carreiras profissionais demonstram, desde logo, a importância deste livro.

Verônica Cezar-Ferreira é psicóloga e advogada, com formação psicanalítica e sistêmica, Doutora em Psicologia Clínica pela Pontifícia Universidade Católica de São Paulo (PUC-SP), tendo antes obtido o título de Bacharel em Direito pela Universidade de São Paulo (USP). O caminho para o estudo da Psicologia surgiu quando, jovem advogada, quis conhecer mais sobre o ser humano para melhor atender às causas judiciais de família. A paixão que se instalou pela Psicologia não esmoreceu a que devotava ao Direito, e acabou integrando ambas as ciências, tendo introduzido a visão psicojurídica no Direito de Família, oficialmente, no ano de 2000, muito embora já antes a aplicasse.

A terapia familiar veio como decorrência. Passou a fazer mediação antes de conhecer-lhe o nome, sendo pioneira tanto na terapia familiar, de que possui o Certificado nº 16 da Associação Brasileira de Terapia Familiar, como da mediação, tendo sido um dos 22 primeiros profissionais nomeados pelo Tribunal de Justiça de São Paulo. A partir daí, além das terapias individual e familiar, das perícias e da consultoria psicojurídica, dedicou-se também à docência desse importante instrumento de pacificação das relações e foi, por 10 anos consecutivos, formadora em capacitação, aperfeiçoamento e especialização na Escola Paulista da Magistratura, entre outras instituições de ensino.

Sua preocupação com os menores, filhos dos separados, a levou a aproximar cada vez mais Psicologia e Direito na área de família e, nos últimos anos, a dedicar-se à pesquisa e ao estudo da guarda compartilhada para que os filhos continuem a ter pai e mãe, independentemente da situação conjugal, esforço que se reverteu na presente obra.

Tamanha a capacidade na área da Psicologia de Verônica Cezar-Ferreira, que foi, desde o início, convidada para exercer o cargo de Diretora de Relações Interdisciplinares da Associação de Direito de Família e das Sucessões (ADFAS).

Rosa Macedo é professora emérita da PUC-SP, no Programa de Pós-graduação em Psicologia Clínica, Doutora em Psicologia e Pós-doutora em Terapia Familiar. Leciona na Faculdade de Psicologia da PUC-SP desde que o curso foi fundado, sempre na área de Desenvolvimento Humano. Fundou a Pós-graduação em Psicologia Clínica e introduziu a área de Estudos e Terapia de Família na Universidade.

Pedagoga de formação pela Faculdade de Filosofia, Ciências e Letras de São Bento, PUC-SP, antes da criação dos cursos de Psicologia no Brasil, Rosa Macedo encantou-se com a Psicologia trazida da Itália pelo Dr. Enzo Azzi, fez especialização em Psicologia Clínica na mesma faculdade e foi habilitada para a prática da Psicologia no primeiro Instituto de Psicologia da América do Sul, onde foi auxiliar de pesquisa, tendo, quando da regulamentação da profissão, obtido seu registro no Conselho Regional de Psicologia de São Paulo. Ao ser aberto o Curso de Graduação daquela Faculdade, ocupou a Cadeira de Psicologia do Desenvolvimento.

Rosa Macedo, em meados de 1980, fez Pós-doutorado na Universidade de Massachusetts, Estados Unidos, entrando em contato com a terapia familiar, que trouxe para o Brasil, criando, assim, o primeiro Curso de Especialização da área no País.

Com o escopo de bem contextualizar a análise do instituto da guarda compartilhada, esta obra traz um panorama da família desde o Direito Romano até o Código Civil de 2002, incluindo as modificações operadas pelas leis posteriores sobre o instituto da guarda, dedica importantes linhas às grandes transformações pelas quais passou o instituto da família, trata do poder familiar, de seu caráter protetivo e dos deveres e direitos dos pais, entre outros assuntos relevantes para a boa compreensão do tema principal.

A obra proporciona um melhor olhar do fenômeno da guarda compartilhada, conjugando, com maestria, as linguagens do Direito e da Psicologia. Como esclarecem as autoras, enquanto aquele tem como foco de reflexão a lei, esta trabalha com o olhar voltado para o comportamento humano, os sentimentos e as emoções.

Este importantíssimo estudo psicojurídico, portanto, analisa a guarda compartilhada de forma a compreendermos a profundidade dos impactos emocionais da separação e do divórcio nos ex-companheiros e nos ex-cônjuges, que acarretam as maiores dificuldades na aceitação desse instituto, que é legislado no Brasil desde o ano de 2008, por meio da Lei n. 11.698, a qual realizou as primeiras alterações no Código Civil.

Mesmo com cerca de oito anos de previsão legal, a guarda compartilhada ainda é alvo de perplexidades e dúvidas, o que decorre dos abalos que sofre a estrutura familiar na separação de um casal, como se vê, com clareza, neste estudo.

Participei, como consultora, da frase projetada da chamada Lei da Guarda Compartilhada, Lei nº 13.058, de 22 de dezembro de 2014, a pedido do nobre deputado Arnaldo Faria de Sá, autor do respectivo projeto, em razão de minha luta em favor da igualdade entre homens e mulheres em suas relações com os filhos. A principal mudança dessa lei, que realizou as últimas alterações no Código Civil sobre o instituto em tela, é a possibilidade de fixação da guarda compartilhada independentemente de acordo entre os separandos.

Com imensa satisfação verifico que, nesta obra, essa igualdade é defendida em razão da necessidade que as crianças e os adolescentes têm da presença de suas mães e de seus pais, convivam estes ou não sob o mesmo teto.

Efetivamente, a separação acarreta forte "crise no ciclo vital da família", como acentuam as autoras, podendo representar a oportunidade de crescimento pessoal. Nesse crescimento, destaca-se a aceitação por ambos – mãe e pai – da guarda compartilhada, sempre respeitado o requisito essencial da lei: aptidão nos cuidados para com os filhos (Código Civil, artigo 1.584, § 2º, modificado pela Lei nº 13.058 de 2014).

Esta obra certamente auxiliará a todos, advogados, promotores, juízes, psicólogos, assistentes sociais e, também, aqueles diretamente envolvidos na guarda compartilhada – mãe, pai e filhos –, a compreender as dificuldades na sua fixação e, ao mesmo tempo, os meios de que dispõem para superá-las em prol do tão almejado melhor desenvolvimento dos filhos, mas sempre sob o pressuposto essencial da aptidão de quem pleiteia a sua aplicação.

Entre outros ensinamentos de extrema relevância, as autoras acentuam que a separação com existência de filhos deve implicar a aceitação da eterna condição do outro como pai ou mãe. Esse foi exatamente o propósito da Lei da Guarda Compartilhada de 22 de dezembro de 2014.

Realmente, como observado nesta obra, não basta a lei para que as relações afetivas sejam ordenadas nas separações e em prol dos filhos.

Porém, indiscutivelmente, não houvesse a Lei de Guarda Compartilhada de 22 de dezembro de 2014, dificilmente teríamos o avanço tão almejado no importante e efetivo compartilhamento, com igualdade, do exercício do poder familiar pós-separação.

Afinal, a sociedade mudou, o pai passou a ser também cuidador e a mãe a ser também provedora, o que exige dos ex-casais que nunca sejam ex-pais, já que os filhos, após a separação, precisam continuar a sentir e ter os cuidados de ambos.

Como também é bem acentuado nesta obra, é necessário trabalho interdisciplinar e multiprofissional no auxílio à família que se encontra envolvida em processos judiciais, o que se acentua no exercício da guarda compartilhada e não passou despercebido pela Lei da Guarda Compartilhada de dezembro de 2014, que alterou o artigo 1.584, § 3º do Código Civil, para, nesse dispositivo, constar que

> Para estabelecer as atribuições do pai e da mãe e os períodos de convivência sob guarda compartilhada, o juiz, de ofício ou a requerimento do Ministério Público, poderá basear-se em orientação técnico-profissional ou de equipe interdisciplinar, que deverá visar à divisão equilibrada do tempo com o pai e com a mãe.

Recebam, as autoras, meus cumprimentos pelo abrangente enfrentamento do tema, com visão psicojurídica exemplar.

Recebam, os leitores desta obra, meus melhores votos pelos ensinamentos que encontrarão nesta excelente doutrina psicojurídica sobre a guarda compartilhada.

Prof. Dra. Regina Beatriz Tavares da Silva
Advogada. Doutora em Direito pela Universidade de São Paulo. Presidente da Associação de Direito de Família e das Sucessões.

Apresentação

A proposta desta obra é esclarecer profissionais das áreas do Direito e da Psicologia, bem como profissionais de áreas afins, estudantes e pais sobre o que é a guarda compartilhada e sobre como propiciar sua viabilização na maioria dos casos. Seu objetivo maior é fornecer elementos de reflexão sobre o tema.

Este livro não traz apenas aportes psicológicos e jurídicos para conhecimento de profissionais de ambas as áreas e leigos interessados no assunto, ele inclui o diferencial da integração dessas ciências, partindo do pressuposto que institutos do Direito que interessem à família e a seus membros requerem uma visão denominada psicojurídica, introduzida no Direito de Família por Cezar-Ferreira no ano 2000.

A visão psicojurídica compreende um olhar peculiar ao Direito de Família, particularmente no que diz respeito a separações e divórcios, promovendo uma leitura do jurídico com os olhos do psicológico. Ela resulta da interpenetração de linguagens distintas, provenientes de campos científicos distintos e de mentalidades distintas.

Nesse sentido, Direito de Família e Psicologia da Família constituem uma interconexão epistemológica como complementares, permitindo uma melhor interpretação do conteúdo das dissensões e uma maior aproximação da realidade dos sujeitos atores das desavenças, por mais subjetivas que sejam tais realidades. Estas últimas, quando distorcidas pela dificuldade dos parceiros de lidar com o rompimento do vínculo psicológico, mantêm a discordância e acirram as diferenças.

Este livro surgiu da necessidade de se discutir e avaliar a guarda compartilhada como modalidade ideal de guarda na pós-separação ou divórcio. Nele, privilegiamos a expressão separação em lugar de divórcio por estar emocionalmente mais internalizada entre nós brasileiros, embora possamos empregar o termo divórcio em situações pontuais.

A separação conjugal traz reflexos diretos na vida emocional dos filhos e demanda cuidados extremos para que seu desenvolvimento biopsicossocial não seja afetado negativamente.

Sem dúvida, a guarda compartilhada é desejo dos filhos dos separados. Afinal, eles não se separaram de seus pais e muito provavelmente jamais o desejaram. Querem continuar a amá-los e a ser por eles amados e cuidados diuturnamente.

A questão que se coloca é se basta a lei para que a ordem das relações afetivas seja modificada no cotidiano das famílias cujos pais se separaram ou divorciaram.

Nosso objetivo, nesse passo, é trazer reflexões que permitam entender a modalidade de guarda em estudo e oferecer suporte psicológico à compreensão do que seja o melhor para os filhos do ponto de vista psicológico, tanto afetivo como afetivo e relacional.

O mundo do Direito, tradicionalmente, atém-se à lei como base de sua atuação e de suas reflexões, o que é seu mister; o da Psicologia, ao comportamento e aos sentimentos e emoções a eles vinculados. Contemporaneamente, porém, com o aumento da complexidade do mundo e da vida, e do próprio progresso científico, os conhecimentos específicos de cada ciência não são mais suficientes para uma compreensão sistêmica, inter-relacionada dos eventos do cotidiano, sendo cada vez mais necessária uma postura interdisciplinar, um maior compartilhamento de ideias, sobretudo pela busca de cada setor sobre o que dispõe ou propõe cada área do conhecimento. Os profissionais com maior experiência de vida estão se apropriando das novas propostas de pacificação das relações, procurando integrá-las a sua visão de mundo. Os jovens já encontram em seu novel caminho alternativas de ação e de reflexão antes pouco consideradas ou inexistentes.

Em boa hora foi promulgada a Lei nº 11.698, de 2008, instituindo a guarda compartilhada; em momento recente, a Lei nº 13.058, de 2014, tornou-a obrigatória ainda que os pais não entrem em acordo. Para esta última, a obrigatoriedade diminuiria os atritos parentais e evitaria a alienação parental. Será? Sempre? Acreditamos que nem sempre. Pode ser um caminho, no entanto, para ajudar os pais com maior dificuldade de distinguir entre a posição de pais e a de casal conjugal, caso denotem ter condição, em especial maturidade emocional, para tanto.

O propósito, aqui, é, na visão psicojurídica, integrar conhecimentos jurídicos e psicológicos, baseados na larga experiência clínica com conflitos familiares das autoras, bem como na longa experiência em causas judiciais de família, como advogada, perita ou mediadora de Cezar-Ferreira, introdutora do tema, no Direito de Família com o propósito de ativar reflexões em operadores do Direito e operadores não jurídicos que permitam a aplicação da guarda compartilhada nos casos pertinentes, além de ajudar os pais a encontrar em si recursos psicológicos para assumir tal modalidade de relacionamento.

Por esse motivo, consideramos importante fazer uma digressão sobre a história da família, do Direito Romano ao Código Civil de 2002, sobre o poder familiar e a família e a parentalidade; sobre a família transformada, considerando os cuidados parentais, as novas organizações de família, a família homoafetiva, a família posterior e os filhos de famílias anteriores; o luto da separação; os aspectos disruptivos da separação, como alienação parental e abuso; a Psicologia da Família e a crise da separação e a necessidade de se cuidar da separação como prevenção.

Sempre sob a visão psicojurídica, no capítulo referente à guarda compartilhada, em particular, abordamos a equiparação entre pai e mãe; a corresponsabilidade parental; os conceitos e as modalidades de guarda; o fato de que, mais do que haver guardião e visitador, existem pais; a relação entre guarda, amor e cuidado; os cuidados com os filhos menores e o direito à convivência; o conflito de lealdade; a questão dos pequeninos; além de aspectos específicos da guarda unilateral e da compartilhada, levando ao eixo, que é o relacionamento parental adequado. Propomos formas de preparação e ajuda.

Esta é uma obra psicojurídica. Esperamos que amplie o olhar dos profissionais que trabalham com pessoas em situação de crise parental relativa à guarda dos filhos, aos próprios pais na resolução dessa pendência, e traga subsídios à reflexão de nossos leitores e aos estudantes de ambas as áreas e de áreas afins.

As autoras

Sumário

Introdução 29

1 Relação entre pais e filhos: aspectos jurídicos e psicológicos 41

Um olhar sobre a família: do Direito Romano ao Código de 2002 42

O poder familiar 48

    O caráter protetivo do poder familiar 48

    O poder familiar: deveres e direitos dos pais 50

Novos tempos, novas soluções 52

    Família e parentalidade 52

2 Relação entre pais e filhos: a família transformada 57

Os cuidados parentais 63

As novas organizações de família 64

    Famílias homoafetivas 65

    Famílias posteriores e filhos de família anterior 66

O luto da separação 68

Aspectos disruptivos da convivência familiar: alienação parental e abuso 69

    Alienação parental: compreensão do conceito e a lei 70

    Abuso emocional e físico 75

Psicologia da família e a crise da separação 78

    Cuidar da separação, como prevenção 79

3 Da guarda compartilhada e sua obrigatoriedade ... 83

A equiparação entre pai e mãe ... 84

Corresponsabilidade parental ... 84

Conceitos ... 85

Modalidades de guarda ... 87

Não há guardião ou visitador: existem pais ... 91

Guarda, amor e cuidado ... 94

Cuidados com filhos menores e direito à convivência ... 98

    Do conflito de lealdades ... 101

    A questão dos pequeninos ... 102

Guarda compartilhada ... 104

    Breve nota sobre a guarda compartilhada ... 104

    Guarda unilateral e guarda compartilhada ... 107

O eixo: relacionamento parental adequado ... 111

Da obrigatoriedade da guarda compartilhada ... 115

4 Preparo para a guarda compartilhada: alternativas de ação ... 121

O trabalho de rede social ... 121

Sobre o conflito ... 123

A rede em prol de guarda equilibrada ... 126

Propostas da doutrina, lei e Judiciário ... 126

Alternativas possíveis ... 131

    Perícia ... 131

    Mediação familiar ... 133

    A mediação no Novo Código de Processo Civil ... 136

    Intervenção psicológica especializada ... 141

Nota sobre algumas experiências estrangeiras ... 142

Cooperação ordenada	143
Coordenação parental	144
Lausanne Trilogue Play	146
Medidas de apoio familiar	146

5 Pensamento da magistratura atuante 151

Da família e seus correlatos	153
Filhos	154
Separação ou divórcio	156
Conflitos	158
Individualismo, imaturidade e limiar de frustração	159
Poder familiar, autoridade parental e a guarda compartilhada	161
Interesse e proteção integral do menor	163
Corresponsabilidade parental e direito de convivência	164
Guarda unilateral	166
Guarda alternada	171
Alimentos	171
Da guarda compartilhada propriamente dita	173
Importância do instituto da guarda compartilhada no Brasil	173
O entendimento entre os pais na guarda compartilhada	174
Guarda compartilhada, sempre que possível	177
Regulamentação de convivência	184
Sobre mudança na lei	189
Do auxílio à Justiça de Família	191
Perícia	191
Mediação	192
Ajuda extrajudicial: preparo e acompanhamento	195
Experiência estrangeira	200
Sobre alienação parental e outras contribuições	202
O pensamento da magistratura após a Lei nº 13.058, de 2014	206

Considerações finais 211
  Da apreciação das leis que introduziram guarda compartilhada 217
Referências 223
Índice 237

Introdução

O divórcio é uma das transformações psicossociais mais significativas da sociedade contemporânea e exige adaptações familiares. O poder familiar exercido pelos pais deve ser entendido mais como um dever do que como um direito deles, e sim como um direito dos filhos. O art. 1.634 do Código Civil de 2002 elenca os deveres dos pais no exercício do poder familiar (BRASIL, 2002a).

Quando um casal com filhos crianças ou adolescentes se separa, é necessário que um juiz de direito sentencie a respeito da guarda. Essa sentença pode ser homologatória de acordo ou decisória. Havendo recurso dessa decisão, a sentença, chamada de acórdão, virá de desembargadores (juízes do segundo grau de jurisdição).

Espera-se que a modalidade de guarda estabelecida seja a que mais possa beneficiar os filhos biopsicossocialmente e, se possível, evitar que sofram prejuízos emocionais decorrentes da separação do casal.

Para que se possa pretender fazer qualquer reflexão acerca de alternativas de ajuda que demandem uma ação direta da autoridade judicial no estabelecimento de guarda compartilhada por sentença judicial, seja por homologação de acordo realizado pelas partes, seja por determinação judicial, é preciso que, antes, se tome ciência do modo de pensar do magistrado e das convicções que o conhecimento do campo e a experiência na área tenham gerado na referida autoridade.

A forma como juízes de diferentes graus compreendem a guarda compartilhada e se colocam acerca de sua determinação será crucial para a abertura, ou não, de um diálogo, desde que o Direito tem suas normas e princípios, e a Justiça tem suas próprias regras de funcionamento.

Nossa constatação prática indica que os problemas da separação não terminam pela sentença de homologação do acordo ou pela sentença decisória, mas que ações de guarda podem estender-se *ad aeternum*, em função de razões emocionais do casal, o que já foi confirmado por pesquisas científicas (CEZAR-FERREIRA, 2000; VAINER, 1999).

Em nossas duas áreas de convivência, Direito e Psicologia, encontram-se profissionais que parecem tender a radicalizar: ou têm na guarda compartilhada a solução para um dos mais importantes problemas judiciais da família, ou a consideram dispensável, alegando que quem tem condição de deter guarda compartilhada compartilha a criação dos filhos independentemente da modalidade de guarda.

A instituição da guarda compartilhada é, no entanto, tendência mundial, e países como Estados Unidos, França, Itália, Inglaterra e Espanha, entre outros, a têm no bojo das respectivas legislações; além do mais, e principalmente, faz parte da legislação do Brasil e, portanto, deve ser considerada e bem compreendida.

Não se pode esquecer de que, em outras legislações, após o divórcio, desfaz-se a autoridade parental, aquela que determina que ambos os pais criem, conjuntamente, os filhos. Para estas, portanto, a inclusão na lei da possibilidade de se compartilhar a guarda foi crucial. No Brasil, ao contrário, a separação e o divórcio não alteram o poder familiar, a autoridade parental, daí maior a importância em bem se estudar a determinação da guarda compartilhada e seus efeitos.

A percepção de que o individualismo que grassa, atualmente, pode induzir os pais separados a se distanciarem nos cuidados conjuntos com os filhos e a desconsiderarem sua autoridade parental como direito e dever de ambos e, assim, darem à guarda importância maior do que ao poder familiar pode ser um bom motivo para que a lei tivesse incluído o instituto da guarda compartilhada como reforço à memória de que pais são para sempre e de que o desenvolvimento biopsicossocial dos filhos é função deles.

Algumas considerações nortearam nosso interesse em estudar a presente problemática:

- ▶ A separação e o divórcio são fenômenos frequentes.
- ▶ Os filhos menores e os filhos incapazes por razão que não a idade precisam de guardião ou guardiões.
- ▶ O bem-estar dos filhos, o melhor interesse deles, é o valor maior.
- ▶ A lei prevê a proteção integral dos menores.
- ▶ O direito/dever de convivência entre pais e filhos é fundamental.
- ▶ Amar é cuidar.
- ▶ Os pais continuam a ter poder familiar sobre os filhos após a separação, tendo o dever de educá-los, nos termos da lei.
- ▶ A guarda é um dos atributos do poder familiar.

- ▶ O estabelecimento da guarda se dá por sentença.
- ▶ A guarda compartilhada é a que mais se aproxima da guarda conjunta das famílias não separadas.
- ▶ A forma como os juízes entendem a questão é primordial no curso das possibilidades de determinação e ajuda, dentro do Poder Judiciário.
- ▶ Os profissionais especializados em dissolução ou minimização de problemas emocionais e relacionais de família são indispensáveis ao encontro de soluções para o Judiciário.

As últimas décadas do século XX trouxeram maior tolerância às diferenças com os avanços da legislação referente a Direitos Humanos, movimentos a favor da inclusão e combate aos preconceitos. Em 1988, foi promulgada a sétima Constituição Federal, chamada de Constituição cidadã, e, ainda assim, parece subsistir insuficiente tolerância nas relações interpessoais. As causas judiciais de família são espelho disso.

A tendência ao individualismo aparece como um dos principais responsáveis pelos conflitos conjugais presentes nas ações judiciais de família.

Nessa direção, é possível supor que o individualismo, a belicosidade nas relações em geral, a maior consciência da mulher a respeito de si e de seu estar no mundo e outros fenômenos transformadores da sociedade tenham atingido, como a outros segmentos sociais, também a família, acarretando significativo aumento no número de separações e divórcios conjugais.

Nesse contexto, a contrapartida veio com a necessidade de pacificação das relações, das quais, na família, tomando como recorte a separação conjugal, a questão da guarda de filhos menores ou filhos incapazes por razão que não a menoridade,[1] após a separação ou o divórcio dos pais, tomou cunho da máxima importância.

O mundo começou a falar e a legislar sobre guarda compartilhada, e, no Brasil, mesmo antes da promulgação de lei correspondente, o interesse também apareceu.

Pode-se entender que a guarda compartilhada esteja para casais separados como a guarda conjunta está para pais não separados. Isso não indica para ausência de problemas ou de dificuldades na negociação diária de tais problemas, apenas para a criação dos filhos por ambos os pais, uma vez que a criação conjunta não é sinônimo de concordância absoluta, consideradas a dinâmica relacional e os respectivos perfis de personalidade.

---

[1] Exemplo: portadores de doença mental grave, em qualquer idade.

Se considerarmos que, em nosso país, essa tendência foi concomitante com o aparecimento de métodos não adversariais para solução de conflitos, como conciliação e mediação, importantes instrumentos de tentativa de pacificação em um universo tão conturbado, sobretudo se compreendidos sob a ótica de um novo paradigma, pode-se pensar que mudanças sistêmicas estariam ocorrendo, merecendo atenção.

Leis existem para propiciar convivência social adequada com liberdade e responsabilidade. As causas judiciais de família têm sido objeto de nossas preocupações em razão dos conflitos emocionais que muito frequentemente subjazem a elas.

O compartilhamento dos pais na criação e educação dos filhos é o desejo das crianças e adolescentes, seja o casal casado, seja separado ou divorciado, mantenha outra entidade familiar ou nenhuma, viva no mesmo domicílio ou em casas separadas. É-lhes importante sentir que ambos os pais cuidam deles e os protegem, que conversam a seu respeito e lhes dão parâmetros de vida coerentes. Além disso, criar e educar os filhos e possibilitar sua convivência com pai e mãe, suas famílias e a sociedade é obrigação legal.

Inadequado, do ponto de vista psicológico, receber orientações diversas e, sobretudo, contraditórias. Isso desorienta e confunde os jovens, deixando-os sem eixo e sem convicção a respeito do que é certo e errado, do que se pode ou não fazer, de como se deve ou não agir.

Embora os conceitos de certo e errado sejam relativos, a ciência psicológica preconiza que esses conceitos precisam ser estabelecidos com firmeza para que crianças e adolescentes possam ter base para uma reflexão sobre tais noções no futuro, quando a idade lhes permitir melhor discernimento. A par disso, precisam de referências sobre como agir nas situações do dia a dia.

Para que uma sociedade se desenvolva de forma criteriosa e saudável, é preciso que as leis sejam obedecidas, as normas sociais de convivência, seguidas, e os bons costumes, preservados.

A possibilidade de trilhar esse caminho inicia-se na aquisição dos valores familiares e em suas crenças e visão de mundo[2] (AUN; VASCONCELLOS; COELHO, 2007; CERVENY, 2002; ESTEVES DE VASCONCELLOS, 1995).

Segundo as principais teorias do desenvolvimento psicológico, na hipótese de tais pré-requisitos não serem bem estabelecidos, o indivíduo em formação

---

[2] MACEDO, R. M. S. *Comunicação oral*. São Paulo: PUCSP, 1998.

poderá ficar com lacuna psíquica que o impedirá de discernir adequadamente ante situações conflitivas das mais simples às mais complexas, ou, pelos menos, poderá diminuir sua possibilidade de fazê-lo.

Quando da promulgação da lei que alterou os arts. 1.583 e 1.584 do Código Civil brasileiro, e instituiu a guarda compartilhada, o contato diuturno com profissionais e partes do processo denotou a fascinação que a nova modalidade de guarda despertou (BRASIL, 2008). Ao mesmo tempo, isso foi instigante por não ser algo facilmente aplicável do ponto de vista psicológico. A partir de dezembro de 2014, no entanto, foi promulgada a Lei nº 13.058, que novamente alterou o Código Civil e tornou a guarda compartilhada obrigatória, o que trouxe maior necessidade de um estudo dessa natureza (BRASIL, 2014).

Mais importante do que a modalidade de guarda é o relacionamento entre os pais na pós-separação, porém, legalmente, quando a separação ocorre, há necessidade de definição da guarda.

O tema da guarda compartilhada nos é atraente por ser essa a modalidade de guarda que mais beneficia nossa perspectiva de família.

Houve progresso legislativo em direção à maior humanização do Direito de Família, e, assim, pouco depois da lei que instituiu a guarda compartilhada, outra lei foi promulgada para proteção integral das crianças e adolescentes: a Lei de Alienação Parental (Lei nº 12.318, de 26 de agosto de 2010), denotando o interesse do Estado na proteção das famílias (BRASIL, 2010a).

Sobre o instituto da guarda compartilhada, cabem algumas considerações.

A Lei nº 11.698, de 13 de junho de 2008, veio alterar os arts. 1.583 e 1.584 da Lei nº 10.406, de 10 de janeiro de 2002, Código Civil brasileiro (CC), para instituir e disciplinar a guarda compartilhada, e dispõe que (BRASIL, 2008):

Art. 1.583. A guarda será unilateral ou compartilhada.

§ 1º Compreende-se por guarda unilateral a atribuída a um só dos genitores ou a alguém que o substitua (art. 1.584, § 5º) e, por guarda compartilhada a responsabilização conjunta e o exercício de direitos e deveres do pai e da mãe que não vivam sob o mesmo teto, concernentes ao poder familiar dos filhos comuns.

O art. 1.584 do Código Civil, modificado pela Lei nº 11.698, de 13 de junho de 2008, afirma (BRASIL, 2008): "§ 2º: Quando não houver acordo entre a mãe e o pai quanto à guarda do filho, será aplicada, sempre que possível, a guarda compartilhada.".

A expressão "sempre que possível" pareceu ser um dado importante da questão, porque, em Direito, indica tendência a tornar-se regra.

Em dezembro de 2014, todavia, a Lei nº 13.058 veio a alterar, efetivamente, a lei anterior, tornando obrigatória a determinação da guarda compartilhada em não havendo acordo entre os pais. Alterou os arts. 1.583, 1.584, 1.585 e 1.634 (BRASIL, 2014).

Sobre os arts. 1.583 e 1.584, dispõe (BRASIL, 2014):

> Art. 1.583. [...]
>
> § 2º Na guarda compartilhada, o tempo de convívio com os filhos deve ser dividido de forma equilibrada com a mãe e com o pai, sempre tendo em vista as condições fáticas e os interesses dos filhos.
>
> § 3º Na guarda compartilhada, a cidade considerada base de moradia dos filhos será aquela que melhor atender aos interesses dos filhos.
>
> [...]
>
> § 5º A guarda unilateral obriga o pai ou a mãe que não a detenha a supervisionar os interesses dos filhos, e, para possibilitar tal supervisão, qualquer dos genitores sempre será parte legítima para solicitar informações e/ou prestação de contas, objetivas ou subjetivas, em assuntos ou situações que direta ou indiretamente afetem a saúde física e psicológica e a educação de seus filhos. (NR)
>
> Art.1.584
>
> [...]
>
> § 2º Quando não houver acordo entre a mãe e o pai quanto à guarda do filho, encontrando-se ambos os genitores aptos a exercer o poder familiar, será aplicada a guarda compartilhada, salvo se um dos genitores declarar ao magistrado que não deseja a guarda do menor.
>
> § 3º Para estabelecer as atribuições do pai e da mãe e os períodos de convivência sob guarda compartilhada, o juiz, de ofício ou a requerimento do Ministério Público, poderá basear-se em orientação técnico-profissional ou de equipe interdisciplinar, que deverá visar à divisão equilibrada do tempo com o pai e com a mãe.

§ 4º A alteração não autorizada ou o descumprimento imotivado de cláusula de guarda unilateral ou compartilhada poderá implicar a redução de prerrogativas atribuídas ao seu detentor.

§ 5º Se o juiz verificar que o filho não deve permanecer sob a guarda do pai ou da mãe, deferirá a guarda a pessoa que revele compatibilidade com a natureza da medida, considerados, de preferência, o grau de parentesco e as relações de afinidade e afetividade.

Os demais artigos alterados, anteriormente referidos, serão analisados no curso deste livro.

A partir daí, algumas questões podem ser levantadas, como:

- Qual é a interpretação que o magistrado está dando ao instituto?
- Como ele é usado?
- Qual a sua concepção de família?
- Qual a sua concepção de guarda?
- Qual a sua concepção de conflito conjugal?
- Qual a sua concepção de alienação parental?
- Em que casos o juiz entende que cabe guarda compartilhada?
- Como é a responsabilidade dos pais?
- Para que tipo de pais é possível estabelecer guarda compartilhada?
- Em que circunstâncias o juiz deve aceitar acordo de guarda compartilhada proposto pelos pais?

Em todo esse amplo espectro, a Psicologia Clínica preocupa-se, primeiramente, com o tema das relações familiares, seguido do tema separação ou divórcio. Por esse motivo, parece ser fundamental compreender como a Psicologia Clínica encara aquelas relações e a importância delas para o melhor desenvolvimento biopsicossocial dos filhos, bem como compreender como o advento de uma separação na família age sobre o relacionamento familiar.

Por sua vez, na Justiça, parece crucial o posicionamento do magistrado pela importância de que sua função se reveste no Poder Judiciário, donde a necessidade de entrar em contato com seu olhar com vistas a entender como o Poder Judiciário, na área de Família, pode contribuir para a minimização de eventuais prejuízos emocionais nos filhos dos separados e divorciados.

Trata-se de questão psicojurídica. Por esse motivo, reportes à lei e ao Direito são feitos com o objetivo de introduzir o leitor leigo em Direito na estrutura legal pátria e reafirmar o fato de que o Direito de Família, embora regule relações familiares privadas, é considerado de ordem pública por importar à sociedade como um todo. Nesse sentido, visam ajudar o leitor leigo na área jurídica a ter uma base que lhe permita estabelecer relações com o universo psicológico. Esse é um limite julgado necessário para não ir além do suficiente à apreciação dos estudiosos e operadores da Psicologia e de áreas afins, em especial os voltados à minimização ou dissolução de conflitos emocionais e relacionais nos casos de separação.

Pela mesma razão, as palavras "separação" e "divórcio", para efeito desta obra, são utilizadas indistintamente, salvo casos específicos. Consideramos que, para quem se separa e tem filhos menores ou filhos incapazes por razão que não a menoridade, o problema de resolução de sua guarda da maneira mais adequada, afetiva e conforme os ditames legais é questão central que diz respeito à condição de relacionamento humano.

Além do mais, parece que para nós, brasileiros, a palavra "separação" com a correlata, "separados", guarda mais conteúdos psíquicos e emocionais do que a palavra "divórcio". Segundo nossa percepção, a palavra "divórcio" não foi, ainda, internalizada com a mesma força no imaginário do brasileiro. Tal escolha, portanto, não guarda conotação romântica ou expectativa de reconciliação dos casais. É questão subjetiva.

De outro lado, os aportes psicológicos visam contribuir para que os operadores do Direito possam estabelecer inter-relações que lhes permitam compreender melhor e encontrar soluções salutares às graves crises de separação que lhes são impostas por força da profissão.

Os operadores do Direito que, necessariamente, atuam em causas judiciais de família em que haja incapazes envolvidos são: o juiz de direito, o promotor de justiça e o advogado. Esses três profissionais são essenciais à administração da Justiça.

Edgar Morin (2000, p. 387), pensador francês contemporâneo, em sua teoria da complexidade, afirma que o paradigma da complexidade

> [...] parte de fenômenos, ao mesmo tempo, complementares, concorrentes e antagonistas, respeita as coerências diversas que se unem em dialógicas e polilógicas e, com isso, enfrenta as contradições por várias vias.

A nosso ver, isso significa que o pensamento atual contempla a coexistência dos contrários.

Ao mesmo tempo que, do ponto de vista macrossocial, houve globalização, massificação e flexibilização em termos de tolerância às diferenças, de outro lado, houve um recrudescimento do individualismo pela busca desenfreada da satisfação imediata e de levar vantagens, com maior competitividade. Isso porque quanto mais o sujeito se massifica, mais ele se defende pelo individualismo.

Partindo dessa premissa, entendemos que, ao lado dos avanços havidos na área dos direitos humanos e da maior aceitação social das diferenças, também aumentou o individualismo, talvez como forma de defender a identidade individual. A esse individualismo queremos referir.

A percepção de que o individualismo presente nos tempos que correm pode induzir pais separados a se distanciarem nos cuidados conjuntos com os filhos e a desconsiderarem sua autoridade parental como direito e dever de ambos e, assim, darem à guarda importância maior do que ao poder familiar pode ser um motivo relevante para que a lei tivesse incluído o instituto da guarda compartilhada como reforço à memória de que pais são para sempre e de que o desenvolvimento biopsicossocial dos filhos é função deles.

O individualismo referido é aquele com caráter libertário, que contesta todo e qualquer limite social e que busca o prazer antes de tudo, o qual acometeu a sociedade nas últimas décadas do século XX, como lembram Garcia e Coutinho (2004). E, a respeito da família do século XXI, Silva (2005, p. 160) afirma: "[...] a satisfação individual demonstra se sobrepor ao esforço pela felicidade coletiva".

É provável que, em decorrência daquele individualismo, recursos menos nobres, como alegações de abuso moral e até sexual, e alienação parental, esta transformada em lei, estejam mais abertamente sendo usados por figuras parentais, em conflitos familiares, para consecução dos próprios objetivos, não percebendo ou não se preocupando o agente com os prejuízos psicoemocionais provocados nos filhos.

De outra parte, quaisquer que tenham sido as razões que levaram ao desenlace, a separação é dolorosa. A dor pode começar antes mesmo da separação, atingir um ou ambos os membros do casal e afetar toda a família, especialmente os filhos, quando não a família extensa e até amigos. Se não cuidada, a angústia pode se estender por 2 a 7 anos ou até se tornar crônica (SCHWARTZ; KASLOW, 1997; SOUZA; RAMIRES, 2006). Muitas vezes, a angústia é devida à impossibilidade de os cônjuges chegarem a acordos sobre aspectos importantes da vida diária da família.

A belicosidade que se expressa nas causas de família é cada vez mais preocupante, pois a dor gerada nos filhos do casal que se separa não traduz apenas um sofrimento momentâneo, mas tem a possibilidade de provocar prejuízos psicoemocionais que podem se estender por toda a vida.

Nem todos os casos requerem psicoterapia. A ajuda especializada psicológica focal ou um processo psicoterápico para um ou ambos os membros do ex-casal, no entanto, não devem ser descartados para indicação a qualquer momento.

A importância maior do auxílio emocional nas ações de família compreende: a) minimização dos prejuízos emocionais nos filhos; b) facilitação da organização das novas famílias; c) reestruturação das relações como ex-casal e como pais e filhos. Ações nessa direção requerem, em princípio, um trabalho de rede.

Segundo Grandesso (2000), é pressuposto que não seja possível ter acesso à verdade sem que essa "verdade" seja autorreferente.

Assim, como dito por Cezar-Ferreira (2000), o juiz é um ser humano, cuja conduta profissional expressa conhecimentos teóricos e técnicos, dentro de um determinado contexto, impregnados por sua história de experiências de vida e suas respostas emocionais, com valores, crenças e mitos que o constituem. Isso significa que seu conhecimento teórico, seu conhecimento tácito e suas ressonâncias formam um todo único e indissociável.

Dentro do multiverso, como diz Esteves de Vasconcellos (1995), cada família é única, como cada separação é única no momento do ciclo de vida em que ela se dá. A separação será específica, conforme se trate de casal jovem ou não, com filhos ou não, segundo o tempo de casamento, a idade dos filhos, a condição socioeconômica e instrucional e, assim, todas as peculiaridades que constroem a situação.

Seguindo esse entendimento, optamos por pesquisar a possibilidade de colaboração psicojurídica na escolha e determinação da guarda compartilhada no relacionamento familiar, investigando a importância da introdução dessa modalidade de guarda, na lei, e os benefícios sociais de sua aplicação da perspectiva dos juízes de direito.

É possível que o benefício social desse estudo, especialmente com uma lei que obriga a aplicação da guarda compartilhada, possa ser representado:

- pela melhor compreensão da guarda compartilhada
- pela melhor aplicação do instituto no âmbito das demandas judiciais
- pela preparação de magistrados, advogados, promotores de justiça, psicólogos, assistentes sociais e demais envolvidos nos processos judiciais
- pela preparação dos pais para o exercício da responsabilidade parental
- pela concretização dos direitos dos filhos

O encaminhamento da pesquisa partiu das premissas seguintes:

- O melhor interesse do menor é o princípio maior do Direito de Família.
- A separação e o divórcio não alteram o poder familiar.
- Filhos têm o direito de ser criados por seus pais.
- O direito à convivência entre pais e filhos é fundamental.
- O juiz é um ser humano, cuja conduta profissional está impregnada por sua história de vida e suas respostas emocionais, com valores, crenças e mitos.
- Os demais operadores do Direito e os operadores não jurídicos que atuam em causas judiciais de família são seres humanos, cuja conduta profissional está impregnada por sua história de vida e suas respostas emocionais, com valores, crenças e mitos.
- A visão interdisciplinar psicojurídica é indispensável à apreciação das causas judiciais de família.
- O § 2º do art. 1.584 do Código Civil, introduzido pela Lei nº 11.698, de 13 de junho de 2008, recomendava que, sempre que possível, fosse determinada a guarda compartilhada (BRASIL, 2008).
- O § 2º do art. 1.584 do Código Civil, modificado pela Lei nº 13.058, de 22 de dezembro de 2014, determina a obrigatoriedade da aplicação (BRASIL, 2014).
- O discurso psicológico científico pode contribuir para a melhor compreensão de juízes, advogados, promotores de justiça, psicólogos, assistentes sociais e demais envolvidos nas ações judiciais de família, inclusive os pais.
- A lei dá espaço para auxílio aos pais na Justiça de Família.
- Instrumentos sistêmicos como mediação, psicoterapia e outros estão à disposição da Justiça.

- Leis, como da Alienação Parental e do Estatuto da Criança e do Adolescente, preveem psicoterapia e orientação para casos específicos.
- Com a promulgação da Lei de Mediação e do novo Código de Processo Civil, ambos de 2015, uma alternativa a mais surge como possibilidade de ajuda (BRASIL, 2015a, 2015b).
- "Na aplicação da lei, o juiz atenderá aos fins sociais a que ela se dirige e às exigências do bem comum" (BRASIL, 1942, art. 5º).
- "Quando a lei for omissa, o juiz decidirá de acordo com a analogia, os costumes e os princípios gerais de Direito." (BRASIL, 1942, art. 4º).

A lei atual traz mudança, substituindo a recomendação de que os juízes determinassem guarda compartilhada, sempre que possível, pela obrigatoriedade da determinação, desde que ambos os pais estejam aptos ao exercício do poder familiar, sendo exceção o fato de um dos genitores abrir mão da guarda em favor do outro.

Sem dúvida, houve avanço no sentido de, cada vez mais, igualar os pais na criação e educação dos filhos. A questão que se coloca é se essa modalidade de guarda cabe em qualquer espécie de relacionamento parental e se protegerá o interesse dos filhos em todos os casos. E, na hipótese negativa, como ajudar os pais a chegar a poder beneficiar seus filhos, conjuntamente?

A proposta deste livro é esclarecer a profissionais das áreas do Direito e da Psicologia, profissionais de áreas afins, estudantes e pais acerca do que seja a guarda compartilhada e como propiciar sua viabilização na maioria dos casos. Ele traz aportes psicológicos e jurídicos para conhecimento de profissionais de ambas as áreas e leigos interessados no tema. Seu diferencial está na integração dessas ciências, partindo do pressuposto de que institutos do Direito que interessem à família e a seus membros requerem uma visão psicojurídica.

1

Relação entre pais e filhos: aspectos jurídicos e psicológicos

*A convivência é a arte da comunicação
e requer maturidade e empenho.*

(CEZAR-FERREIRA, 2000)

A família nem sempre foi concebida como o é atualmente. A história informa que o modelo de família é construído para naturalizar uma determinada organização social e manter o universo discursivo que provém dessa organização. Assim, as bases que definem as relações de gênero e sustentam as funções materna e paterna são históricas, construídas e ideológicas (CECCARELLI, 2006). E, conforme esse autor, as mudanças nos modelos familiares têm inevitáveis reflexos nas definições de papel do par parental.

Para os sociólogos, a família sempre foi agente de socialização, voltando-se os estudos às famílias nucleares e às extensas, considerando as primeiras como formadas por pai, mãe e filhos, e as segundas compreendendo pessoas unidas por laços de sangue, ou não, que habitam juntas ou vivem próximas (SILVA, 2003). "Antes do desenvolvimento do capitalismo europeu, a família nuclear não ocupava posição privilegiada" (SILVA, 2003, p. 38).

Silva (2003) afirma que é difícil enumerar todos os significados da palavra "família" – que ela tem origem no latim, *famulus*, servente, e que o termo se estende a famílias que vivem na mesma casa, a descendentes de um mesmo ancestral e inclui diversos grupos de parentes, variando de lugar e no tempo.

Atualmente, tal descrição está ampliada, tendo em vista as várias formas de organização da família.

Do lugar da historiadora, Silva (2003) lembra que, diferentemente de sociólogos e antropólogos, os historiadores só começaram a incluir a família como tema de estudo porque questões do cotidiano, como deveres e direitos do casal, autoridade parental, divórcio, aborto e contracepção, passaram a ser cada vez mais assuntos de Estado.

▶ UM OLHAR SOBRE A FAMÍLIA: DO DIREITO ROMANO AO CÓDIGO DE 2002

O Direito Romano, conjunto de regras jurídicas do Império Romano, vigorou por 12 séculos, da fundação da cidade de Roma, em 753 a.C., até a morte do Imperador Justiniano, no ano 565 da Era Cristã (MARKY, 1992; PINHO, 2002).

O *pater familias* designava o chefe – não o pai no sentido que se conhece, mas como a autoridade máxima. O vínculo familiar não era de sangue, mas de poder (PINHO, 2002).

Para ser *pater familias*, sempre um homem, ele deveria gozar de plena capacidade jurídica, ser sujeito de direitos e, ainda, ocupar a posição de chefe de família. Não importava ser solteiro ou casado, ter filhos ou não. Deveria, ainda, ser o ascendente masculino vivo mais idoso, significando que podia ser adulto ou criança, ancião ou mesmo um bebê, como lembra Mendes (1978).

O poder do *pater familias* era absoluto sobre a família e sobre a pessoa dos filhos (CRETELLA JUNIOR, 1994; PONTES DE MIRANDA, 2000).

É de se observar que as estruturas sociais romanas concebiam a *familia* como uma unidade econômica e jurídica subordinada a uma pessoa. E os *filii familias* não eram necessariamente filhos, podiam ser, também, sobrinhos, irmãos, filhos adotivos, além de servos e escravos. A *familia*, nessa concepção, era a unidade social básica; era mais importante do que a *gens* (o clã).

O fortalecimento da família romana era atribuído diretamente ao fortalecimento da autoridade do *pater familias*, donde o reforço de ela ser um objetivo social.

O *pater familias* tinha poder de ordem política e religiosa, de modo que, nesse fundamento, criava uma disciplina que, firmada na família, se estendia ao âmbito social.

Em Roma, à época, os filhos não tinham sequer direito de patrimônio, de forma que, se algo viessem a receber, pertenceria ao *pater*.

O chefe da família, na velha Roma, tinha poder tão absoluto sobre os filhos que podia puni-los, vendê-los e até matá-los – nesse caso, dependendo de consulta à família próxima (CRETELLA JUNIOR, 1994).

O tempo encarregou-se das mudanças, e, sob o Imperador Justiniano, que reinou de 527 a 565, no Império Romano do Oriente, o conhecido Império Bizantino, já não mais se admitia esse tratamento.

Segundo Chamoun (1954), com Justiniano, houve humanização no tratamento dos filhos, a *patria potestas* sofreu atenuações pela introdução da noção moral de dever de afeição, e o Estado começou a intervir na vida doméstica para exigir do *pater* o respeito a seus deveres.

No Direito Romano, a mulher saía da família paterna para a do marido, ocupando o lugar de filha, sendo absolutamente inferior ao marido.

Na Idade Média (476-1453), aparece uma distinção expressa entre duas correntes: a romana, escrita e mais rígida; e a germânica, baseada nos costumes e mais branda. Na primeira, prevalecia o direito do pai sobre o dos filhos; na segunda, os direitos dos filhos eram contemplados (CRETELLA JUNIOR, 1994; LEVY, 2008).

As Ordenações Afonsinas (1447), ordenadas por Afonso IV, e as Ordenações Manuelinas, em 1521, elaboradas no reinado de D. Manuel, antecederam as Ordenações Filipinas, de 1603. As Ordenações foram compilações jurídicas organizadas pelos monarcas da época nos séculos XV, XVI e XVII, com o intuito de unificar o Direito em um só corpo legislativo (Informação oral).[1]

Nas Ordenações Filipinas, em 1603, castigar criado, discípulo, mulher, filho ou escravo não era ato censurável (SOUZA; BRITO; BARP, 2009).

O direito português antigo veio a mesclar as duas correntes e, embora baseado no Direito Romano, abrandou-se, impondo deveres ao pai, ao lado de seus direitos.

Esse abrandamento, no entanto, em nada se assemelha ao que ocorre nos tempos atuais. Mantinha-se o estado de violência doméstica, que, segundo Hobsbawn

---

[1] PESSOA, M. *Comunicação oral*. São Paulo, 2013.

(2002), transmigrou da lei portuguesa para o Brasil e aqui se instalou como tradição. Ou, conforme anotam os cientistas sociais Souza, Brito e Barp (2009, p. 61):

> [...] esse conjunto de leis teve um papel importante na construção da tradição de família e de relações familiares formadas no Brasil, tendo servido para consolidar valores e práticas sociais que com o tempo se radicaram no senso comum, os quais têm na violência, sob as suas mais diversas modalidades, um de seus aspectos mais característicos.

As Ordenações Filipinas vigoraram no Brasil até 1916, ano da promulgação do antigo Código Civil.

No que diz respeito às crianças, segundo Ariès (1978), na Idade Média, elas viviam misturadas aos adultos, e não havia educação formal. Esta começou na Idade Moderna, período compreendido entre os séculos XV e XVIII, com os religiosos jesuítas e oratorianos, cujas ordens eram dedicadas ao ensino.

Foi a partir do século XVIII que a família passou a se organizar em torno da criança, restringindo-se mais à convivência familiar.

Para Julien (2000), o século XX assiste à maior distinção entre o espaço público e o privado, sendo o primeiro o espaço da conjugalidade, e o segundo, o da parentalidade. Cada vez mais os representantes do espaço público invadem o território privado da família, e as crianças passam também a ser cuidadas por terceiros provenientes do mundo social, como o professor, o pediatra, o psicólogo, o assistente social e o juiz.

Conforme Julien (2000), a modernidade passa a priorizar o bem-estar das crianças, colocando em primeiro plano a proteção, a segurança, a assistência e a prevenção (PENTEADO, 2012). Na contemporaneidade, o estudo do Direito e da Psicologia aponta na mesma direção.

O Código Civil de 1916 previa uma só forma de família: a constituída pelo casamento. Era, portanto, conceito singular, que permaneceu até a promulgação da Constituição Federal de 1988. Nesta, foram reconhecidas diferentes formas de família, chamadas de entidades familiares, provavelmente por questão de cautela.

Em filosofia, "entidade" é um substantivo feminino que significa o que constitui a natureza fundamental ou a essência de um ser (MICHAELIS..., 2000). Ora, se entidade familiar é a essência do ser família, logo, significa família. Daí supor-se que, por ser conceito inovador, foi medida de cautela para não gerar maiores polêmicas que fez com que o legislador chamasse de entidades familiares outras formas de família que não as constituídas pelo casamento.

Hoje, portanto, além das formadas pelo casamento, são famílias, no Brasil, as provenientes de união estável, as resultantes de pai com seus filhos ou de mãe com seus filhos e as formadas por casais homoafetivos, entre outras.

As uniões homoafetivas foram equiparadas às uniões estáveis por força da decisão do Supremo Tribunal Federal (STF), que, no julgamento da ADPF[2] 132 Rio de Janeiro e da ADin[3] 4.277 Distrito Federal, sendo relator o Ministro Ayres Brito, deu interpretação conforme ao art. 1.723 do Código Civil para admitir a possibilidade de união estável entre pessoas do mesmo sexo (BRITO, 2011a; 2011b). Dessa forma, o STF inseriu a união homoafetiva como uma nova forma de entidade familiar, não prevista expressamente no art. 226 da Constituição Federal (BRASIL, 1988).

Essa mudança não foi linear, mas resultado das grandes transformações sociais advindas da pós-modernidade (GRZYBOWSKI, 2007), e requer:

> [...] compreensão dos aspectos macrossociais implicados, e, ao mesmo tempo, no âmbito do fazer psi, a concentração de esforços para o desenvolvimento de estratégias de atendimento mais sensíveis para a negociação dos conflitos conjugais. (SOUZA, 2008, p. 56).

Ao cabo dos 87 anos de sua existência, o Código de 1916 já estava bastante alterado por leis complementares em função dos interesses e das necessidades que se impuseram e dos avanços ocorridos nessas quase nove décadas. Ainda assim, até os limites estabelecidos pela Constituição anterior. A mulher, por exemplo, sofria *capitis diminutio*[4] e, em razão disso, precisava de autorização do marido para o exercício de profissão, como lembra Vicente (2011).

O aval definitivo para a mudança nas relações familiares veio da Constituição Federal de 1988, que, em matéria de família, ampliou o conceito, equiparou homem e mulher na sociedade conjugal e nas relações paterna e materna, conferindo a ambos o exercício do poder familiar (nova designação para pátrio poder), e determinou a igualdade filial, independentemente da natureza da filiação, o que significa, inclusive, que desapareceu a figura do filho ilegítimo (BRASIL, 1988, art. 226).

---

[2] ADPF (Aguição de Descumprimento de Preceito Fundamental): ação objetivada à garantia do cumprimento, pelo Poder Público, dos preceitos mais importantes da Constituição Federal. Disponível em: <http://www.stf.jus.br/portal/glossario/verVerbete.asp?letra=A&id=481>. Acesso em: 14 fev. 2013.

[3] ADin (Ação Direta de Inconstitucionalidade): ação que tem por finalidade declarar que uma lei ou parte dela é inconstitucional, ou seja, contraria a Constituição Federal. Disponível em: <http://www.stf.jus.br/portal/glossario/verVerbete.asp?letra=A&id=124>. Acesso em: 14 fev. 2012.

[4] Segundo o Dicionário de Latim, em Direito, capitis diminutio significa diminuição de capacidade. Empregada para designar a perda da autoridade. Disponível em: <http://www.dicionariodelatim.com.br/capitis-diminutio/>. Acesso em: 14 jan. 2013.

A Constituição determinou como dever da família, da sociedade e do Estado assegurar à criança e ao adolescente, com absoluta prioridade, o direito à vida, à saúde, à alimentação, à educação, ao lazer, à profissionalização, à cultura, à dignidade, ao respeito, à liberdade e à convivência familiar e comunitária, além de colocá-los a salvo de toda forma de negligência, discriminação, exploração, violência, crueldade e opressão (BRASIL, 1988, art. 227).

O art. 21 do Estatuto da Criança e do Adolescente (ECA) (BRASIL, 1990) veio consagrar o preceito constitucional, determinando que:

> O poder familiar será exercido, em igualdade de condições, pelo pai e pela mãe, na forma do que dispuser a legislação civil, assegurado a qualquer deles o direito de, em caso de discordância, recorrer à autoridade judiciária competente para a solução da divergência.

Em 2002, adveio o novo Código Civil, o que não significou ruptura abrupta. Na verdade, veio integrar princípios e valores do Código Civil de 1916 com princípios e valores dos novos tempos, em um processo cuja tramitação no Congresso Nacional levou 26 anos, mas cuja transformação imperceptível começou muito antes, em nosso processo de construção histórica e social. O novo Código não abandonou as linhas mestras de codificação do Código de 1916 (CEZAR-FERREIRA, 2004a, 2007, 2012).

O Código Civil de 2002, no art. 1.634, trata dos deveres e direitos dos pais, os quais devem ser exercidos sempre no melhor interesse dos filhos menores, conforme já determinava a Lei nº 8.069/90, Estatuto da Criança e do Adolescente, outro importante diploma legal do século findo, conforme mencionado (BRASIL, 1990, 2002a).

O novo Código atribui o poder familiar a ambos os pais, só o exercendo um deles na ausência ou impedimento do outro.

O poder familiar não é livre e absoluto como era o pátrio poder na Roma antiga e em tempos intermediários. O Estado, no intuito de proteger os menores de idade, fiscaliza o exercício do poder familiar para garantir que seja exercido no superior interesse daqueles e, ao mesmo tempo, impedir que o exercício possa ser lhes ser prejudicial.

Dentro do princípio protetivo, o poder familiar pode ser suspenso, em alguns casos, e perdido, em outros. Na primeira hipótese, cessado o fato que deu causa à suspensão, o poder pode ser restabelecido.

O poder familiar extingue-se pela morte de um dos pais ou do filho e pela maioridade deste último.

A lei prioriza o melhor interesse dos menores (BRASIL, 1990, art. 6º),[5] e, nesse sentido, o Estado tutela o bem-estar das crianças e adolescentes, exigindo dos pais todo o empenho na proteção dada à pessoa deles, qualquer que seja a condição do casal, casados ou não. A dignidade da pessoa humana é o bem maior.[6]

> Em resumo, para se ter uma ideia linear da evolução do Direito de Família, no Brasil, podem-se tomar alguns exemplos legislativos:
> - 1916 – Código Civil deferia ao pai o pátrio poder, visto ser o chefe da sociedade conjugal. A mulher exercia tal poder em sua ausência ou impedimento. Era patriarcal.
> - 1962 – Estatuto da Mulher Casada: pátrio poder competiria aos pais, exercendo-o o marido com a colaboração da mulher. Grande avanço.
> - 1977 – Lei do divórcio: desfaz o vínculo conjugal e permite novo casamento.
> - 1988 – Constituição Federal: ressalta a dignidade da pessoa humana (BRASIL, 1988, art. 1º, III) e cuida da família nos arts. 226 e 227 (BRASIL, 1988).
> - 1990 – Estatuto da Criança e do Adolescente: ressalta que se deve priorizar o melhor interesse dos menores. Cria o Conselho Tutelar.
> - 1993 – Lei Orgânica da Assistência Social (LOAS): o que era assistencialismo passa a ser direito social.
> - 1994 – Lei regula o direito do companheiro a alimentos e à sucessão.
> - 1996 – Lei da União Estável.
> - 2002 – Novo Código Civil: consagra as determinações da Constituição Federal para a família.

---

[5] Na interpretação desta Lei, serão considerados os fins sociais a que ela se dirige, as exigências do bem comum, os direitos e deveres individuais e coletivos e a condição peculiar da criança e do adolescente como pessoas em desenvolvimento.

[6] Principal valor tutelado pela Constituição Federal de 1988.

A partir do século XX, a Psicologia surgiu como um dos agentes normatizadores da sociedade.

O breve olhar lançado à história da família, desde os tempos do Direito Romano até hoje, importa para saber, nas várias formatações de família, como é distribuído o poder nessa variedade.

No Brasil, atualmente, o poder familiar está distribuído, igualitariamente, entre pai e mãe, sejam eles casados ou não.

▶ O PODER FAMILIAR

Poder familiar (antigo pátrio poder) pode ser conceituado como o conjunto das obrigações dos pais em relação à pessoa e aos bens dos filhos menores. No Direito moderno, ele passou a ser entendido como um feixe de deveres graves e pesados do titular, colocado ao lado de alguns direitos.

▶ O caráter protetivo do poder familiar

Contemporaneamente, o poder familiar adquiriu caráter protetivo. As obrigações impostas e monitoradas pelo Estado constituem, antes de deveres privados, um múnus[7] público da exigência de que os pais zelem pelo futuro dos filhos.

Não se há de imaginar que o poder absoluto do pai tenha brotado da mera vontade dos legisladores nas várias épocas. O Direito reflete o pensamento social de seu tempo. Assim, a forma como a sociedade é estruturada e o modo como se dão as relações sociais é que irão nortear a elaboração legislativa.

Séculos transcorreram, dando total primazia ao homem em todos os aspectos da existência. A mulher era praticamente inexistente como força e presença social, mas útil, como termo de comparação, para que ele ainda mais se investisse do poder absoluto de ser, de ter e de poder. Diante de tamanha cisão, não havia como pensar em compartilhamento nas relações de gênero (CEZAR-FERREIRA, 2004b).

Uma grande revolução de ideias e de comportamento ocorreu no século XX, para que hoje, início do século XXI, se possa falar em poder familiar, de

---

[7] Múnus, em latim, significa encargo, dever, ônus. Trata-se de obrigação decorrente de acordo ou lei, sendo que, neste último caso, se denomina múnus público. O dever de prestar depoimento como testemunha, por exemplo, é considerado um múnus público, assim como o dever de votar. Disponível em: <http://www.direitonet.com.br/dicionario/exibir/919/Munus>. Acesso em: 23 mar. 2013.

pai e mãe, totalmente igualitário. Assim, embora a lei civil de 1916 possa chocar em alguns pontos, pode-se pensar, como Rodrigues (2002), que a história do Direito de Família no Ocidente se caracteriza pela crescente melhora da situação jurídica da mulher no domicílio conjugal.

Clóvis Beviláqua, autor do anteprojeto do Código de 1916, tentou afastar-se da ideia de superioridade do marido, mas, como não se escapa com facilidade das forças do passado, proclamou a mulher relativamente incapaz.

No Código Civil de 1916, foram atribuídos ao marido: a chefia da sociedade conjugal, a representação legal da família, o direito à fixação do domicílio conjugal e o dever de prover materialmente a família. O Código, portanto, como dito, deferia a ele o então chamado pátrio poder, visto ser o chefe da sociedade conjugal. A mulher exercia tal poder em sua ausência ou impedimento.

O Código Civil de 1916 foi considerado avançado para a época de sua promulgação, mas, promulgado no início do século XX, tinha um cunho patriarcal condizente com a época, considerando-se o lugar de inferioridade que a mulher ocupava na sociedade em geral (CEZAR-FERREIRA, 2004b; COMEL, 2003).

A Lei nº 4.121, de 27 de agosto de 1962, Estatuto da Mulher Casada, alterou a norma legal de total superioridade do homem como chefe da sociedade conjugal, afirmando que o pátrio poder competiria aos pais, exercendo-o o marido com a colaboração da mulher (BRASIL, 1962). Essa lei foi uma grande revolução e representou uma conquista fundamental na nova ordem das relações.

Tradicionalmente, o Direito falava em pátrio poder, expressão que não mais existe entre nós. Hoje, o Código Civil brasileiro fala em poder familiar, não apenas indicando, mas determinando a total equiparação entre homem e mulher na família.

Autores consagrados da área jurídica trazem definições de pátrio poder/ poder familiar:

Para Rodrigues (2002, p. 398): "[...] conjunto de direitos e deveres atribuídos aos pais, em relação à pessoa e aos bens dos filhos não emancipados, tendo em vista a proteção destes".

Diniz (2012, p. 601) define esse poder como o:

> Conjunto de direitos e obrigações, quanto à pessoa e bens do filho menor não emancipado, exercido, em igualdade de condições, por ambos os pais, para que possam desempenhar os encargos que a norma jurídica lhes impõe, tendo em vista o interesse e a proteção do filho.

E Monteiro (2001, p. 289) é sucinto: "[...] conjunto de obrigações, a cargo dos pais, no tocante à pessoa e bens dos filhos menores".

A Constituição de 1988, como se disse, ressaltou a proteção à dignidade da pessoa, ampliou o conceito de família, equiparou pai e mãe no exercício do poder familiar e determinou a igualdade filial.

Como a Constituição Federal é a Lei Maior à qual todas as demais devem submeter-se, foram essas determinações constitucionais que permitiram que o novo Código Civil estabelecesse normas correspondentes àquela orientação.

A mudança de denominação, de pátrio poder para poder familiar, é, por si mesma, importante, pois representa a pá de cal nas diferenças de gênero quanto a direitos e deveres dos cônjuges em relação à sociedade conjugal e dos pais em relação aos filhos. Talvez fosse mais simples e apropriado falar-se em poder dos pais ou, ainda, em autoridade parental, acompanhando outras legislações, como a da França e a dos Estados Unidos.

A segunda metade do século XX trouxe, provavelmente, mudanças mais rápidas e mais polarizadas do que alguns séculos anteriores. E, se o olhar atual considera discricionário para a mulher o disposto no Código Civil de 1916, é porque não pode perceber a grande evolução e modificação que sofreu o conceito desde seus primórdios.

▶ O poder familiar: deveres e direitos dos pais

O art. 1.634 do Código Civil elenca os deveres dos pais no exercício do poder familiar (BRASIL, 2002a):

> Art. 1.634. Compete aos pais, quanto à pessoa dos filhos menores:
> I - dirigir-lhes a criação e educação;
> II - tê-los em sua companhia e guarda;
> III - conceder-lhes ou negar-lhes consentimento para casarem;
> IV - nomear-lhes tutor por testamento ou documento autêntico, se o outro dos pais não lhe sobreviver, ou o sobrevivo não puder exercer o poder familiar;
> V - representá-los, até aos dezesseis anos, nos atos da vida civil, e assisti-los, após essa idade, nos atos em que forem partes, suprindo-lhes o consentimento;

VI – reclamá-los de quem ilegalmente os detenha;

VII – exigir que lhes prestem obediência, respeito e os serviços próprios de sua idade e condição.

Esse dispositivo legal traduz e explicita o que determina o art. 227 da Constituição Federal (BRASIL, 1988):

É dever da família, da sociedade e do Estado assegurar à criança, ao adolescente e ao jovem, com absoluta prioridade, o direito à vida, à saúde, à alimentação, à educação, ao lazer, à profissionalização, à cultura, à dignidade, ao respeito, à liberdade e à convivência familiar e comunitária, além de colocá-los a salvo de toda forma de negligência, discriminação, exploração, violência, crueldade e opressão.[8]

É importante que os pais saibam o que lhes cabe; porém, em termos afetivos, a nenhum pai ou mãe com efetiva índole paterna ou materna deveria ser preciso fazer tais determinações. Elas deveriam brotar do próprio afeto pelos filhos, traduzindo-se em cuidados básicos ao seu bom desenvolvimento biopsicossocial, sua proteção e orientação nos caminhos da vida.

Há razões que extinguem o poder familiar. Chama a atenção para efeito dessa digressão o que preconiza a Lei, no Código Civil, para a perda judicial do poder familiar (BRASIL, 2002a):

Art. 1.638. Perderá por ato judicial o poder familiar o pai ou a mãe que:

I – castigar imoderadamente o filho;

II – deixar o filho em abandono;

III – praticar atos contrários à moral e aos bons costumes;

IV – incidir, reiteradamente, nas faltas previstas no artigo antecedente.

Nosso entendimento é o de que todos esses atos parentais referem-se a faltas de cuidado. Cuidado, hoje, é sinônimo de amor, e, embora o amor seja um sentimento, tendo, portanto, caráter subjetivo, o cuidado, do ponto de vista legal, é um dever.

Em particular, no que respeita ao inciso I do artigo recém-citado, é de se frisar que castigar imoderadamente o filho não se restringe a castigos físicos.

---

[8] Alterado pela EC nº 65/2010 (EC, emenda constitucional).

Criar imagem negativa do outro genitor, criar falsas memórias, como preconiza a Lei de Alienação Parental (BRASIL, 2010a), colocar o filho contra um dos pais, deixa marcas indeléveis na criança e no adolescente que poderão afetar toda a sua vida adulta também podem ser considerados castigos imoderados.

É fácil ver as marcas roxas de uma agressão física, mas o que se vai fazer com as marcas roxas da alma? (Informação oral)[9]

▶ NOVOS TEMPOS, NOVAS SOLUÇÕES

Até a revolução feminista dos anos 1960, as tarefas parentais eram bastante bem estabelecidas: o pai era provedor da família e respondia por ela no âmbito social, e a mãe criava os filhos, provendo-lhes cuidados e afeto na intimidade familiar, ou seja, o pai era "o cabeça da família", e a mãe, "a rainha do lar" (CECCARELLI, 2006).

Com a saída da mulher do lar e sua entrada no mercado de trabalho, ocorreram modificações sistêmicas na família, geradas por novas necessidades. Começou a haver nova distribuição de tarefas em relação aos filhos, tornando-se o pai mais envolvido no dia a dia familiar, alternando com a mãe tarefas como levar ou buscar os filhos na escola, levar a serviços de saúde, e participando de atividades de lazer. A mulher começou a colaborar com as despesas domésticas, e, assim, ambos tiveram de encontrar um novo patamar de estabilização da relação.

Bem verdade que nem tudo foi rápido ou fácil; bem verdade, também, que mais rapidamente o marido se acostumou à contribuição pecuniária da parceira do que a colaborar nos cuidados diuturnos da correria da vida dos filhos. Hoje, 50 anos depois, com a naturalização[10] que o comportamento coparticipativo adquiriu, conversa informal com jovens entre 15 e 30 anos de idade indica que os mais jovens praticamente não imaginam como era a vida familiar de então.

▶ Família e parentalidade

A família continua a ser a base e a matriz da segurança e do desenvolvimento dos filhos (BOWLBY, 1990). Os pais são sua referência e norte. À medida que os

---

[9] TOLEDO, C. *Comunicação oral*. São Paulo, 2011.

[10] Entendemos por naturalização a propriedade de, em razão da continuidade do uso, passar-se a ver como natural algo que é, originariamente, cultural.

filhos se tornam adultos e os pais envelhecem, a situação, em princípio, se inverte, e passam aqueles a ser os cuidadores dos pais: seus protetores e sua referência.

Bowlby (1990) elaborou a Teoria do Apego. Apego significa vínculo afetivo entre um indivíduo e uma figura de apego, geralmente um cuidador. Os laços entre uma criança e um cuidador são baseados nas necessidades de segurança e proteção da criança, fundamentais na infância. A teoria propõe que crianças se apegam instintivamente a quem cuide delas. A meta biológica é a sobrevivência, e a meta psicológica é a segurança.

"A teoria do apego é uma tentativa de explicar o comportamento de apego [...]" (BOWLBY, 1990, p. 386). Assim, o autor distingue apego de comportamento de apego:

> Dizer que uma criança é apegada ou tem apego por alguém significa que ela está fortemente disposta a buscar proximidade e contato com uma figura específica, principalmente quando está assustada, cansada ou doente. A disposição de comportar-se dessa maneira é um atributo da criança, atributo este que só se modifica com o tempo e não é afetado pela situação do momento. Em contraposição, o comportamento de apego refere-se a qualquer forma de comportamento que uma criança comumente adota para conseguir e/ou manter uma proximidade desejada. Em qualquer ocasião, alguma forma desse tipo de comportamento pode estar presente ou ausente, e qual ela é depende, em alto grau, das condições que prevalecem no momento.

O autor explica as interações entre mãe e bebê, do ponto de vista etológico, apontando para comportamentos de apego desde o nascimento, o que gera a formação de vínculos, e chama os comportamentos de apego dos adultos em relação à criança de comportamentos de cuidado. Conforme Bowlby (1990), o ser humano tem mais facilidade de se desenvolver quando sente segurança de que alguém virá socorrê-lo em caso de dificuldade: o cuidador. Na vida adulta, os cuidados podem manifestar-se, reciprocamente, ora cuidando, ora recebendo cuidados nas relações, entre as quais a relação conjugal.

O apego gera certo tipo de vinculação. Nessa concepção, de acordo com o apego adquirido, o indivíduo terá base para, na vida adulta, ter diferentes reações diante de situações de proximidade e afastamento, como é o caso da separação conjugal. Isso, todavia, não deve ser entendido de forma determinista, uma vez que experiências posteriores à infância poderão alterar os padrões de apego.

Os primeiros escritos de Bowlby remontam a 1953, e a primeira publicação da Teoria do Apego, a 1969.

Ainda com foco na Psicologia do Desenvolvimento, Ainsworth e colaboradores (1978) realizaram um estudo, hoje também clássico, sobre o comportamento de vinculação das crianças, concluindo que o relacionamento próximo e adequado a cada fase leva a uma vinculação segura, que permite que a criança explore com segurança o mundo ao seu redor. A esses autores (1978), que confirmaram os conceitos de Bowlby (1990), é atribuído o conceito de base segura.

Segundo Semensato (2009), a Teoria do Apego aproxima-se da Teoria Sistêmica, pois ambas consideram as relações familiares para o desenvolvimento humano e procuram explicar as relações entre o individual e o familiar.

Autores, como Silva (2003), concluem que, mesmo a família não sendo mais como a de 50 anos atrás, tendo membros mais independentes e se organizando em diferentes estruturas, ainda assim esses membros mantêm forte ligação entre si, e ela, família, permanece una e solidária.

A família parece ser uma organização que, sob as mais diferentes estruturas, tende a se eternizar e a se universalizar em importância para o ser humano, independentemente das dicotomias amor e ódio, aceitação e rejeição. A família costuma ser referência do que se quer, ou não, como modelo. Todavia, as mudanças atuais nos modelos familiares se refletem nas definições de papéis parentais (CECCARELLI, 2006).

Autores como Geary e Flinn (2001) são partidários do modelo evolucionista. Eles acreditam que, nas espécies em que não há necessidade de cio para a atividade sexual, como é o caso dos humanos, aliado à participação em atividades como gestação, parto e lactação, haja favorecimento à formação de famílias nucleares, do desenvolvimento da paternidade nos machos e da possibilidade de formação de vínculos, donde decorre a tendência aos cuidados com a prole.

Mesmo autores como Bandeira e colaboradores (2005), que acreditam em tendência biopsicológica da mãe para se responsabilizar pelos cuidados, consideram que, se o pai tiver oportunidade e for estimulado a se vincular com seu filho, poderá apresentar sensibilidade ante as demandas desse filho e assumir seu papel de cuidador. Daí a necessidade de maior atenção quando se trata de separação conjugal.

Qualquer dos pais pode prestar cuidados em relação aos filhos, embora não se possa desconsiderar o fato de que, no começo da vida, o ser humano depende fortemente da mãe ou de outro cuidador, pois sendo, nessa fase, o mais dependente dos interdependentes, requer proximidade, atenção, alimentação, proteção e afeto, necessitando de constante interação com quem dele cuide. Apenas duas atividades o pai não pode exercer: gestar e amamentar ao peito.

Segundo Prado (2005), a resposta de cuidado depende de variáveis individuais do progenitor (experiência, condições físicas e *status* social) e da prole (estágio de desenvolvimento, condições físicas e risco social), além de variáveis sociais (presença de cuidados cooperativos, presença de um parceiro) e variáveis ambientais (recursos disponíveis).

Concordamos que condições físicas do cuidador podem ser um fator limitante, embora não totalmente impeditivo, dependendo do grau da limitação. É de se lembrar de casos de mães quase totalmente limitadas fisicamente que encontram, em seus parcos recursos, meios de cuidar dos filhos. Naturalmente, se o outro genitor tiver melhores condições físicas, é de se esperar que tome a si o encargo com os cuidados, em especial os físicos e materiais, dos filhos.

Discordamos de que falta de experiência anterior seja um impediente, senão como o fariam os pais com seu primeiro filho? Não podemos concordar, também, com a indicação de *status* social como um fator limitador para os cuidados. Há sociedades cuja legislação prevê apoio do Estado aos menos favorecidos social e economicamente e, em caso de separação, que os alimentos sejam prestados, proporcionalmente, por pai e mãe até o limite de que apenas um deles preste alimentos se o outro não tiver nenhuma condição de fazê-lo. É o caso do Direito de Família pátrio.

As famílias são as famílias que as pessoas veem nelas. Há quem privilegie laços sanguíneos, ou semelhança física, ou residência comum, ou a existência de filhos, ou, ainda, quem cuida. Há, também, quem adote alguns desses critérios e pretira outros. São vários os vínculos utilizados para definir uma família: biológico, residencial, afetivo e outros (Informação oral).[11] A família, fundamentalmente, pode ser vista como uma unidade de cuidado, que é como a lei, hoje, também a vê. As várias características de determinada família é que permitirão que ela seja identificada como A ou B. Não há melhor ou pior família, em si, e o que provavelmente vai diferenciá-las é o quanto podem ser funcionais e afetivas nos cuidados com seus membros e ter limite de assertividade claro e limite de afetividade alto.

---

[11] SOUZA, R. M. de. *Comunicação oral*. São Paulo: Departamento de Pós-Graduação em Psicologia Clínica, 2010. Informação obtida em aula de pós-graduação na PUC/SP.

2

Relação entre pais e filhos: a família transformada

As grandes transformações sociais da década de 1960 acarretaram profundas modificações nas relações de gênero. O casamento deixou de ter como dogma que seria eterno, dando margem a questionamentos. A mulher, sobretudo em função das conquistas obtidas pelo advento da pílula anticoncepcional e do ingresso no mercado de trabalho, acrescida a valorização da prestação de serviços, passou a se interrogar e ao parceiro sobre a qualidade de sua relação conjugal.

A Figura 2.1 mostra a ascendência no número de divórcios e a diminuição no número de separações tomando expressiva diferença no ano 2010.

Aos leigos na área jurídica, cabe explicar que uma das razões de tal inversão, talvez uma das principais, deve ter sido a promulgação da chamada Lei do Divórcio Direto, Emenda Constitucional (EC) nº 66, de 2010, que veio a permitir requerer-se o divórcio sem prévia separação (BRASIL, 2010b). A Constituição Federal (CF) de 1988 já previa a possibilidade de divórcio direto, e a EC citada o facilitou (BRASIL, 1988).

Do ponto de vista psicoemocional, isso não é relevante ao nosso tema, considerando-se que casais com filhos menores terão de se haver com efeitos psicológicos do fato nestes, qualquer que seja o instituto jurídico.

De qualquer modo, como se pode observar na Figura 2.2, índices atualizados do Instituto Brasileiro de Geografia e Estatística (2012) indicam que o número de divórcios no Brasil cresceu 45,6%, em 2011, em relação a 2010. As

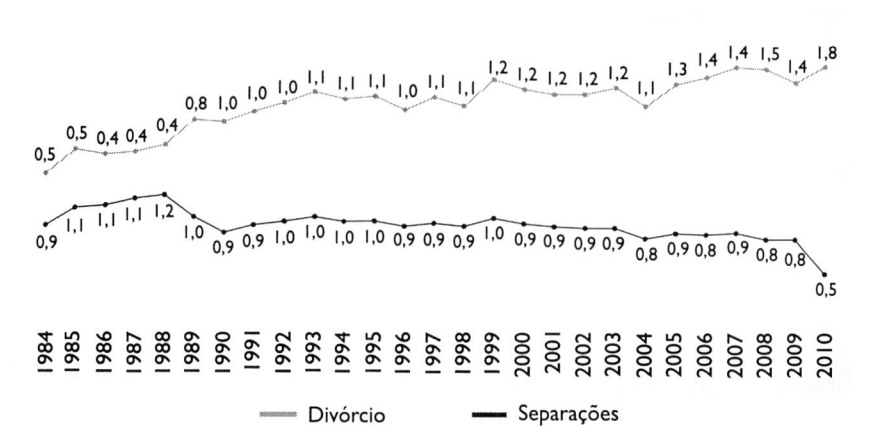

Figura 2.1 Taxa geral de separações e de divórcios no Brasil (1984-2010).
Fonte: Instituto Brasileiro de Geografia e Estatística (2010).

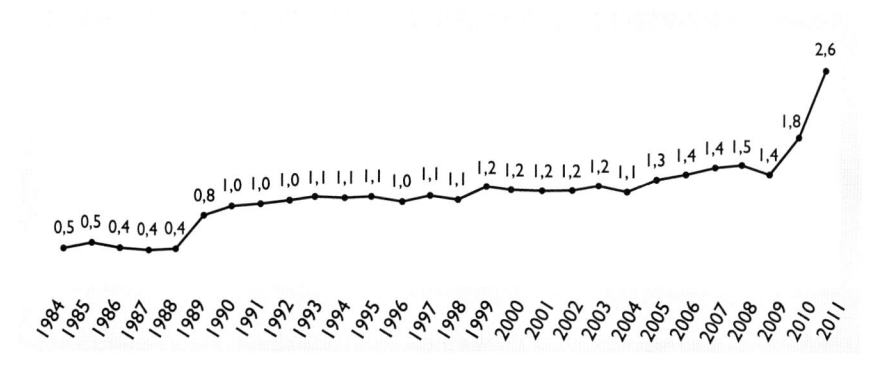

Figura 2.2 Taxas de divórcios no Brasil (1984-2011).
Fonte: Instituto Brasileiro de Geografia e Estatística (2012).

Estatísticas do Registro Civil de 2011 indicam, ainda, crescimento da guarda compartilhada dos filhos menores entre os cônjuges na ordem de 5,4%, mais que o dobro do verificado em 2001, que foi de 2,7%, embora se mantenha a hegemonia da responsabilidade materna (87,6%).

E, da década de 1960 para cá, a satisfação conjugal passou a ser considerada objeto de reflexão pessoal e a ser enfrentada na percepção da não presença. O binômio provedor material *versus* provedora de afeto deixou de ser suficiente, e os conflitos se instalaram.

Como diz Souza (2008, p. 53):

Satisfação conjugal é um conceito cujo conteúdo pode variar de cultura para cultura e dentro da mesma cultura em diferentes momentos históricos. É consenso que a satisfação na conjugalidade é subjetiva, implicando ter os próprios desejos e necessidades satisfeitos, assim como corresponder em maior ou menor escala ao que o outro espera, definindo um dar e receber recíproco e espontâneo.

Norgren e colaboradores (2004, p. 583) realizaram um estudo sobre a satisfação conjugal em casamentos longos e chegaram a conclusões importantes para o estudo da saúde da família:

Casais satisfeitos parecem ser funcionais, tendo conseguido manter fortes laços emocionais com seu cônjuge, mudar a estrutura de poder, papéis e regras de seu relacionamento ao longo da vida conjugal e em face de situações de crise, assim como desenvolver padrões de comunicação adequados.

Isso indica que atitude moderada e flexível tanto no que diz respeito aos laços emocionais quanto no enfrentamento de situações de estresse facilita o relacionamento e abre espaço para a individualidade e a conjugalidade, simultaneamente. Indica, também, que habilidade na comunicação é imprescindível para a satisfação nas relações conjugais.

Confiança recíproca e respeito mútuo, abertura, tomada conjunta de decisões, correspondência na sexualidade, humor são alguns dos itens geradores de satisfação conjugal. Conclusão importante do estudo é que um "[...] casamento satisfatório é menos uma questão de escolha certa e mais de trabalho em equipe [...]" (NORGREN et al., 2004, p. 583). Resultados dessa ordem podem ser úteis, como norteadores, para o tratamento dos conflitos conjugais, considerado o contexto em que se inserem.

Conversas recentes com jovens mulheres entre 25 e 35 anos revelaram que as mulheres continuam sonhando com o casamento. Nossa experiência clínica denota que, ao se verem na iminência de separar-se, as mulheres costumam não jogar fora nem o sonho, nem o casamento e esforçam-se para mantê-los.

O homem se satisfaz com o fato de haver construído uma família (SOUZA, 2008), objeto de seu próprio sonho, e, assim, não entende o que possa haver de errado e resiste. Por sua vez, como, em geral, cabe à mulher insistir no tema da separação, nas ocasiões em que o homem, cansado de resistir, anuncia que vai se separar, ela tende a levar um choque, como se estivesse diante do inesperado, e, por vezes, desespera-se e deprime.

Paradoxalmente, outra importante transformação dos tempos que correm foi o avanço das tecnologias, a entrada definitiva da informática na vida pessoal, social e profissional e, com ela, a globalização, o encurtamento das distâncias, o acesso rápido e o rápido desligamento. Um grande avanço, um avanço revolucionário que trouxe reflexos à vida relacional.

Bauman (2004) refere-se às mudanças havidas nas relações humanas, em especial nos relacionamentos humanos, e faz alusão àquela transformação. Para ele, as parcerias estão fluidas, frágeis, em todas as esferas da sociedade. Ele fala em amor líquido e diz que relacionamento puro é aquele no qual se entra pelo que cada um pode ganhar e do qual se sai ao imaginar que não mais se está dando ao outro a satisfação necessária à permanência.

O sugerido pelo autor é que não há comprometimento. Que o compromisso é visto como armadilha a ser evitada, e investir sentimentos na parceria amorosa significa o enorme risco de se tornar dependente do outro.

Bauman (2004) entende essas como características dos tempos atuais, ressaltando o não estímulo à construção da confiança e a troca do relacionamento real pelo virtual, no qual, para se afastar, basta apertar a tecla "delete", e que, por isso, os relacionamentos tendem a não ser duradouros, a não sofrer investimentos e a ser descartáveis.

A coexistência do desejo de constituir família e dos avanços havidos persiste e é possível. O casamento, porém, não é mais a meta a ser alcançada, e nem persistem as pechas de "balzaquiana" (BALZAC, 1998), expressão pejorativa para mulheres que aos 30 anos permaneciam solteiras, e nem de "solteirão", para o homem em semelhante situação. As pessoas na sociedade ocidental estão mais livres para fazer suas escolhas de vida, inclusive para casar, não casar e separar-se.

A separação é uma crise não previsível do ciclo vital da família. Em situações de crise, a estrutura da família fica abalada, o que implica dizer que a dor de um aparecerá, sob diferentes formas, como dor nos outros. A família sofrerá mudanças em sua dinâmica relacional e precisará mudar a qualidade de suas relações. O equilíbrio emocional de seus membros será afetado, as pessoas ficarão fragilizadas, tenderão a regredir emocionalmente, e seus impulsos tenderão a se exacerbar.

Em uma separação, alguns familiares podem reagir com mais tranquilidade, outros podem desesperar-se; um pode ficar deprimido, outro pode ficar enraivecido; uma criança pode começar a ter problemas escolares; um adolescente pode mostrar-se revoltado em circunstâncias que, aparentemente, não guardam nenhuma proximidade com a situação. O sistema de significados da família começa a ser questionado. Tudo precisará ser reorganizado.

A separação, especialmente em uma família com filhos, não é uma crise tão simples de ser superada. O sofrimento é muito grande para todos, e a possibilidade de se chegar a uma solução razoável fica mais distante.

Experiências e estudos vêm cada vez mais confirmando que as relações familiares, particularmente entre pais e filhos, são fundamentais na estruturação do psiquismo destes, pela transmissão de crenças, mitos e valores. Os fenômenos psíquicos como construtos hipotéticos reconhecidos somente por seus efeitos, na clínica psicológica, hoje podem ser entendidos como produções interpsíquicas.

Os filhos, quanto mais tenra a idade, mais dependem dos pais para se desenvolver biológica, psíquica e socialmente de forma adequada.

Diante da compreensão do psiquismo como fruto de inter-relações, a separação não pode mais ser considerada uma questão de leis apenas. A separação não envolve tão somente uma discussão quanto a direitos e deveres. Os efeitos psicoindividuais e psicossociais que a separação pode acarretar nos levam a perceber que ela é mais do que mero resultado de manifestação de vontade e/ou vontades.

O compromisso da família, na qualidade de instituição jurídica, não é tão difícil de ser desfeito; difícil é desfazer seu comprometimento como unidade psicoafetiva, porque, como tal, o elo não se desprende tão facilmente sem deixar atrás de si um rastro de prejuízos emocionais.

O fato de a família desestruturar-se momentaneamente, todavia, não significa que vá ficar destruída ou gravemente prejudicada. A separação também pode representar desafio e oportunidade para crescimento pessoal de seus elementos. Nem sempre, porém, isso é possível sem ajuda externa; frequentemente não o é.

Trata-se de um momento em que os membros da família necessitarão de todo o auxílio possível da rede social, desde a família extensa até os profissionais que, em função de ofício, entrem em contato com eles nessa situação.

O divórcio que chega aos tribunais em geral começa bem antes: nos diferentes objetivos de vida, no distanciamento afetivo, na falta de diálogo e de cumplicidade.

A satisfação, ou falta dela, no relacionamento conjugal é avaliação subjetiva, em geral ligada à ideia de bem-estar (GABLE; POORE, 2008), e comparada a outro momento da relação ou a outros relacionamentos.

Nos dias que correm, aumenta o número dos que não suportam a não satisfação conjugal. As dificuldades em separar-se, no entanto, estão presentes.

Entre os casais mais antigos, e mais idosos, as dificuldades estão no medo da solidão, de refazer a vida e das perspectivas de futuro, quando não agravadas pela insegurança de sobrevivência, especialmente nas mulheres. Entre os casais mais jovens, importante problemática aparece na criação dos filhos, quando os têm.

Descasar-se é diferente de divorciar-se juridicamente. Descasar-se implica divórcio emocional, romper os laços emocionais do casamento, retomar as rédeas da vida, desidealizar a figura do ex-parceiro, desinvestir na relação, reinvestir no eu e poder viver.

Descasar-se de um casamento com filhos, principalmente crianças ou adolescentes, implica aceitar a eterna condição do outro como pai ou mãe de seus filhos. Admitir não ter sido bom companheiro ou boa companheira não significa, necessariamente, não ser bom pai ou boa mãe (SOUZA, 2008). E é preciso tentar estreitar os laços de parentalidade com aquela figura que, em outra dimensão, se precisou, metaforicamente, deixar morrer para que ambos vivam, e vivam em paz.

A separação traz o medo de não se conseguir dar conta da situação nova e/ou de arrependimento futuro. Ela impõe perdas de ordem econômica, social e sexual; gera luto pela perda do parceiro e da família como era até então; exige enfrentamento das mudanças de identidade e do cotidiano pessoal. Desse ponto de vista, portanto, é um risco que se corre de sofrer efeitos negativos ou indesejados.

Contudo, apesar de, inicialmente, sofrer mudanças emocionais, como raiva, depressão e ansiedade, sentir-se instável e solitário, sofrer eventuais mudanças em sua rede social e em sua vida sexual, o indivíduo também pode contar com um recurso próprio, a resiliência, uma força que busca em si mesmo e que vai ajudá-lo a superar as dificuldades.

O uso da resiliência pode ser facilitado pelos elementos de proteção, tanto os pessoais, como apego seguro, temperamento fácil, quociente de inteligência elevado, entre outros, como os oferecidos pelo apoio da rede social, pois, mesmo com os elementos de base, que poderíamos chamar de autoprotetores, é bastante provável que um indivíduo separado de seu companheiro entre em crise e precise de toda a proteção possível ao seu redor.

O divórcio, do ponto de vista da Psicologia, é um marco de desenvolvimento para mudanças, tanto positivas como negativas, em seus protagonistas (HETHERINGTON; KELLY, 2002). A direção tomada pelas mudanças não ocorre ao acaso; está intrinsecamente ligada à capacidade individual de uso de recursos pessoais, como aspectos constitucionais psíquicos e estilo de relacionamento interpessoal, e de uso de recursos contextuais, como auxílio recebido da família extensa, da sociedade e da psicoterapia (HETHERINGTON, 2006).

Lamela, Figueiredo e Bastos (2010) concluíram que a qualidade de vinculação ao ex-cônjuge, anterior ao casamento, é preditiva dos níveis de ajustamento após o divórcio e que as relações coparentais ficarão na dependência do processo de desvinculação ao ex-cônjuge, que, por sua vez, é resultante dos estilos de vinculação dos adultos, como mencionado.

▶ OS CUIDADOS PARENTAIS

Acreditamos ser o afeto a base do relacionamento humano, a primeira forma de envolvimento do ser humano com o mundo e o ponto de partida para desenvolver-se, aprender e adquirir sua visão de mundo. Como disse Cezar-Ferreira (2012, p. 58), "[...] a família é a 'pré-escola' da vida [...]".

Os cuidados físicos e afetivos com o bebê levam-no a estar bem no mundo. Sua saúde, sua autoestima, seus aspectos cognitivos estão diretamente ligados a essas atenções. Os pais deverão ser dotados de competência e conhecimentos específicos que os capacitem a identificar e acompanhar os filhos nas várias fases de desenvolvimento de modo a prevenir e evitar dificuldades que gerem ciclos familiares de insucesso (SOARES, 2008).

À medida que crescem, as crianças precisam de cuidados necessários a cada fase do desenvolvimento. Estudos recentes na área da Pedagogia, como o de Pereira (2009), concluem pela importância da participação dos pais, qualquer que seja a organização de família, na vida escolar dos alunos desde a pré-escola, a fim de que obtenham sucesso instrucional e desenvolvam as competências essenciais para tanto.

Grzybowski e Wagner (2010) explicam a coparentalidade como um interjogo de papéis relacionados ao cuidado integral da criança pela responsabilidade conjunta dos pais a favor de seu bem-estar. Em seu estudo, concluíram que os pais se mostram mais participativos na educação, e as mães, menos culpadas por suas escolhas.

A apreciação de casos judiciais de família em que se discutem questões como atribuição de guarda, regulamentação de visitas e alimentos permite observar que o problema não pertence a uma única disciplina: pertence ao âmbito psicojurídico. Nesse recorte, ao Direito, por exemplo, pertence organizar a relação parental pós-divórcio, como à Psicologia pertence pensar em como ajudar as pessoas a se ajudarem[1] no sentido de aderirem àquela organização, não apenas estipulando acordos, mas cumprindo-os, o que é seu dever.

Ninguém é obrigado a ter filhos, mas pais, em qualquer das formas de entidade familiar, são obrigados a criá-los, não apenas pelos desígnios do afeto e do bom senso, o que seria desejável, mas em função de lei que o determina. Ainda assim, se não estiverem equilibrados emocional e relacionalmente, nenhuma lei terá eficácia suficiente.

▶ AS NOVAS ORGANIZAÇÕES DE FAMÍLIA

Segundo Moris (2008), a família nuclear tradicional sempre foi o modelo dominante na sociedade. O estudo de Silva (2003) aponta para o aumento do número de divórcios e de casais sem filhos, bem como para a formação de entidades familiares monoparentais, aquelas em que os filhos são criados só pela mãe ou só pelo pai, e afirma que menos de uma em cada quatro famílias segue o modelo de pai e mãe casados com filhos.

Os novos arranjos familiares, mencionados na seção "O poder familiar", do Capítulo 1 deste livro, podem denotar que, pelo menos de 20 anos para cá, os antigos valores familiares vêm sendo dessacralizados (QUINTEIRO, 1993) e resiste-se à supremacia masculina na família, mas não que sejam piores do que o tradicional.

Cerveny (2002) reconhece a existência de várias configurações familiares além da nuclear. A mesma autora, ao lado de Carter e McGoldrick (1995) e Wagner (2002), conclui que, apesar das múltiplas configurações, nada indica que a família vá desaparecer. No Direito, a família é reconhecida pela nossa Carta Magna como a base da sociedade.

A partir dos anos de 1970, houve um enfraquecimento da nuclearização da família por diferentes razões: a tradicional relação entre pai provedor material e mãe provedora de afeto inverteu-se em muitas famílias, passando a provisão

---

[1] As pessoas só podem ser ajudadas na medida de seus próprios recursos.

material para o encargo da mulher; apareceram famílias monoparentais, como dito; e ocorreu uma mudança na ordem de gênero habitual entre homem e mulher, surgindo novos arranjos de família, inclusive os realizados por homossexuais, hoje chamados pela ciência psicológica de homoafetivos, termo adotado, também, pela ciência jurídica. Isso "[...] abalou as rígidas regras de gênero [...]" (MORIS, 2008, p. 11) e desencadeou a demanda por novo aparato social e legal para dar suporte a essas novas famílias.

▶ Famílias homoafetivas

A condição homoafetiva, mesmo se admitida e aceita pelo indivíduo, trouxe-lhe preocupações de ordem familiar, profissional, e muito fortes em relação aos filhos, tanto os já tidos como os potencialmente sonhados para adoção. Os homens foram os mais afetados pelo preconceito.

Atualmente, inseridos no rol das discriminações proibidas pela lei, com maior aceitação social e amparados por decisão do Supremo Tribunal Federal (STF), que recomendou que a relação de gênero fosse excluída da interpretação do art. 1.723 do Código Civil, e admitiu a união estável homoafetiva, esses casais passam por um momento de inclusão social, já havendo certo número vivendo em união estável e com filhos legalmente adotados (BRASIL, 2002a).

Como dissemos, as uniões homoafetivas foram equiparadas às uniões estáveis por força da decisão do STF, que, no julgamento da ADPF 132 Rio de Janeiro e da ADin 4.277 Distrito Federal, sendo relator o Ministro Ayres Brito, deu interpretação conforme ao art. 1.723 do Código Civil para admitir a possibilidade de união estável entre pessoas do mesmo sexo (BRASIL, 2011a, 2011b). Dessa forma, o STF inseriu a união homoafetiva como uma nova forma de entidade familiar, não prevista expressamente no art. 226 da Constituição Federal (BRASIL, 1988).

Reza o art. 1.723 do Código Civil (BRASIL, 2002a): "É reconhecida como entidade familiar a união estável entre o homem e a mulher, configurada na convivência pública, contínua e duradoura e estabelecida com o objetivo de constituição de família".

No que respeita aos casais homoafetivos, forma de organização de família cada vez mais aceita, inclusive juridicamente, como mencionado, há estudos que confirmam que não há diferença entre casais heterossexuais e casais homoafetivos, inclusive na parentalidade.

Exemplo disso é o estudo realizado pelas Associações Americanas de Psicologia, Psiquiatria e de Serviço Social, em 2007, concluindo, em longo relatório enviado à Suprema Corte da Califórnia, Estados Unidos, que as relações estáveis com compromissos recíprocos estabelecidos entre homens e mulheres homossexuais são, na essência, equivalentes às relações heterossexuais. O estudo concluiu, ainda, que não há base científica para se afirmar que pais homoafetivos sejam, em qualquer medida, menos capazes ou menos preparados do que os heterossexuais, ou que seus filhos sejam menos saudáveis psicologicamente ou menos adaptados socialmente (CALLIGARIS, 2010).

▶ Famílias posteriores e filhos de família anterior

Qualquer das organizações de família está sujeita a separação e novos relacionamentos. Por esse motivo, em relação às famílias cujos pais são separados, apontamos, em trabalho anterior (CEZAR-FERREIRA, 2000), ser importante considerar, entre as novas organizações de família, aquelas com um ou mais casamentos ou uniões estáveis posteriores ao divórcio, uma vez que, nesses casos, não é inviável a rejeição em diferentes graus do novo cônjuge a filhos dos casamentos anteriores do outro.

A esse propósito, Carter e McGoldrick (1995) lembram que é importante que se compreenda que os vínculos entre progenitores de primeiro casamento e de marido e mulher, no segundo, são de níveis diferentes, não havendo o porquê de haver competição entre madrasta e enteada. Os tradicionais papéis de gênero, exigindo que as mulheres assumam a responsabilidade pelo bem-estar emocional da família, é que colocam a madrasta e a enteada em posições antagônicas e a ex-mulher (ou ex-mulheres) e a nova em posições adversárias, especialmente com relação aos filhos.

Nesses novos casamentos, as responsabilidades de cuidar dos filhos dele e dos filhos dela devem estar distribuídas de maneira que não exclua ou combata a influência dos pais biológicos.

Cada cônjuge, em conjunto com seu ex-cônjuge, deve assumir responsabilidade primária por criar ou disciplinar seus filhos biológicos. Os novos cônjuges, nesse sentido, devem ser cooperadores.

A lei trata do tema, explicitando sua posição e determinando a respeito no art. 1.579 do Código Civil, ao afirmar que (BRASIL, 2002a):

> O divórcio não modificará os direitos e deveres dos pais em relação aos filhos.
>
> Parágrafo único. Novo casamento de qualquer dos pais, ou de ambos, não poderá importar restrições aos direitos e deveres previstos neste artigo.

No art. 1.588, o Código afirma: "O pai ou a mãe que contrair novas núpcias não perde o direito de ter consigo os filhos, que só lhe poderão ser retirados por mandado judicial, provado que não são tratados convenientemente".

E, quanto aos cuidados de que devem ser objeto os filhos, o Código ainda determina, no art. 1.636:

> O pai ou a mãe que contrai novas núpcias, ou estabelece união estável, não perde, quanto aos filhos do relacionamento anterior, os direitos ao poder familiar, exercendo-os sem qualquer interferência do novo cônjuge ou companheiro.

A criança ou jovem, filho de casamento anterior, poderá morar com o progenitor recasado se essa nova família tiver espaço afetivo para acolhê-lo como filho. O exposto se aplica a qualquer das formas de organização de família.

O fato de existirem novas organizações de família significa que cada caso deve ser compreendido em sua singularidade e, como tal, tratado.

Fala-se em família estruturada, mas ser uma família estruturada não significa necessariamente ter de contar com pai e mãe juntos, ou um homem e uma mulher, filhos, coabitação e outros elementos outrora tidos como essenciais à descrição e à definição de família. Toda família é estruturada, a seu modo. A nosso ver, mais bem estruturadas são as que melhor lidam com seus conflitos e não permitem que eles perdurem, valorizam o afeto e agem a favor da saúde integral de seus membros.

Assim, uma preparação psicológica dos genitores, do casal atual e dos filhos é recomendável antes que se estabeleça a nova família, a fim de que não seja dado espaço ao aparecimento de um fator a mais de desajuste na vida das crianças e dos adolescentes.

Em suma, mais importante do que o tipo de entidade familiar que se estabelece, parece ser a maneira como se vivem as relações e, quando em dificuldade, como devem tratá-las os profissionais de diferentes áreas, cuidando em si mesmos, antes de tudo, de preconcepções ou preconceitos. E, em caso de separação, como é elaborado o luto dessa perda.

▶ O LUTO DA SEPARAÇÃO

Tomando como referência a Teoria do Apego (BOWLBY, 1990), o apego estabelecido na infância repercutirá em qualquer momento da vida, inclusive na adulta, em casos de perda. A esta se segue o luto, como resposta à perda do objeto valorizado, humano ou não.

No luto sadio, expressão usada por Bowlby (1993), o indivíduo passa por sentimentos que podem ir da negação da perda até sua elaboração com consequente reorganização da vida, sendo que, nesse ínterim, o desejo de se reunir ao objeto perdido pode aparecer concomitantemente à raiva por tê-lo perdido.

Na perda por morte, há um afastamento definitivo que, mesmo elaborado, deixa a dor da saudade pela certeza da não presença. Bowlby (1993), por sua vez, ressalta a perda dos pais ou seus substitutos, em crianças, como possível determinante do surgimento do que chama de luto perturbado.

Há, porém, outras formas de perda nas quais o objeto perdido permanece no mundo real. Nessas, chamadas de perdas ambíguas por Boss (2006), há ausência física e presença psicológica. É o caso dos divórcios, em que há perda, mas permanecem as ligações entre pais e filhos.

A permanência da relação entre pais e filhos exige que os pais separados se encontrem em eventos da vida, desde em atos do processo judicial até em situações festivas, como o casamento dos filhos. Nesses casos, constata-se a existência de um morto insepulto (Informação oral).[2]

Contudo, como foi dito, a perda de um filho é inestimável, e, em casos de separação, conforme a complexidade do conflito relacional e judicial estabelecido, é possível que um dos genitores se veja afastado de seu filho, podendo sentir a falta de convivência como uma forma de morte e determinar luto.

As dificuldades encontradas na equação dos problemas inerentes ao divórcio – quando se tem filhos menores ou filhos incapazes por motivo que não a idade –, como a resolução de como se dará a guarda dos filhos, como se processarão as visitas e como se prestarão alimentos, são decorrências de conflitos, tanto interpessoais como intrapsíquicos.

Para quem tenha elaborado o luto da separação e saído da relação de casal para a de apenas par parental, a situação parece ser mais facilmente resol-

---

[2] SOUZA, R. M. de. *Comunicação oral*. São Paulo: Departamento de Pós-Graduação em Psicologia Clínica, 2010. Informação obtida em aula de pós-graduação na PUC/SP.

vida. No entanto, não solucionados ou minimizados os conflitos, não desfeito o vínculo psicológico da condição de casal, o caso pode tomar rumos inesperados.

Seguindo a Teoria do Apego (Bowlby, 1990), maior ou menor dificuldade dos protagonistas estará, em muito, na dependência do apego primário referido, forte determinante da capacidade de se aproximar e distanciar-se, e na capacidade de resiliência.

Segundo Nascimento e colaboradores (2006), a perda ambígua é a mais estressante das formas de perda, porque desorganiza a família e dificulta a elaboração. No dizer dessas autoras, entretanto, ao perceber que a perda é irrecuperável, as emoções contraditórias podem vir a se conciliar.

Para Boss (1999), a perda ambígua é a maior fonte de estresse que se pode enfrentar. A ambiguidade e a incerteza confundem as pessoas e diminuem o funcionamento da família, porque afetam a dinâmica familiar e obrigam seus membros a questionar a própria família e seu papel nela.

Reconhecer que o estresse é provocado pela mudança na composição da família; que, apesar da ambiguidade, as pessoas podem aprender a administrá-lo; que se pode compartilhar com os outros; e que a perda ambígua pode traumatizar são alguns fatores que Boss (1999) sugere que podem ser utilizados nos cuidados terapêuticos para que as pessoas vivam bem, apesar da continuidade dessa perda.

A perda, o luto decorrente e sua superação ocorrem em um processo, sendo parte das crises do ciclo vital. E, como tais, delas se pode sair com sentimento de fracasso ou de fortalecimento.

▶ ASPECTOS DISRUPTIVOS DA CONVIVÊNCIA FAMILIAR: ALIENAÇÃO PARENTAL E ABUSO

Vários fatores contribuem para a ruptura do relacionamento familiar após a separação ou o divórcio. Entre eles, encontram-se cada vez com mais frequência esforços de genitor ou genitora para impedir a convivência do filho com o outro. As acusações são de várias ordens, podendo ser verdadeiras ou falsas, e, por isso, requerem avaliação cautelosa. É o caso das alegações de alienação parental e de abuso.

▶ Alienação parental: compreensão do conceito e a lei

O tema da alienação parental está inextricavelmente ligado à questão da convivência dos filhos com seus genitores, visando ao superior interesse dos menores, razão maior da existência de lei de guarda compartilhada.

Em maio de 2003, ano de sua morte, Richard Gardner escreveu a Introdução do *The International Handbook of Parental Alienation Syndrome* (GARDNER; SAUBER; LORANDOS, 2006). Nela, Gardner lembra como floresceu a atividade de alienação parental. Diz que, desde 1970, cresceram as disputas por guarda, uma vez que se passou da ideia de que a mãe era mais apropriada para a criação dos filhos para se priorizar a ideia de qual dos genitores teria mais condições de fazê-lo em benefício do melhor interesse das crianças. Nesse contexto, os pais (homens) teriam de provar, em Juízo, fortes deficiências das mães para obtenção da guarda.

Conforme tradução de Rita Rafaeli para o texto de Gardner (2002, p. 2), autor da teoria sobre síndrome de alienação parental:

> Síndrome de Alienação Parental (SAP) é um distúrbio da infância que aparece quase exclusivamente no contexto de disputas de custódia de crianças. Sua manifestação preliminar é a campanha denegritória contra um dos genitores, uma campanha feita pela própria criança e que não tenha nenhuma justificação. Resulta da combinação das instruções de um genitor (o que faz a "lavagem cerebral, programação, doutrinação") e contribuições da própria criança para caluniar o genitor-alvo. Quando o abuso e/ou a negligência parentais verdadeiros estão presentes, a animosidade da criança pode ser justificada, e assim a explicação de Síndrome de Alienação Parental para a hostilidade da criança não é aplicável.

Gardner (2002) chamou a alienação parental de síndrome, pela primeira vez, em 1985, continuando a defender tal nomenclatura. Ele defende a posição com a afirmativa de que, nesse fenômeno, alguns sintomas costumam aparecer juntos, justificando chamar a esse conjunto de síndrome.

Para a prática clínica e para as perícias, é secundário se o *Manual diagnóstico e estatístico de transtornos mentais* (DSM-5) aceita o nome "síndrome" ou não, mas é primário que a maioria dos sintomas esteja presente para a avaliação, sob pena de se incorrer em grave erro e inculpar um genitor inocente de alienar o filho contra o outro (AMERICAN PSYCHIATRIC ASSOCIATION, 2014).

Como fenômeno, a alienação parental consiste, conforme seu preconizador, em uma programação da criança por um genitor para denegrir o outro, ou seja, em uma "lavagem cerebral", mas também em contribuições criadas pela própria criança em apoio à campanha denegritória da mãe ou pai alienado.

Do ponto de vista psicológico, a alienação parental é observada no distanciamento afetivo da criança em relação ao genitor alienado: sua desconfiança, sua animosidade, seu desejo de se afastar rapidamente. São criadas falsas memórias no filho.

Gardner (2002) entende que a programação da mente da criança é uma forma de abuso emocional que enfraquece, gradativa e progressivamente, o vínculo afetivo entre um genitor amoroso e seu filho, podendo vir, inclusive, a diluí-lo.

Alguns dos sintomas apresentados são (GARDNER, 2002):
- uma campanha denegritória contra o genitor alienado
- racionalizações fracas, absurdas ou frívolas para a depreciação
- falta de ambivalência
- o fenômeno do "pensador independente"
- apoio automático ao genitor alienador no conflito parental
- ausência de culpa sobre a crueldade e/ou a exploração contra o genitor alienado
- a presença de encenações "encomendadas"
- a propagação da animosidade aos amigos e/ou à família extensa do genitor alienado

Gardner (2002) empenha-se em defender a nomenclatura "síndrome de alienação parental" em detrimento da expressão "alienação parental", argumentando que aquela é facilmente identificável e esta pode ser mascarada por outras atuações, como abuso sexual, físico, parentalidade disfuncional ou negligência.

Segundo Lago e Bandeira (2009, p. 294):

O alienador caracteriza-se como uma figura superprotetora, que pode ficar cego de raiva ou animar-se por um espírito de vingança provocado pela inveja ou pela cólera. Geralmente, coloca-se como vítima de um tratamento injusto e cruel por parte do outro genitor, do qual tenta vingar-se fazendo crer aos filhos que aquele não é merecedor de nenhum afeto.

As estratégias do alienador intentam formar uma unidade com o filho e afastar o outro genitor a todo custo, construindo, no filho, uma imagem de seu pai ou mãe como invasor ou invasora.

Como jurista, Grisard Filho (1999) reconhece a alienação parental como um fenômeno psicológico, entende que, em geral, tem como alienante o guardião e sugere suspensão do poder familiar para tratamento psicológico, tratamento esse previsto em lei e que constitui um avanço em termos do Direito de Família.

Hironaka e Mônaco (2010) discorrem sobre a alienação parental e afirmam que ela consiste em um dos pais colocar no íntimo do filho incitação contra o outro, que é provável que se trate de fatores subjetivos do interessado, mas que atinge a dignidade da criança, que fica privada de uma assistência que lhe é devida. Mencionam o art. 227 da CF e observam que a dignidade da criança é afetada por ferir sua identidade pessoal. Afirmam, ponderadamente, que os confrontos relacionais da atualidade denotam que não é porque os indivíduos se tornam adultos aparentemente saudáveis que têm maturidade para lidar com questões afetivas.

Um levantamento indica que a Jurisprudência tem-se mostrado rigorosa na apreciação dessas denúncias. Não é grande o número das aceitas. Os laudos psicológicos judiciais são tidos como indispensáveis e respeitados.

O acórdão citado a seguir aceitou a argumentação da mãe, contra quem o pai havia interposto recurso (RIO GRANDE DO SUL, 2012):

> APELAÇÃO CÍVEL. ALTERAÇÃO DE GUARDA. GUARDA exercida pelo genitor. Alienação parental comprovada. Genitora QUE DETÉM PLENAS CONDIÇÕES DE DESEMPENHÁ-LA.
>
> Inexistindo nos autos qualquer evidência de que a genitora não esteja habilitada a exercer satisfatoriamente a guarda dos filhos, e tendo a prova técnica comprovado que estes estão sendo vítimas de alienação parental por parte do genitor-guardião, que, no curso do processo não demonstrou o mínimo de comprometimento no fortalecimento do convívio materno-filial, imperiosa a alteração da guarda.

No Relatório, o desembargador relator transcreve trecho da sentença em que o juiz do primeiro grau torna relevantes os prejuízos emocionais para os filhos dos litigantes:

Ocorre, todavia, que o presente processo já estende-se por quase dois anos, período no qual os infantes, lamentavelmente, foram objeto de acirrado embate entre seus genitores, sofrendo todas as angústias que o forte tencionamento e a falta de um mínimo de bom senso de ambos ocasionaram.

Assim, já é hora de ser posto fim ao verdadeiro "campo de batalha" que se formou, no intuito de que as partes submetam-se ao arbítrio judicial e ofereçam um ambiente de paz e segurança emocional de que essas crianças tanto precisam, partindo as mesmas em busca da superação de sequelas, já que esquecer o nefasto período não será possível.

A experiência, especialmente em perícias, tem mostrado que, não poucas vezes, o genitor que se diz alienado é o verdadeiro alienador.

O não guardião ou guardiã, seja o pai, seja a mãe, toma atitudes como não cumprir os acordos; colocar o filho contra o outro durante as visitas; recusar-se a dialogar com o ex-parceiro ou parceira; dar indícios ou fazer afirmações de que ele ou ela, sim, afastaria o filho se a situação se invertesse; provocar discussões e criar sofismas acusatórios nessas comunicações para, então, como vítima, alegar estar sofrendo alienação parental.

Motta (2007) observa que o genitor alienador cria uma imagem ilusória de si mesmo, voltada à destruição da relação dos filhos com o outro genitor. Essa pessoa não tem capacidade de individualização nem de reconhecer os filhos como separados dela. Daí que "[...] ter o controle total de seus filhos passa a ser questão de vida ou morte" (MOTTA, 2007, p. 43).

Assim, à vista da gravidade que envolve o fenômeno da alienação parental, é preciso avaliar se há rejeição da parte do filho e, em caso positivo, se essa rejeição foi programada pelo alienador ou se o pretenso alienado deu causa a ela.

O diagnóstico deve ser cuidadoso e minucioso, extenso e profundo, com participação de todos os envolvidos e especial observação e análise da relação da criança ou adolescente com cada um dos pais e, se possível, com ambos, conjuntamente.

Profissionais das áreas de Psicologia, Medicina, Serviço Social e Direito, entre outros, devem concorrer para o maior esclarecimento das situações. Precipitações e equívocos na avaliação podem trazer consequências graves para os filhos e para a família, inclusive de ordem legal, como se verá adiante.

Do ponto de vista jurídico, a alienação parental foi transformada em lei, com a promulgação da Lei nº 12.318, de 26 de agosto de 2010. Ela prevê, em seu art. 2º (BRASIL, 2010a):

> Art. 2º Considera-se ato de alienação parental a interferência na formação psicológica da criança ou do adolescente promovida ou induzida por um dos genitores, pelos avós ou pelos que tenham a criança ou adolescente sob a sua autoridade, guarda ou vigilância para que repudie genitor ou que cause prejuízo ao estabelecimento ou à manutenção de vínculos com este.
>
> Parágrafo único. São formas exemplificativas de alienação parental, além dos atos assim declarados pelo juiz ou constatados por perícia, praticados diretamente ou com auxílio de terceiros:
>
> I – realizar campanha de desqualificação da conduta do genitor no exercício da paternidade ou maternidade;
>
> II – dificultar o exercício da autoridade parental;
>
> III – dificultar contato de criança ou adolescente com genitor;
>
> IV – dificultar o exercício do direito regulamentado de convivência familiar;
>
> V – omitir deliberadamente a genitor informações pessoais relevantes sobre a criança ou adolescente, inclusive escolares, médicas e alterações de endereço;
>
> VI – apresentar falsa denúncia contra genitor, contra familiares deste ou contra avós, para obstar ou dificultar a convivência deles com a criança ou adolescente;
>
> VII – mudar o domicílio para local distante, sem justificativa, visando a dificultar a convivência da criança ou adolescente com o outro genitor, com familiares deste ou com avós.

E, no art. 6º, estabelece medidas coercitivas:

> Art. 6º Caracterizados atos típicos de alienação parental ou qualquer conduta que dificulte a convivência de criança ou adolescente com genitor, em ação autônoma ou incidental, o juiz poderá, cumulativamente ou não, sem prejuízo da decorrente responsabilidade civil ou criminal e da ampla utilização de instrumentos processuais aptos a inibir ou atenuar seus efeitos, segundo a gravidade do caso:

I - declarar a ocorrência de alienação parental e advertir o alienador;

II - ampliar o regime de convivência familiar em favor do genitor alienado;

III - estipular multa ao alienador;

IV - determinar acompanhamento psicológico e/ou biopsicossocial;

V - determinar a alteração da guarda para guarda compartilhada ou sua inversão;

VI - determinar a fixação cautelar do domicílio da criança ou adolescente;

VII - declarar a suspensão da autoridade parental.

Parágrafo único. Caracterizado mudança abusiva de endereço, inviabilização ou obstrução à convivência familiar, o juiz também poderá inverter a obrigação de levar para ou retirar a criança ou adolescente da residência do genitor, por ocasião das alternâncias dos períodos de convivência familiar.

Observa-se tratar-se de lei bastante severa, condizente com a gravidade dos atos a que se refere. Não obstante, é preciso que os operadores do Direito estejam atentos, uma vez que, reiteramos, na prática, atos de alienação vêm sendo alegados pela parte que se diz alienada, pelas mais variadas razões, com razoável frequência, sem o devido cuidado e sensatez e, sobretudo, sem a devida atenção para os prejuízos causados aos filhos.

Qualquer que seja o motivo gerador do conflito, formas de reconstrução das relações devem ser propostas para tentativa de viabilização de manutenção da guarda pelos pais na modalidade mais indicada para o momento e de possibilidade de convivência dos filhos com ambos, de maneira harmoniosa.

▶ Abuso emocional e físico

As crianças necessitam de vínculos seguros e de apoio social para se desenvolver e tornar-se adequadas à sociedade. O primeiro apoio vem dos pais. A história de vida dos pais reflete-se na relação com os filhos, sendo que, conforme lembram Mapelane, Wajss e Mercês (2011), pais que não puderam ter suas necessidades satisfeitas na infância dificilmente conseguem dar prioridade ao interesse dos filhos. É importante investigar, psicologicamente.

Nessa mesma direção, para Hart, Brassard e Carlson (1996), alguns tipos de conduta, como desdenhar a criança, rejeitando-a e/ou demonstrando hostilidade degradante; aterrorizar a criança, pondo-a em situações de perigo ou ameaçar causar-lhe mal; e isolar a criança, mantendo-a reclusa ou impondo-lhe severas restrições na interação social, ajustam-se à definição de abuso psicológico.

A criança precisa desenvolver competência, o que implica poder operar, adequadamente, em contextos específicos. Ora, a violência psicológica contra a criança atenta contra sua competência.

Nessa perspectiva, constituem maus-tratos psicológicos à criança, entre outras atitudes, castigá-la por condutas positivas e normais, como rir, mexer-se, explorar, vocalizar e manipular objetos, tanto quanto rebaixar sua autoestima e puni-la nas capacidades interpessoais necessárias para o rendimento adequado em contextos não familiares, como a escola e os grupos de pares, de acordo com Garbarino, Eckenrode e Bolger (1999). Na mesma direção, Mapelane, Wajss e Mercês (2011) consideram que desencorajar, sistematicamente, um comportamento necessário para o exercício da competência nos diferentes ambientes familiares também constitui abuso psicológico.

Humilhar, xingar, ofender, ameaçar são atitudes de violência psicológica não aceitáveis em relação à educação de crianças, quaisquer que sejam as justificativas.

É de se ter muita atenção aos sinais, mas, a par disso, é de se dar crédito a quem alega, em se tratando de pessoa razoável e com avaliação positiva de personalidade.

É fundamental lembrar que a violência psicológica não deixa marcas visíveis, como a violência física; esta, porém, muitas vezes pode sofrer cicatrização e cura, enquanto aquela deixará marcas indeléveis que poderão se estender por toda a vida da vítima, afetando sua vida pessoal, relacional e amorosa.

A violência psicológica é grave e de difícil verificação no curto prazo, bem como de difícil crédito por parte de quem não a presencia, até porque, como dizem Garbarino, Eckenrode e Bolger (1999, p. 144), "[...] ao contrário do abuso físico, o mau-trato psicológico não deixa marcas visíveis".

E são os mesmos autores que afirmam que:

> [...] certas condutas dos progenitores são vistas [...] como abuso psicológico ou negligência, tomando por base o potencial dano emocional para as crianças ao fazê-las se sentirem desprezadas, defeituosas, não amadas, em perigo ou unicamente úteis para satisfazerem as necessidades de outra pessoa. (GARBARINO; ECKENRODE; BOLGER, 1999, p. 144).

Eles o fazem ao referirem a definição de abuso psicológico nas crianças e adolescentes.

Os maus-tratos não são apenas atos de comissão, mas o são, igualmente, atos de omissão por parte de pais ou tutores em situações em que, de acordo com valores culturais de dada comunidade e apreciação por especialistas, se consideram lesivos e inapropriados, sabendo-se que um comportamento inadequado dos pais pode gerar lesões físicas, emocionais ou psicossociais.

Como exemplo desse tipo de abuso, referimos o caso de criança cuja mãe, após a separação, para retaliar o pai, fazia a filha ir mal vestida às festas das amigas e levar presentes não condizentes com a média do grupo sob alegação de que aquilo era "frescura" (FRESCURA..., 2005).

Humilhava a criança e a desdenhava, quando queria se arrumar e "estar bonita" para ter com as outras meninas, contrariando o pai, que era quem dava suporte material e afetivo à filha.

Após reiterados comportamentos dessa ordem, a criança sofreu forte abalo emocional, começou a ter baixa no rendimento escolar, a ter problemas de saúde, e foi encaminhada a terapia. Em audiência, a mãe revelou o desejo de mudar a filha para uma escola pública pelas mesmas razões. O juiz insurgiu-se contra a situação, passou a acreditar nas alegações do pai e ameaçou mudar a guarda.

Garbarino, Eckenrode e Bolger (1999) afirmam que os maus-tratos psicológicos constituem um crime difícil de definir.

Os maus-tratos nos microssistemas, entre os quais se inclui a família, afetam o desenvolvimento psíquico, uma vez que é nesse ambiente que as crianças vivem suas experiências e criam uma realidade de vida, sendo que a falta de uma interação verdadeira e restrições na reciprocidade bastariam para empobrecer sua experiência.

A criança precisa ser educada para ser socialmente competente, o que inclui todas as áreas da existência. Nesse sentido:

> O fruto de um microssistema saudável está numa criança com capacidade para compreender e abordar com êxito as esferas cada vez mais amplas da realidade que vai aumentando. Além disso, ao aprender a ser competente socialmente e intelectualmente essa criança aprende a respeitar a si própria e a ter confiança. O mau trato infantil afeta diretamente essas áreas do desenvolvimento. (MAPELANE; WAJSS; MERCÊS, 2011, p. 12).

Também são cada vez mais frequentes acusações de atos libidinosos em ações de guarda de menor. É possível que retrate a realidade, e, por isso, o juiz precisa ser cauteloso quanto à determinação da forma de convívio da criança com o genitor acusado. Mas pode ser, também, que não a retrate. Assim, deve-se lembrar que se trata apenas de cautela, e não de aceitação da acusação, a qual deverá ser confirmada, ou não, por exame especializado, haja vista o elevado número de falsas denúncias.

Trata-se de área altamente especializada, que requer exames físicos e avaliação psicológica da suposta vítima, seus genitores e outros eventuais suspeitos. Informações indicam que é alto o percentual de falsas denúncias, razão pela qual o diagnóstico deve ser extremamente criterioso.

Lago e Bandeira (2009) referem que o próprio Gardner, criador do conceito de síndrome de alienação parental, já em 1995, afirmava ser de 95% o percentual de denúncias falsas nas disputas por guarda de filhos, e lembram que, embora o abuso possa ocorrer no universo da família, é preciso cuidado na avaliação de casos judiciais.

A acusação tanto pode ter o fito de proteção do menor, quando verdadeira, quanto ser expressão de raiva e ressentimento contra o ex-cônjuge, quando falsa.

Com relação à criança, não se deve esquecer de que, ao conviver com o litígio dos pais, fica fragilizada, em estado de estresse emocional, e pode afirmar como verdadeiros fatos que ou lhe foram narrados, ou só existem em sua fantasia, fantasia esta característica do psiquismo infantil.

Nesse sentido, reitera-se, a avaliação deve iniciar-se como uma *tabula rasa*, sem preconcepções ou preconceitos, sempre visando a chegar o mais próximo possível da verdade e evitar desastres de qualquer ordem.

▶ PSICOLOGIA DA FAMÍLIA E A CRISE DA SEPARAÇÃO

Relacionamentos, por si, são complexos. Pessoas têm sua história de vida, seus valores, crenças e mitos, sua personalidade, e isso torna difíceis relações de qualquer ordem. Entretanto, crises são parte da vida. Há crises de desenvolvimento, que podem ser chamadas de previsíveis, aquelas que, em princípio, ocorrem na vida de todo ser humano, como cair para aprender a andar, adolescer, envelhecer; e há aquelas que são acidentais, não previsíveis, como adoecimento, desemprego, morte súbita na família, passagem por desastres naturais, enriquecimento ou empobrecimento abrupto e, mesmo, a separação.

As crises geram desorganização pessoal ou familiar e serão superadas, ou não, conforme os recursos internos da pessoa afetada e o auxílio recebido da rede de suporte. Nesse contexto, a crise da separação, além dos aspectos próprios dela em determinado casal, pode ser gerada, ficar mais complexa ou até ser agravada por outras crises inesperadas, como as citadas.

▶ Cuidar da separação, como prevenção

Em trabalho anterior (CEZAR-FERREIRA, 2000), apontamos aspectos psicológicos da família em relação à crise da separação que, a nosso ver, merecem ser rememorados quando se pensa na possibilidade de auxílio aos pais para o estabelecimento e o exercício da guarda compartilhada.

O grupo familiar, no curso do tempo, mesmo sem perceber, vai estabelecendo regras de convivência e um padrão de interação que lhe darão certa estrutura.

A convivência íntima, durante os anos de casamento, entre o casal e entre pais e filhos advindos dessa união gera normas de comportamento, implícitas e explícitas, valores, crenças, mitos, comprometimentos e compromissos. Essas pessoas vivem uma interdependência financeiro-econômica e uma interdependência afetiva, têm necessidades recíprocas e estão ligadas por compromissos de lealdade. De alguns desses aspectos elas têm consciência; de outros, não.

A experiência clínica tem confirmado nossa observação de que as relações familiares, particularmente entre pais e filhos, são fundamentais na estruturação do psiquismo destes, pela transmissão de crenças, mitos e valores. Os filhos, quanto mais tenra a idade, mais dependem dos pais para desenvolver-se biológica, psíquica e socialmente de forma adequada.

A importância da participação dos pais no desenvolvimento emocional dos filhos é conceito tradicional. A possibilidade de leitura da família como um sistema aberto (BERTALANFFY, 1977) veio confirmar e ampliar essa compreensão, trazendo mais subsídios para o entendimento de que, em certas circunstâncias, nos cuidados com os pais estão os benefícios dos filhos.

Para Falicov (1991), a família não é estática; no caso ideal, leva a variedade de experiências que fomentam o crescimento. Pelo mesmo raciocínio, em condições distantes da "ideal", a família pode servir como instrumento de manutenção da infantilização e de promoção de disfunção emocional em seus membros.

Todas as etapas do ciclo vital são importantes para o desenvolvimento da família e de seus membros, individualmente, e isso inclui períodos de transição, como divórcio e novas núpcias, como lembram Falicov (1991) e Carter e McGoldrick (1995).

A família, como um sistema vivo, fica vulnerável a situações críticas vividas por um ou alguns de seus membros (BERTALANFFY, 1977).

Em função do fenômeno da interdependência, o evento da separação conjugal afetará os membros da família, em algum grau, e requererá cuidados para que a crise, se inevitável, leve a família a se adaptar à nova situação. Ela terá de experimentar novas pautas de interação na direção de uma mudança qualitativa em suas relações, e isso lhe favorecerá caminhar rumo ao crescimento e à estabilidade emocional de seus componentes.

Haley (1974) considera que o início dos sintomas está relacionado com crises de desenvolvimento da família, especialmente as que alteram sua composição, como é o caso das perdas.

A separação é uma crise que traz muitas perdas, mas não significa a destruição da família. Dessa crise, a família tanto pode sair desorganizada e sintomática quanto evoluída e fortalecida, porque crises também são oportunidades para crescimento. A separação, porém, especialmente em uma família com filhos, não é uma crise tão simples de ser superada. O sofrimento é grande para todos, e a possibilidade de se chegar a uma solução razoável fica mais distante.

Deve-se entender crise de acordo com sua etimologia: palavra grega *krisis*, que significa "momento decisivo", estado em que não é possível não se fazer. Em um momento decisivo, o próprio não fazer é uma forma de ação, uma vez que, do não fazer, do fazer e do como se fizer, efeitos surgirão.

A crise representa um momento de guinada. Isso quer dizer que, se compreendida a "multifacetada crise cultural" dentro de uma perspectiva mais ampla, e considerada a situação dos indivíduos, em sociedade, dentro do "contexto da evolução cultural humana", a crise poderá ser entendida como um "aspecto da transformação" (CAPRA, 1982, p. 24).

Aliás, foi o próprio Capra quem vitalizou e otimizou o conceito de crise, trazendo ao Ocidente a lembrança de que os chineses, com sua visão dinâmica de mundo e uma percepção aguda da história, usam o termo *wei-ji*, formado pelos caracteres "perigo" e "oportunidade", para significar "crise" (CAPRA, 1982).

A crise é, de fato, um perigo e uma oportunidade, na medida em que, da maneira como suas crises forem superadas, os indivíduos poderão sair com sentimento de fracasso ou fortalecidos.

O sentimento de fracasso pode levar à paralisia da produção, ao fechamento, à falência emocional. A superação criativa da crise tenderá a levar ao fortalecimento, vale dizer, à possibilidade de nova equilibração psíquica, ao desenvolvimento, ao crescimento.

Pittman (1990) afirma que poucas crises na família, como a separação, acarretam tantas mudanças, e tão profundas, em tantas vidas. Refletir sobre isso confirma a necessidade de se cuidar dessa crise com a reorganização das relações, se possível, minimizando-a ao máximo.

3

Da guarda compartilhada e sua obrigatoriedade

> *E, para sempre, em evento, idade ou estado,*
> *Possamos nós, ainda que ex-casal,*
> *Enquanto pais, andarmos, lado a lado.*
> (CEZAR-FERREIRA, 2000, p. xi)

Após a separação conjugal, qualquer que seja a organização de família, os filhos menores e os incapazes por razão que não a idade deverão ficar sob os cuidados diários de um dos pais ou de ambos. O instituto jurídico que regula a matéria se chama guarda e é um dos atributos do poder familiar.

A primeira menção à guarda no Direito brasileiro vem do início da República, em 1890 (BRASIL, 1890). O Código Civil (CC) de 1916 previa a possibilidade de estabelecimento de guarda por acordo entre os pais ou determinação a quem não fosse culpado pela separação, considerando, na hipótese de dupla culpabilidade, o sexo e a idade do filho (BRASIL, 1916).

Legislação posterior trouxe alguma modificação, até que, no Estatuto da Mulher Casada, foi estabelecido que a guarda seria atribuída ao cônjuge inocente ou à mãe, no caso de dupla culpa, levando em consideração o melhor interesse do menor, a critério do juiz, e sendo idade e sexo dos filhos irrelevantes (BRASIL, 1962).

A Constituição de 1988 trouxe mudança significativa. Ela determinou o direito dos filhos à convivência familiar e comunitária, conforme previsto no art. 227, confirmado pelo Estatuto da Criança e do Adolescente e, por fim, consagrado pelo Código Civil de 2002, no qual já não mais se discute culpa, mas se enfatiza a dignidade da pessoa humana e o direito à proteção integral, sempre priorizando o superior interesse de crianças e adolescentes (BRASIL, 1988, 1990, 2002a).

▶ A EQUIPARAÇÃO ENTRE PAI E MÃE

A guarda nas famílias não separadas é conjunta, e cada vez mais os pais tendem a se comportar dessa maneira.

A Constituição Federal (CF), de 1988, veio consagrar a equiparação entre pai e mãe no exercício do poder familiar, no art. 226, § 5º, sacramentando o que já se passava na vida privada (BRASIL, 1988). Com o advento da Lei Maior, o costume sedimentou-se, até porque a participação da mulher na vida econômica do País tornou-se significativa, e ela deixou, em grande proporção, a condição de coadjuvante do marido nos aportes financeiros necessários ao sustento do lar.

Nas camadas ditas privilegiadas, instrucional e socialmente falando, a participação da mulher tornou-se indispensável, e, nas camadas de baixa renda e baixa escolaridade, de há muito é significativo o número de mães que são arrimo de suas famílias (CANO et al., 2009), muitas destas monoparentais.

Os homens, por seu turno, foram levados a descobrir a beleza do contato estreito com os filhos, desapegando-se de antigos preconceitos, como o de que "isso é coisa de mulher", permitindo que, no dizer de Wagner (2002), a virilidade e a força abrissem espaço para o afeto, a colaboração familiar e os cuidados com os filhos.

Sobrevinda a separação do casal, esse arranjo tácito tem de ser reorganizado.

▶ CORRESPONSABILIDADE PARENTAL

A responsabilidade parental decorre do poder familiar, explicitado no art. 227 da CF/88, mencionado anteriormente e aqui retomado (BRASIL, 1988):

Art. 227. É dever da família, da sociedade e do Estado assegurar à criança, ao adolescente e ao jovem, com absoluta prioridade, o direito à vida, à saúde, à alimentação, à educação, ao lazer, à profissionalização, à cultura, à dignidade, ao respeito, à liberdade e à convivência familiar e comunitária, além de colocá-los a salvo de toda forma de negligência, discriminação, exploração, violência, crueldade e opressão.

Na mesma direção de cuidados, reza o art. 229 de nossa Carta Magna: "Art. 229. Os pais têm o dever de assistir, criar e educar os filhos menores, e os filhos maiores têm o dever de ajudar e amparar os pais na velhice, carência ou enfermidade".

O Estatuto da Criança e do Adolescente, Lei nº 8.069/90, estabelece que crianças e adolescentes têm direito de serem criados e educados no seio de sua família. Estabelece que o poder familiar é exercido pelo pai e pela mãe, em condições de igualdade, e que a eles incumbe o dever de sustento, guarda e educação dos filhos menores, cabendo-lhes, ainda, no interesse destes, a obrigação de cumprir e fazer cumprir as determinações judiciais (BRASIL, 1990, art. 21-22).

O Código Civil, de 2002, em seu art. 1.634, estabelece que, aos pais, compete dirigir a criação e educação dos filhos menores, bem como tê-los em sua companhia e guarda (BRASIL, 2002a).

O exposto implica a responsabilização conjunta dos pais na criação e educação dos filhos antes de qualquer outra pessoa ou organismo social. Isso significa que a separação ou o divórcio em nada alterará esse dever e que o que deverá ocorrer será a reorganização da relação parental. Em caso de separação ou divórcio, como dito, há de se fixar a guarda dos filhos menores ou dos incapazes por razão que não a menoridade.

▶ CONCEITOS

O significado da palavra "guarda" no vernáculo, é, entre outros:

1. Ação ou efeito de guardar.
2. Cuidado, vigilância a respeito de alguém ou de alguma coisa.

3. Abrigo, amparo, benevolência, cuidado, favor, proteção. (MICHAELIS..., 2000, p. 1060).

Não é diferente o que o Direito brasileiro conceitua como guarda ou o que, desde sempre, a Psicologia preconiza a respeito, tratando-se, ou não, da esfera judicial.

A título de confirmação de que o conceito de guarda jurídica é visto como o vernáculo o vê, é de se reproduzirem definições de alguns juristas, que sintetizam o pensamento da maioria.

Casabona (2006), ao investigar a origem etimológica da palavra "guarda", encontra sua raiz no latim, *guardare*, que significa proteger, conservar, olhar ou vigiar, tendo, assim, em seu conteúdo geral, o ato ou efeito de vigiar, proteger e amparar. E a define, juridicamente: "Pode se definir a guarda como conjunto de direitos e obrigações que se estabelece entre um menor e seu guardião, visando a seu desenvolvimento pessoal e integração social" (CASABONA, 2006, p. 103).

Em matéria de etimologia, Plácido e Silva (2000, p. 365) afirma ser o vocábulo guarda

[...] derivado do antigo alemão *warden* (guarda, espera), de que proveio também o inglês *warden* (guarda), de que formou o francês *garde*: pela substituição do w em g, é empregado em sentido genérico para exprimir proteção, observância, vigilância ou administração.

Strenger (1998, p. 32), falando do lugar do magistrado, afirma que a guarda:

[...] é o poder-dever submetido a um regime jurídico-legal, de modo a facultar a quem de direito prerrogativas para o exercício e amparo daquele que a lei considerar nessa condição.

Na mesma direção, como foi dito, correm conceitos de outros juristas pátrios.

A Psicologia, como ciência, não conceitua guarda juridicamente, mas trata do comportamento humano e das relações, inclusive as de interdependência, como entre pais e filhos, com propriedade, por ser seu objeto de estudo, e também enfatiza o cuidado, o amparo, o abrigo, sempre permeados de afeto, não como obrigações a serem cumpridas, e sim como ações que a própria relação de parentalidade afetiva deveria impor.

Nesse sentido, em pesquisas na interface psicojurídica, encontramos, na literatura psicológica, produções importantes, pioneiras à época, sobre acordo judicial, como a de Teyber, que em 1995 já afirmava:

> Os pais precisam equilibrar dois requisitos essenciais em todas as determinações de acordos de guarda/acesso. Em primeiro lugar, uma das premissas precisa ser a continuidade da relação da criança com os dois genitores. Em segundo lugar, é preciso conduzir as negociações sobre os acordos de acesso (visitas) de forma a proteger os filhos dos conflitos parentais. (TEYBER, 1995, p. 117).

Como lembram Kaslow e Schwartz (1995), o terapeuta deve trabalhar com seu paciente, seja o homem, seja a mulher, prestes a separar-se qual arranjo essa pessoa considera melhor para os filhos com relação a pontos como residência, escola, cuidados médicos e visitas do outro cônjuge.

É dos mesmos autores a conclusão em pesquisa:

> Da mesma forma, o advogado – na primeira reunião com o cliente – deveria estabelecer que as questões de custódia dos filhos deveriam ser resolvidas da forma mais rápida e amigável possível, para que as crianças pudessem se sentir seguras e saber de forma implícita que seus pais as amam e se preocupam com elas apesar dos conflitos pelos quais estão passando. (KASLOW; SCWARTZ, 1995, p. 145).

▶ MODALIDADES DE GUARDA

Os cuidados com crianças e adolescentes contam com uma variedade de possibilidades dentro do instituto da guarda.

O Código Civil determina duas modalidades de guarda para a pós-separação ou divórcio: a unilateral e a compartilhada (BRASIL, 2002a). Além dessas, no entanto, existem outras que merecem ser conhecidas, lembram autores como Gonçalves (2010), Gagliano e Pamplona Filho (2010), Coelho

(2009) e Grisard Filho (2002), que contribuem para o conceito das várias modalidades de guarda.

Seguem algumas modalidades:

- **Guarda comum** – modalidade de guarda que se poderia chamar de natural, uma vez que a lei a atribui aos pais pelo simples fato de sê-lo. A eles compete o poder familiar, do qual a guarda é um dos atributos.

- **Guarda de fato** – o guardião toma a si a responsabilidade pelo menor e, mesmo sem ter autoridade legal para tanto, fica obrigado a prover-lhe o que a lei determina em termos de cuidados. É o caso, entre outros, de avós que, ante a ausência dos pais, por morte, por exemplo, tomam a si o encargo de criar os netos. Para que se formalize a guarda, é preciso que ela seja requerida judicialmente.

- **Guarda desmembrada e delegada** – modalidade pela qual o Estado atribui a alguém, pessoa física ou instituição, a guarda de menores em situações especiais, como de abandono pelos pais ou riscos sob os cuidados deles. As obrigações são idênticas às de quaisquer guardiões.

- **Guarda provisória** – modalidade decorrente de determinação judicial em ações cautelares ou de tutela antecipada. É determinada, provisoriamente, ao genitor que apresente melhores condições de exercê-la à época, e está afeta a quaisquer ações de família em que seja necessário definir quem deve assumir os cuidados de proteção integral dos filhos menores.

- **Guarda definitiva** – modalidade de guarda determinada judicialmente por sentença de homologação de acordo ou decisória e, como o nome diz, de caráter definitivo. Ressalte-se que, em Direito de Família, definitivo não é sinônimo de eterno, podendo a guarda ser mudada se a isso for dado causa.

- **Guarda unilateral** – modalidade de guarda pela qual um dos genitores passa a deter a guarda dos filhos por sentença de homologação de acordo ou decisória. Ao outro genitor é dado o dever/direito de visita e supervisão e fiscalização dos atos do guardião.

- **Guarda compartilhada** – modalidade de guarda pela qual os cuidados com os filhos são, como o nome diz, compartilhados pelos pais. Essa modalidade será detalhada mais adiante.

Boulos (2011), em trabalho sobre guarda compartilhada, fala de aspectos psicológicos da relação familiar com a propriedade de quem transita na interface psicojurídica.

- **Guarda alternada** – modalidade de guarda pela qual se estabelece a permanência dos filhos menores um tempo na casa paterna e, o mesmo tempo, na casa materna. No Brasil, é pouco aplicada.

Parece clara a seguinte explicação:

> Na guarda alternada, pai e mãe alternam a guarda dos filhos em domicílios e espaços de tempo – que podem ser semanais, mensais ou anuais –, na condição de guardião único, em regra, decidindo as questões relativas à educação, administração legal e posse legal com exclusividade no período em que estiverem esses filhos sob sua guarda, cabendo ao outro genitor os direitos de visitação, fiscalização e o dever de prover o alimentário. Corresponde a uma espécie de guarda uniparental que se alterna, conforme restar estabelecido por acordo entre os pais e homologado por decisão judicial. (BOULOS, 2011, p. 76-77).

Essa modalidade de guarda é, a nosso ver, a menos indicada, por várias razões: uma delas, de caráter macrossocial, é o fato de o Brasil ser um país de dimensões continentais, tanto em área e extensão quanto em população, e ter costumes regionais bem característicos e subculturas específicas.

Outra razão a ser considerada, inclusive dentro da mesma cidade, e até com residências paterna e materna próximas, é o fato de as crianças e os adolescentes ficarem sem referencial de domicílio para os atos mais comezinhos da vida, como ter endereço postal, dar seu endereço para os amigos, ter telefone residencial, entre outros, além de afetar aspectos importantes do desenvolvimento biopsicossocial e psicoemocional e sua segurança, como receber orientações distintas dos pais.

Em alguns casos raros, a guarda alternada parece ter sido eficaz, tendo-se transformado, todavia, em compartilhada, sem que os próprios pais o percebessem, dado o adequado relacionamento parental entre eles.

No início deste século, quando o tema era ainda incipiente, costumava-se identificar guarda alternada com guarda compartilhada, como se uma só fossem. Pelo contrário: a guarda compartilhada parece ser o ideal de guarda para os casos indicados, buscando o melhor interesse dos filhos, enquanto a guarda alternada parece pretender atender mais os interesses dos pais que os dos filhos e não beneficiar, necessariamente, estes últimos.

Atualmente, tal confusão tende a se dissipar, e os tribunais têm-se mostrado resistentes à determinação da guarda alternada com forte argumentação, predominantemente baseada em informações ou conhecimentos psicológicos.

A propósito, é gratificante para profissionais da Psicologia, especialmente os que cuidam da minimização ou dissolução de conflitos familiares, observar como se expressam os autores da área jurídica sobre o assunto, em função da maior publicidade dada àqueles conhecimentos.

Grisard Filho (2002, p. 111), apesar de atribuir algumas vantagens à guarda alternada, como maior contato entre pais e filhos, vê desvantagens nesses arranjos pelo "[...] elevado número de mudanças, repetidas separações e reaproximações e a menor uniformidade da vida cotidiana dos filhos, provocando no menor instabilidade emocional e psíquica".

E, na área de Direito Constitucional, denotando claro interesse pelo estudo da Psicologia para aplicação no Direito, lemos:

> A guarda alternada não é muito utilizada pelos operadores do Direito brasileiro, pois quebra o princípio da continuidade do lar, que é necessário para o bem-estar físico e mental da criança. Neste tipo de guarda, o menor tem dois lares, e a mudança de moradia é bastante prejudicial para o bom desenvolvimento da criança, pois ela passa a não ter um referencial consolidado, o que poderá afetar no futuro a sua personalidade. (CABRAL, 2008, p. 65).

Ainda assim, apesar dos argumentos que apresentamos em relação à guarda alternada, queremos frisar que, a nosso ver, o mais difícil não é a criança mudar de casa e transitar por normas e orientações diferentes. Pior é a permanência do conflito entre seus pais, que pode afetar o ajustamento dos filhos, sem esquecer que os processos judiciais costumam incrementar tais conflitos. Aí está grande possibilidade de prejuízo psicoemocional.

- **Guarda por nidação ou aninhamento** – modalidade de guarda pela qual os filhos residem em uma única casa, para onde se mudam, periódica e alternativamente, pai e mãe.

Essa é uma modalidade de guarda pouco utilizada em nosso país, provavelmente por não ser muito condizente com nossa cultura, embora não se mostre, em princípio, prejudicial e possa ser útil em casos pontuais. Souza (Informação oral)[1] refere caso clínico que atendeu psicoterapeuticamente no qual, após trabalhadas todas as possibilidades, o aninhamento foi a modalidade de guarda considerada mais adequada por e para aquela família, à qual seus membros se adaptaram perfeitamente.

▶ NÃO HÁ GUARDIÃO OU VISITADOR: EXISTEM PAIS

Paradoxo? Não.

É claro que, juridicamente, se há um guardião, existirá um visitador. O visitador, no entanto, não deve ser visto nem se ver apenas como aquele que supervisiona e fiscaliza os atos do guardião em relação aos filhos. O visitador deve ser também um guardião, e, aliás, o é, quando nos cuidados diretos com o filho, por exemplo, durante as indevidamente chamadas visitas.

Vários estudiosos têm entendido que a guarda unilateral, na qual se estabelece frequência de visitas entre o genitor não guardião e os filhos, propicia afastamento entre eles, incrementa angústia pelas reiteradas separações e deteriora o relacionamento.

---

[1] SOUZA, R. M. de. *Comunicação oral.* São Paulo: Departamento de Pós-Graduação em Psicologia Clínica, 2010. Informação obtida em aula de pós-graduação na PUC/SP.

Grisard Filho (2002), por esse motivo, prefere a guarda compartilhada, nas separações, e considera que o compartilhamento da guarda aumenta a disponibilidade dos pais e permite maior acesso dos filhos a ambos.

Maldonado (2000), psicóloga especialista em família, entende que as visitas atendem mais aos interesses dos pais do que às necessidades das crianças.

Conforme Souza (2000), da área da Psicologia Clínica, com profundo conhecimento das questões judiciais de família, é preferível a separação consensual por facilitar estabelecimento de guarda compartilhada, embora essa possa ser estabelecida, também, em ações litigiosas.

No dia a dia da condução da vida dos filhos, no entanto, um maior consenso entre os pais, parece-nos, facilitará a administração da criação dos filhos.

A esse propósito, em trabalho anterior (CEZAR-FERREIRA, 2000), dissemos que, a rigor, a detenção da guarda não imprime privilégio nem define, em princípio, que um dos pais seja melhor que o outro ou ame mais seus filhos. Deter a guarda do menor não representa ganhar um troféu. O que importa para a criança é ter pais que a ajudem a construir uma imagem edificante do outro. A guarda vivida de maneira amorosa, complementada pela execução serena do regime de visitas, é que proporciona equilíbrio emocional aos filhos.

A guarda existe para que a criança tenha domicílio e tenha definido o nome de quem assume os compromissos diuturnos em relação a ela. O genitor visitador tem a fiscalização dos cuidados inerentes à guarda e à educação, o que é previsto em lei, no art. 1.589 do Código Civil (BRASIL, 2002a): "O pai ou a mãe, em cuja guarda não estejam os filhos, poderá visitá-los e tê-los em sua companhia, segundo o que acordar com o outro cônjuge, ou for fixado pelo juiz, bem como fiscalizar sua manutenção e educação".

Na prática, porém, guarda e regime de visitas, estabelecidos com afeto pelos filhos e respeito entre os pais, complementam-se, formando o todo que vai delinear o espaço vital da criança, sua estabilidade biopsicossocial, sua segurança, seu sentido de pertinência e sua proteção.

Fiscalizar é observar a correta execução conforme regras previamente estabelecidas. Segundo o dicionário Michaelis (2000, p. 962), "[...] fiscalizar é exercer o ofício de fiscal; examinar, verificar; censurar, sindicar (os atos de alguém); velar por, vigiar".

Nem um pai é melhor pai, nem uma mãe é melhor mãe, por deter a guarda do filho. Esta, como se frisou, não confere privilégios nem define, em princípio, que um dos pais seja superior ao outro no amor aos filhos. Em uma guarda adequadamente complementada pela visitação, a criança poderá sentir que ambas as casas são "seu lar".

Em famílias separadas, para sentir-se estável, a criança precisa ter sentimento de dupla pertinência, isto é, saber que pertence inteiramente às suas duas famílias, a que ela constitui com o pai e eventuais irmãos, e eventual nova esposa ou companheira, e a que ela constitui com a mãe e eventuais irmãos, e eventual novo marido ou companheiro. A criança precisa sentir que suas duas famílias são famílias inteiras e, quando em estada na casa do não guardião, que não é hóspede, mas filho pertencente à casa daquele, que, durante esse período, deverá estar concretamente na prática das funções de guardião, sem o que a vida não poderá fluir de modo tranquilo.

O filho precisa sentir que ambos os pais cuidam dele e o protegem. Naturalmente, quanto menor a criança, mais necessitará de vinculação afetiva estável e de cuidados físicos e materiais, mas todos os menores dependem, inevitavelmente, de cuidados básicos como saúde, educação e sociabilidade, permeados por amor, independentemente da condição social, financeira ou instrucional de seus genitores (CEZAR-FERREIRA, 2000, 2004a, 2007, 2012).

A revisão de literatura citada, com exceção da última obra, refere-se a trabalhos realizados antes da promulgação da Lei da Guarda Compartilhada.

Observa-se que, já nessa oportunidade, de forma expressa ou implícita, aparece a ideia do compartilhamento da guarda, até porque a maioria dos estudos data de período posterior a 2002, ano em que foi apresentado o Projeto de Lei (PL) nº 6.350, de 20 de março de 2002, propondo a adoção da guarda compartilhada pelo Código Civil (BRASIL, 2002b).

À época da apresentação do aludido Projeto de Lei, embora estando, ainda, em discussão no Congresso Nacional, juízes de família já homologavam acordos com tal modalidade de guarda, mas sem a atual denominação.

O tema é controvertido sob certos aspectos, porém, após a separação, a questão não parece estar em quem detém a guarda ou em quem é visitador ou visitadora, ou mesmo em qual a modalidade de guarda a ser acordada ou determinada. A questão fundamental a ser considerada na criação dos filhos parece ser a da maternidade e paternidade, material e afetivamente responsáveis.

A esse propósito, Alexandre (2009) conclui em seu estudo que, qualquer que seja o tipo de guarda, um aspecto que ajuda a contornar os efeitos da separação é o relacionamento amigável com o ex-cônjuge. E Féres-Carneiro (1998) conclui que, independentemente de os pais estarem casados ou separados, a qualidade da relação que se estabelece entre eles e entre eles e os filhos é o mais importante para o desenvolvimento emocional destes.

▶ GUARDA, AMOR E CUIDADO

A separação costuma ser a forma que os casais encontram para dirimir os problemas conjugais. Atualmente, deve-se considerar com cautela o que sejam problemas conjugais, uma vez que, com alguma frequência, se veem transformar em problemas diferenças próprias da convivência.

É frequente ver-se um casal que tem entendimentos diferentes acerca da educação dos filhos. Um admite que seu adolescente de 15 anos saia de casa às 23h para retornar às 5h, nos fins de semana; o outro, entende que ele deve sair às 21h e retornar às 2h. Isso, que poderia ser administrado pela negociação das posições recíprocas, acaba por desencadear graves brigas, envolver o filho e transformar-se em importante problema conjugal e familiar.

A adolescência é fase particularmente delicada no ciclo vital da família. Situações como a citada não raro terminam em separação, trazendo novos problemas a serem equacionados, como o estabelecimento da guarda.

Estudos têm procurado mostrar qual a melhor modalidade de guarda na separação e no divórcio.

Autores da área jurídica, como Grisard Filho (2002), colocam o acento no melhor interesse da criança determinado pelo Estatuto da Criança e do Adolescente. E, como entende Giorgis (2009), a previsão do Código é de se entregar a criança a quem tenha melhores condições de oferecer um lar afetivo para seu desenvolvimento. "[...] agora se projeta substituir pela expressão melhor interesse da criança, o que mais se coaduna com o imperativo constitucional" (GIORGIS, 2009, p. 7).

Autores da área psicológica enfatizam os aspectos emocionais e relacionais ligados ao melhor desenvolvimento psicológico dos menores. Em termos de psicologia do desenvolvimento, a separação acarreta uma desorganização do sistema familiar, ainda que momentaneamente, e altera o processo de desenvolvimento em vários aspectos, como afirmam Peck e Manocherian (2001).

A boa relação de pai e/ou mãe com os filhos é o que importa. Em casos de separação, isso mais e mais se evidencia. Por essa razão, Grzybowski (2007, p. 28) sensatamente conclui que receber "[...] cuidados maternos não é garantia de desenvolvimento saudável, assim como a ausência de um dos progenitores nem sempre é danosa".

Não há melhor e pior. O que há é a qualidade da relação entre os pais, que pode ser melhor ou pior, em benefício ou prejuízo dos filhos.

Nesse sentido, não são muito diferentes os pensares de autores jurídicos e psicológicos, ressalvado o fato de cada qual se referendar em seu próprio sistema de significados. Aliás, esses sistemas cada vez mais se aproximam, tanto pelo fato de operadores do Direito de Família se interessarem e se sensibilizarem pelos conhecimentos psicológicos como pelos psicólogos da família procurarem conhecer melhor a lei e o funcionamento da Justiça.

O que se depreende é a maior preocupação com os aspectos afetivos e sua relação com o desenvolvimento global das crianças. Aliás, é de se lembrar, como Boulos (2011), que convivem, na sociedade e no Direito, famílias fundadas no casamento e famílias fundadas no afeto, estas últimas, todas as que não se submeteram às formalidades matrimoniais. Tudo isso demonstra "[...] ter o afeto alçado à condição de valor jurídico [...]" (BOULOS, 2011, p. 71).

Afeto é fundamental, como indiscutível é que filho precise de pais que tenham disponibilidade para cuidar dele, paciência e vontade para fazê-lo, e que possam facilitar seu trânsito em direção ao outro genitor. O filho precisa de guardião que facilite as visitas e que o ajude a se separar do pai ou da mãe, sem culpa, para estar com o outro.

Carter e McGoldrick (1995) e Cerveny (2002), falando sobre o desenvolvimento da família, aludem aos acontecimentos previsíveis e não previsíveis, sendo que, para os primeiros, o divórcio, em razão do grande aumento de número nas últimas décadas, não pode mais situar-se, rigorosamente, em nenhum desses tipos de acontecimento.

Isso equivale a dizer que, dentro do conceito de crise, o divórcio já pode ser considerado uma crise previsível em sociedades como a norte-americana, sendo semelhante na brasileira à vista dos dados do Instituto Brasileiro de Geografia e Estatística (IBGE, 2012), os quais denotam que houve significativas transformações sociais que modificaram a organização familiar, trazendo mudanças em sua configuração, como já observado por Cano e colaboradores (2009).

O divórcio faz parte do elenco de transformações psicossociais, culturais, políticas e econômicas pelas quais a sociedade contemporânea vem passando, exigindo adaptações, tanto quanto as exigem as novas configurações de família e os casamentos posteriores (GRZYBOWSKI, 2007).

Muitas razões podem conduzir à decisão pela separação, a partir das diferenças de concepção de gênero, mas, entre as mudanças sociais, Cano e colaboradores (2009), citando Araujo e Scalon (2006), Biasole-Alves (2004) e Goldani (2002), apontam as modificações no papel da mulher na sociedade atual como uma das principais causas do aumento de separações, ainda que, segundo Souza (2008, p. 54), "[...] historicamente, o casamento tem sido o grande definidor da identidade feminina ao longo dos séculos e, até recentemente, selava um compromisso entre desiguais".

É possível que o fato de a mulher ter conseguido ser vista e tratada como igual, e ela mesma assim se percebido, tenha acelerado o aumento das separações. Não se negam as diferenças, mas se repudia a desigualdade.

Em 1998, Féres-Carneiro já afirmava que tanto a constituição quanto a manutenção do casamento sofrem influência do individualismo, que há ênfase na autonomia e satisfação de cada parceiro em detrimento dos laços de dependência recíproca e que, no entanto, para que se constitua um casal, há que se criar uma zona comum de interação, a que ela denomina de identidade conjugal.

Contudo, conforme Carter e McGoldrick (1995) e Féres-Carneiro (2003), nem por isso houve diminuição de interesse pelo casamento, mesmo após o divórcio.

A esperança de que se possa encontrar o parceiro certo em tempo de tantas mudanças sociais e relacionais tem-se imposto à experiência de um casamento ou união estável que acabou, o que aumenta a necessidade de cuidado com os filhos dos separados nas posteriores uniões de seus pais.

Especialmente dos homens, devem-se esperar novos casamentos, uma vez que, para as mulheres, segundo Féres-Carneiro (1998), Wagner, Falcke e Meza (1997) e Souza (2008), o casamento está relacionado ao amor, e, para os homens, conforme Féres-Carneiro (1998) e Souza (2008), com a formação de família.

Cuidado é sinônimo de amor. Qualquer relação dita de amor que não seja embasada pelo cuidado pode ser outra relação, mas não de amor.

Cuidado em relação a um filho é zelar por seu bem-estar, prover-lhe condições para que adquira autoconfiança, desenvolva autoestima elevada e a mantenha. É, também, prover-lhe as necessidades materiais de saúde, educação, moradia e subsistência e, em quaisquer circunstâncias, fazer o filho saber que ele é importante e amado. Tudo isso em clima que lhe permita exercer o direito de convivência com a família e a comunidade, sempre em prol de seu melhor interesse, imerso em um mar de solidariedade.

Aliás, como bem propõe Grandesso (2000), afeto também é presença, disponibilidade e lealdade. A quantidade da presença está na relação da necessidade da criança e, hoje, é também um valor jurídico, o que constitui transformação social relevante às inter-relações, em especial às familiares.

No que se refere a crianças e adolescentes, nenhuma atenção unilateral, por melhor que seja, alcançará o máximo de sua eficácia sem que o filho esteja bem com seus pais, conviva com ambos e os veja convivendo civilizadamente entre si.

Quanto à decisão de separar-se, iludem-se os pais ao pensar que não explicar o fato aos filhos, na medida de sua idade e entendimento, minore a angústia e afaste os problemas.

Souza (2000) observou este importante aspecto: casais com crianças pequenas têm dificuldade em comunicar a elas essa decisão. Os pais se calam e os filhos se calam, o que é entendido pelos pais como ausência de problemas. Nessa experiência, porém, dois terços dos jovens relataram ter percebido o problema existente entre os pais, e um terço, não. Segundo a pesquisadora, tal estado de coisas tende a gerar confusão nos filhos dos separados.

A convivência é a arte da comunicação e requer maturidade e empenho.

► CUIDADOS COM FILHOS MENORES E DIREITO À CONVIVÊNCIA

Conforme reza o art. 1.630 do Código Civil, os filhos, enquanto menores, estão sujeitos ao poder familiar. Isso significa, em primeiro lugar, que pai e mãe têm o dever de criar e cuidar dos filhos na menoridade (BRASIL, 2002a). Uma vez que têm deveres, a eles correspondem direitos, como o de zelar pelos bens dos filhos ou de protegê-los contra ofensa ou opressão de terceiros. Por esse motivo, Coltro (2011) considera que "dever familiar" seria expressão mais apropriada que "poder familiar", expressão consagrada pelo Código, a substituir "pátrio poder". Para esse jurista, a palavra "poder" é demasiado forte e não traduz com precisão a relação entre deveres e direitos parentais. Concordamos com o autor.

O fato é que alguém tem de ter o dever de cuidar das crianças – em princípio, os pais, em conjunto, e, na impossibilidade ou impedimento de um deles, o outro (BRASIL, 2002a, art. 1.631).

O que estranha, nesse artigo, é a existência de um parágrafo único que diz que (BRASIL, 2002a, art. 1.631): "Parágrafo único. Divergindo os pais quanto ao exercício do poder familiar, é assegurado a qualquer deles recorrer ao juiz para solução do desacordo".

Um casal que precisa de um magistrado para resolver um desacordo quanto à educação dos filhos, em vez de recorrer ao Judiciário para isso, deveria procurá-lo para requerer o divórcio, visto que o casamento já deve estar acabado e necessita de mera formalização da situação, diz Coltro (2011), com o que concordamos, em tese. Não antes, porém, de tentar as possibilidades de resolução de conflitos, ajuda especializada psicológica ou mediação, se esta última couber.

Em princípio, para procurar resolver problemas quanto à educação dos filhos, os pais deveriam, em primeiro lugar, recorrer a um especialista em família da área psicológica.

A Constituição Federal estabelece como um dos fundamentos do Estado de Direito brasileiro a dignidade humana (BRASIL, 1988, art. 1º, III), e o mesmo diploma legal, nossa Carta Magna, no art. 227, afirma, em redação dada pela Emenda Constitucional nº 65, de 2010:

Art. 227. É dever da família, da sociedade e do Estado assegurar à criança, ao adolescente e ao jovem, com absoluta prioridade, o direito à vida, à saúde, à alimentação, à educação, ao lazer, à profissionalização, à cultura, à dignidade, ao respeito, à liberdade e à convivência familiar e comunitária, além de colocá-los a salvo de toda forma de negligência, discriminação, exploração, violência, crueldade e opressão.

§ 1º O Estado promoverá programas de assistência integral à saúde da criança, do adolescente e do jovem, admitida a participação de entidades não governamentais, mediante políticas específicas e obedecendo aos seguintes preceitos:

I – aplicação de percentual dos recursos públicos destinados à saúde na assistência materno-infantil [...]

O texto constitucional é belíssimo, porém ainda há muito a se fazer para sua realização.

As crianças têm de ser cuidadas, e deve haver quem cuide delas. Filho não reconhecido pelo pai ficará sob exclusivo poder familiar da mãe, e, se esta não for conhecida ou não for capaz de exercer tal mister, o menor terá um tutor (BRASIL, 2002a, art.1.633). Alguém há de se responsabilizar por essa criança ou esse adolescente.

Nem mesmo a separação, *lato sensu*, altera esses direitos/deveres (BRASIL, 2002a, art. 1.632), tanto que, se os filhos ficarem sob a guarda de um dos genitores, ao outro caberá direito à convivência com eles, de preferência de forma estreita e regular.

A família, a sociedade e o Estado têm deveres para com esses pequenos seres e devem cumpri-los com responsabilidade e como prioridades.

Cuidar de nossas crianças implica guardá-las, no sentido jurídico e no sentido mais amplo e profundo do cuidado. Guardar é cuidar. Cuidar é amar.

A lei pátria, como mencionado em várias partes desta obra, devota especial apreço pelo princípio da proteção integral aos interesses da criança, e os magistrados têm tido atenção e cuidado com os aspectos psicoemocionais dos filhos de separados ao exarar suas decisões.

Exemplo disso é o acórdão decisório de regulamentação de visitas, na Apelação Cível nº 2011.074931-9, de Santa Rosa do Sul, cujo relator foi o desembargador Eládio Torret Rocha, em que a mãe requeria que as visitas fossem realizadas em sua residência na presença de pessoa habilitada, sob a alegação de que

> [...] a residência atual do genitor não condiz com a adequada criação de uma pequena menina, pois trata de casa de religião (terreno de umbanda), o que não contribui para o regular desenvolvimento de uma criança de apenas 3 (três) anos de idade, e que a genitora teme a possibilidade de que venha ocorrer algum desvio na educação da infante. (SANTA CATARINA, 2011, apelação cível nº 2011.074931-9).

Entendeu o ilustre magistrado, acatando a decisão de primeiro grau e baseado em perícia psicossocial,

> [...] que não há qualquer indicativo de que a integridade física ou moral da menor estaria a correr algum risco em razão do maior contato paterno. Não há notícia de ato desabonador praticado pelo pai no exercício de seu poder familiar que justifique a imposição de obstáculos ao exercício do direito/dever de visitação. E que não é demais registrar que a liberdade de crença é protegida pela Constituição Federal (art. 5º, inc. VIII), e não pode ser usada para tolher a plenitude do direito de visitas do pai.
>
> O direito de visitas previsto no art. 1.589 do novo Código Civil consiste numa faculdade assistida aos filhos menores, não sendo, portanto, um direito dos pais em relação à sua prole, mas um direito da criança em estabelecer uma convivência contínua e saudável com seus familiares. (SANTA CATARINA, 2011, apelação cível nº 2011.074931-9).

Conclui o desembargador:

> A situação em análise, a princípio, não recomenda a restrição ao direito de visitas do genitor, pois se hoje as relações de afeto podem encontrar-se fragilizadas, o distanciamento entre pai e filha, que atualmente conta com 4 (quatro) anos de idade, pode prejudicar o desenvolvimento do vínculo saudável, rompendo laços definitivamente. (SANTA CATARINA, 2011, apelação cível nº 2011.074931-9).

Para esse relator, o melhor interesse e o bem-estar dos filhos estão tanto na convivência com a mãe quanto nas experiências vividas com o pai, e, quanto mais equânime for a distribuição do convívio dos filhos com seus ascendentes, maior a possibilidade de usufruírem harmonicamente da família que têm.

O direito à convivência é dos filhos, mais do que dos pais, a quem cabe o dever de propiciar o contato das crianças com ambos os pais, os avós maternos e paternos, os tios, os padrinhos e demais familiares, uma vez que todo esse convívio é fundamental ao melhor desenvolvimento psicossocial dos menores e, portanto, de seu melhor interesse.

Quem poderia dizer não ser aquela uma decisão de caráter psicojurídico, tanto a de primeiro grau, confirmada e elogiada pela do segundo, quanto esta própria?

▶ Do conflito de lealdades

Um dos maiores problemas decorrentes da separação é o do conflito de lealdades.

O conflito de lealdades é responsável por grande parte do sofrimento dos filhos na situação de separação. As lealdades ficam divididas, uma vez que, como bem explicam Boszormenyi-Nagy e Spark (1983), os filhos sentem que ser leal a um significa ser desleal ao outro. Não é raro que o tema da lealdade seja manipulado pelos pais em sua guerra particular, embora sem total consciência disso e, sobretudo, sem consciência do mal que estão causando aos filhos, já bastante afetados pela situação em si.

As lealdades divididas e os conflitos dos filhos em relação aos pais são as maiores fontes de sofrimento das crianças envolvidas. Por sua vez, o conflito entre os pais, na condição de sócios na função parental, constitui a fonte das fontes do sofrimento dos filhos.

Boszormenyi-Nagy e Spark (1983) lembram que a proximidade entre os membros da família se desenvolve como resultado de compromissos de lealdade firmados pela convivência e que é possível dar-se um ponto final a qualquer relação, menos àquela fundada na parentalidade. Relação entre pais e filhos não se extingue por nenhuma razão e de nenhuma forma, ainda que as aparências possam contrariar essa afirmativa.

Tentar quebrar os compromissos de lealdade construídos na relação entre pais e filhos, ainda que a quebra seja iniciativa dos próprios genitores, é algo tão grave do ponto de vista de saúde mental e do comportamento humano que, no plano psicológico, mereceria ser comparado a um crime.

Acontece que nem o implemento dos compromissos, nem o dos conflitos de lealdade é tão claro ou consciente. Compromissos e conflitos de lealdade decorrem da estrutura comunicacional da família, como fruto de funcionamento predominantemente inconsciente, de modo que nem sempre é possível ao agente perceber seu ataque àqueles compromissos.

O conhecimento do conceito de conflito de lealdades pelos profissionais que atuam em casos de família é fundamental para que ajudem os pais a compreender melhor sua própria posição e a revê-la, sempre que esteja prejudicando seus filhos.

Esses profissionais precisam ter conhecimento dos riscos corridos pelas crianças e adolescentes em sua nova condição de filhos de separados para poder proteger esses filhos de participar de um conflito que não é seu ou sofrer as consequências dele, diz Cezar-Ferreira (2000). Para Féres-Carneiro (1988), o conflito de lealdades é o pior que os filhos têm de enfrentar quando um dos pais, ou ambos, exige lealdade exclusiva.

▶ A questão dos pequeninos

Em Cezar-Ferreira (2012), propusemos uma breve reflexão.

A separação dos casais tem ocorrido cada vez mais cedo. O fato é que nos deparamos com filhos de pais separados ainda não nascidos, com poucos meses, com 1 ano ou pouco mais com relativa frequência nos dias que correm.

Alega-se que, nessas fases, a criança não entende, não sabe o que se passa e não vai sofrer. Ledo engano. A criança pode não entender, do ponto de vista do pensamento secundário, porque ainda não percebe, não raciocina e não compreende nada, nem minimamente. Ela, porém, tem o registro dos sentimentos e das emoções. Começa aí a formação dos vínculos, a representação mental de pai e mãe e o pertencimento a uma família. É aí que nasce sua forma de ver o mundo, sua confiança na vida, seu sentimento de segurança e sua capacidade de amar.

Maternidade e paternidade biológicas não são tudo, embora sejam o início. É na convivência íntima do dia a dia que vai ser construída uma outra forma de parentalidade: a parentalidade psicológica. A maternidade e a paternidade psicológicas, também conhecidas por maternagem e paternagem, são diferentes das biológicas. Elas dizem respeito, respectivamente, à interação materno-filial e paterno-filial.

Para reconhecer pai e mãe como tais, o bebê precisa de contato muito próximo com essas figuras, em sua vida, desde o princípio. Nos cuidados materiais, físicos e psíquicos contínuos é que se vão estabelecer os laços de maternagem e de paternagem, constitutivos da parentalidade psicológica. Tais cuidados diretos são expressões de afeto indispensáveis à felicidade de qualquer ser humano.

É desse todo parental, biológico e psicológico que vão depender o equilíbrio emocional do bebê e seu bom desenvolvimento. Qualquer ação voluntária contra a saudável formação da maternagem ou da paternagem é muito grave e totalmente insensível ao bem-estar do menor.

Nas separações, em geral, a guarda fica com a mãe, e o pai costuma entender que é assim que deve ser. Há casos, porém, em que a guardiã cria tantos obstáculos aos contatos entre pai e bebê – esperamos que na ignorância dos riscos que inflige ao filho – que eles acabam se afastando, e o filho, tornando-se órfão de pai vivo. Para evitar que isso ocorra, o pai acaba tomando medidas judiciais de força, a violência vai gerando violência, e o ódio, se não existia, nasce ou vai se acirrando. Essa é a razão de muitos pedidos de mudança de guarda pelo pai.

Referimo-nos aos casos mais frequentes, mas nada impede que se dê o contrário, se a guarda estiver em poder do genitor varão.

Só se separa filho de pai ou mãe por razões realmente imperativas, confirmatórias de que uma ou outra presença – ou ambas – é prejudicial à criança. Com exceção do período de aleitamento ao peito, em que o bebê não pode ser afastado da mãe, nada impede que um bebê possa estar com um genitor sem a presença do outro e estabelecer laços de afeto com ambos. Ser mãe ou pai é fruto de aprendizagem no desenvolvimento da capacidade de amar e nada tem de instintivo. Deve haver disponibilidade e bom senso, os pais precisam falar a respeito e, se isso os deixar mais seguros, podem consultar, juntos, um especialista. Posturas contrárias a essa podem ser decorrentes de medo ou preconceito. Os pais devem cuidar para que isso não ocorra, pois, sob alegação de amor pelo filho, podem estar dando uma demonstração de desamor.

Trata-se de uma situação em que advogados, juízes, promotores, peritos judiciais e assistentes técnicos não devem perder a oportunidade de intervir a favor desses pequeninos, que mal acabaram de nascer e já podem estar conhecendo o pior que o mundo tem a oferecer, em sua própria casa (CEZAR-FERREIRA, 2012).

Esse recorte do conhecimento psicológico deveria ser suficiente para que se propiciasse saudável e ampla convivência dos filhos com seus pais como importante aspecto de seu bem-estar.

▶ GUARDA COMPARTILHADA

Guarda compartilhada é a modalidade de guarda em que os pais criam e educam os filhos de forma conjunta após a separação ou o divórcio. É, em princípio, desejável, mas de difícil execução à vista das frequentes dificuldades de diálogo encontradas nos ex-casais.

▶ Breve nota sobre a guarda compartilhada

O movimento a favor do estabelecimento da guarda compartilhada começou na Grã-Bretanha, por meio de manifestações populares que se creditam à associação britânica Fathers 4 Justice (MADALENO, 2009). Atualmente, em todo o mundo, são inúmeras as entidades de pais separados, inclusive no Brasil, como a Associação de Pais e Mães Separados (APASE), a S.O.S. Papai e Mamãe, Pais por Justiça, entre outras, que propugnam pela igualdade na guarda de filhos. Em geral, trata-se de associações criadas por pais, homens, por problemas de guarda.

Essa modalidade de guarda parece disseminar-se pelo mundo ocidental. Segundo Madaleno (2009), em países como França, Alemanha, Dinamarca e Suécia, essa modalidade de guarda é preferencial. E, de acordo com Broemmel (2010), nos Estados Unidos, a preferência é pela guarda compartilhada, embora a confederação admita diferença de entendimento nas jurisdições dos vários Estados.

Como curiosidade jurídica, e demonstrando que a aceitação não é pacífica, citamos divergência existente em uma mesma legislação, a espanhola.

Na Espanha, a mudança do Código Civil, em 1975, introduziu essa modalidade de guarda. Apesar disso, manteve-se o costume anterior de fixá-la apenas em casos em que ficasse claro ser a melhor escolha para o caso concreto.

Como, porém, a Espanha é dividida em Comunidades Autônomas que têm o condão de legislar diferentemente do Código, a Comunidade Autônoma de Aragão promulgou a Lei nº 2, de 26 de maio de 2010, estabelecendo igualdade nas relações familiares ante a ruptura da convivência dos pais e promovendo o exercício da guarda compartilhada como prioritária (ARÁGON, 2010).

A menção é meramente exemplificativa de como essa modalidade de guarda parece disseminar-se pelo Ocidente, e nem assim seu emprego é pacífico.

No Brasil, foram apresentados vários Projetos de Lei para instituição da guarda compartilhada no ano 2002. Citamos: o Projeto de Lei nº 6.350/2002, do Deputado Federal Tilden Santiago; o Projeto de Lei nº 6.315/2002, do Deputado Federal Feu Rosa; e, por fim, os Projetos de Lei nº 6.960/2002 e 7.312/2002, do Deputado Federal Ricardo Fiúza (BRASIL, 2002b).

Até 2008, só havia no Brasil guarda unilateral. Em 13 de junho de 2008, foi promulgada a Lei nº 11.698, que, ao lado da guarda unilateral, prevê a possibilidade de estabelecimento de guarda compartilhada, tanto por acordo entre os pais quanto por determinação judicial (BRASIL, 2008).

A referida lei veio alterar os arts. 1.583 e 1.584 do Código Civil (BRASIL, 2002a).

Eis o teor da lei que instituiu a guarda compartilhada (BRASIL, 2008):

Art. 1º Os arts. 1.583 e 1.584 da Lei nº 10.406, de 10 de janeiro de 2002, Código Civil, passam a vigorar com a seguinte redação:

Art. 1.583. A guarda será unilateral ou compartilhada.

§ 1º Compreende-se por guarda unilateral a atribuída a um só dos genitores ou a alguém que o substitua (art. 1.584, § 5º) e, por guarda compartilhada a responsabilização conjunta e o exercício de direitos e deveres do pai e da mãe que não vivam sob o mesmo teto, concernentes ao poder familiar dos filhos comuns.

§ 2º A guarda unilateral será atribuída ao genitor que revele melhores condições para exercê-la e, objetivamente, mais aptidão para propiciar aos filhos os seguintes fatores:

   I – afeto nas relações com o genitor e com o grupo familiar;

   II – saúde e segurança;

   III – educação.

§ 3º A guarda unilateral obriga o pai ou a mãe que não a detenha a supervisionar os interesses dos filhos.

Art. 1.584. A guarda, unilateral ou compartilhada, poderá ser:

   I – requerida, por consenso, pelo pai e pela mãe, ou por qualquer deles, em ação autônoma de separação, de divórcio, de dissolução de união estável ou em medida cautelar;

   II – decretada pelo juiz, em atenção a necessidades específicas do filho, ou em razão da distribuição de tempo necessário ao convívio deste com o pai e com a mãe.

§ 1º Na audiência de conciliação, o juiz informará ao pai e à mãe o significado da guarda compartilhada, a sua importância, a similitude de deveres e direitos atribuídos aos genitores e as sanções pelo descumprimento de suas cláusulas.

§ 2º Quando não houver acordo entre a mãe e o pai quanto à guarda do filho, será aplicada, sempre que possível, a guarda compartilhada.

§ 3º Para estabelecer as atribuições do pai e da mãe e os períodos de convivência sob guarda compartilhada, o juiz, de ofício ou a requerimento do Ministério Público, poderá basear-se em orientação técnico-profissional ou de equipe interdisciplinar.

§ 4º A alteração não autorizada ou o descumprimento imotivado de cláusula de guarda, unilateral ou compartilhada, poderá implicar a redução de prerrogativas atribuídas ao seu detentor, inclusive quanto ao número de horas de convivência com o filho.

§ 5º Se o juiz verificar que o filho não deve permanecer sob a guarda do pai ou da mãe, deferirá a guarda à pessoa que revele compatibilidade com a natureza da medida, considerados, de preferência, o grau de parentesco e as relações de afinidade e afetividade.

É de se ressaltar que, nas legislações referidas, o grande determinante da modalidade de guarda a ser estabelecida é o melhor interesse dos menores. No Brasil, em particular, esse é o maior princípio a reger o Direito de Família e os direitos dos menores de modo geral.

▶ Guarda unilateral e guarda compartilhada

A ruptura conjugal traz como corolário a necessidade de estabelecimento de guarda. Quem irá cuidar das crianças e adolescentes após a separação dos pais?

A boa resolução em uma separação conjugal deve conter, do ponto de vista psicológico, dois elementos fundamentais: a continuidade da saudável relação entre pais e filhos e a exclusão dos filhos dos problemas do ex-casal.

Nesse contexto, a questão da guarda passa a ser das mais sérias e graves a serem resolvidas, até porque, do ponto de vista psicológico, ela envolve uma perda da maior relevância (FÉRES-CARNEIRO, 1998; CEZAR-FERREIRA, 2000) e enluta toda a família. Daí a importância em se ajudar os pais a perceber que toda relação envolve complementaridade e que, no caso da separação, o que houve foi uma ruptura conjugal, e não uma ruptura parental.

Segundo Cano e colaboradores (2009), o índice de pedidos de guarda compartilhada à época era de 2,9%, e estimava-se que esse número aumentasse.

Conforme dados de novembro de 2011 do IBGE, entre 2000 e 2011, a opção por aquela modalidade de guarda cresceu, efetivamente, no País. Ela, contudo, ainda não era a opção da maioria dos separados. As estatísticas nacionais denotaram primazia da guarda unilateral, e atribuída à mãe, sendo 87,3% de guarda materna e 5,6% de guarda paterna (INSTITUTO BRASILEIRO DE GEOGRAFIA E ESTATÍSTICA, 2012). Nossa prática na clínica, na mediação e em perícias tem demonstrado que várias são as razões que levam os pais separados a pretender o estabelecimento da guarda compartilhada, indo desde a real intenção no compartilhamento e o efetivo entendimento acerca da criação dos filhos até objetivos menos louváveis, como evitar que o guardião se mude com o filho para o exterior, livrar-se do pagamento de alimentos, ou diminuí-los – o que não se justifica, por ser claro o estabelecido em lei –, passando pela fantasia de desligamento da obrigação de dar satisfação ao outro genitor no que tange aos cuidados com os filhos, podendo, com exceção do primeiro, os demais objetivos serem considerados perversos, como diz Groeninga (2009), ou, como afirma Boulos (2011, p. 64),

> [...] o compartilhamento da guarda não pode [...] servir de "pano de fundo" para tendenciosas negociações por parte daqueles que, sob o manto de supostas intenções conciliatórias, objetivam alcançar compensações pessoais ou exclusivamente materiais.

Para Hesketh (2009), a guarda compartilhada pode ser bem interessante se a criança tiver residência fixa, souber qual é sua casa, embora possa conviver bastante com o outro genitor.

É tema de relevância a residência da criança. Ela terá que saber onde mora, qual é seu endereço, não sendo o local de moradia que vai determinar a modalidade de guarda ou o fato de ficar mudando de casa que caracterizará o compartilhamento, até porque, como diz Boulos (2011), a ideia do duplo domicílio está ligada ao conceito jurídico de domicílio, significando a responsabilidade conjunta dos pais, independentemente de a criança residir com um dos dois ou mesmo com terceira pessoa.

O compartilhamento está, antes de tudo, situado na subjetividade que se expressa no estabelecimento de valores comuns; na tomada de decisões que, no fim, sejam uniformes; na coparticipação nos cuidados cotidianos dos filhos, sempre permeados por afeto e proximidade com eles, e por diálogo, no mínimo civilizado, polido e sensato, entre os pais, o que só é conseguido com o afrouxamento dos laços conjugais, visando ao desatamento deles, e o estreitamento dos laços parentais (CEZAR-FERREIRA, 2000).

A guarda compartilhada, como modalidade que melhor traduz a corresponsabilidade legal em relação aos filhos menores e filhos incapazes por razão que não a idade, após a separação, deve, o quanto possível, equiparar-se à guarda conjunta saudável de pais que vivem juntos, a qual não implica perfeição ou uniformidade no sentir e pensar.

A comparação entre guarda unilateral e compartilhada merece que se atente para alguns estudos.

Bauserman (2002), em estudo que comparou a adaptação de crianças em situação de guarda compartilhada e de guarda unilateral, concluiu que a guarda compartilhada pode ser vantajosa para os filhos dos separados, em alguns casos, possivelmente pela facilitação da continuidade de contato com ambos os pais.

Nessa direção, Williams (1987), em estudo da American Bar Association Family Law, sobre famílias em situação de alto risco e alto conflito, constatou que crianças de guarda unilateral, em geral materna, correm maior risco de ser sequestradas pelos pais ou sofrer danos físicos e que famílias que vivenciam essas situações, quando recebem instruções altamente detalhadas dos juízes, têm melhor reação e são capazes de apresentar comportamento mais cooperativo.

Tanto se podem encontrar estudos que afirmam que a guarda unilateral instiga o conflito quanto que, nessa modalidade de guarda, a percepção das crianças foi correlacionada com o tempo de visitação do pai ou mãe, no sentido de que, quanto maior o tempo de visitação, mais as crianças aceitavam ambos os pais e mais ajustadas eram.

Isso significa, em última análise, a nosso ver, que não é a modalidade de guarda que é melhor ou pior, mas a cooperação entre os pais e a maior convivência deles com seus filhos. Significa, também, que, quando há potencial, os pais podem ser preparados para uma relação cooperativa e afetiva na criação dos filhos.

A American Bar Association Family Law, desde as últimas décadas do século XX, tem realizado pesquisas e estudos multidisciplinares visando a aprofundar-se na busca de melhores condições para que o magistrado defira a guarda compartilhada a fim de proporcionar menores traumas aos filhos do divórcio.

Provavelmente em razão do interesse que o tema despertou nos Estados Unidos, nas décadas finais do século XX, surgiu um número significativo de pesquisas, especialmente de doutorado, voltadas ao estudo comparativo das modalidades de guarda unilateral e compartilhada.

Luepnitz (1980) estudou guarda unilateral e guarda compartilhada. A maioria das crianças de guarda unilateral demonstrou insatisfação com a quantidade de visitas, enquanto as crianças de guardas compartilhadas pareciam razoavelmente satisfeitas com a companhia de ambos os pais. O autor concluiu que a qualidade da relação entre pais e filho era melhor no caso de guarda compartilhada.

Welsh-Osga (1981) comparou crianças em famílias intactas, em guarda compartilhada e em guarda unilateral. A idade das crianças variava de 4,5 a 12 anos. A conclusão foi que as crianças de guarda compartilhada denotaram mais satisfação com o tempo de convívio com os pais e que esses pais eram mais envolvidos com seus filhos e que sentiam as responsabilidades parentais com menos sobrecarga. As crianças dos quatro grupos (famílias intactas, guarda compartilhada, guarda do pai e guarda da mãe), no entanto, mostraram-se igualmente ajustadas às suas particularidades.

A maioria dos estudos indica que a guarda compartilhada é a modalidade de guarda desejável após a separação. Os exemplos são bastante estimulantes.

É de se considerar, entretanto, que casais que se desentenderam a ponto de precisar separar-se provavelmente não terão tal nível de evolução, desprendimento e compreensão para compartilhar a guarda dos filhos com a naturalidade que aparece nas pesquisas. É de se supor, portanto, que tenham sofrido alguma evolução de ordem emocional e relacional, possivelmente com ajuda externa, haja vista, de um lado, que a adaptação mais difícil se refere ao período que se segue ao divórcio, como observado em uma das pesquisas, e, de outro, que a década de 1980, nos Estados Unidos, se notabilizou por um especial esforço da parte da American Bar Association Family Law no sentido de incentivar pesquisas interdisciplinares e multiprofissionais que prevenissem traumas nos filhos dos separados.

Nossos estudos e experiência profissional têm indicado que é inadequado, e até perigoso, o estabelecimento de guarda compartilhada para evitar agressividade e que não bastam instruções para levar os pais a um real e efetivo compartilhamento, ainda que essas instruções sejam altamente detalhadas e fornecidas pela autoridade judiciária.

Para alguns casos, é possível que nem mesmo a mediação de conflitos seja suficiente. Esses pais precisariam ser submetidos a técnicas psicológicas que, pelos objetivos e profundidade, atingem o intrapsíquico e o interpsíquico, propiciando, assim, maior possibilidade de minimização ou dissolução dos conflitos interpessoais. Lembramos, mais uma vez, Féres-Carneiro (1988), que preconiza ser a terapia de casal voltada à saúde emocional dos membros da família e do casal, e não à ruptura ou manutenção do casamento.

Os estudos mencionados concluem, de modo geral, pela maior eficácia da guarda compartilhada. Denotam haver relacionamento pelo menos razoável entre os pais com esse arranjo parental. Não referem, porém, se se tratava de pais amadurecidos emocionalmente ou como, e se, foram preparados para assumir tal modalidade de guarda.

Invertendo o raciocínio, perguntaríamos: é o arranjo parental da guarda compartilhada que leva a relacionamento pelo menos razoável entre os pais, ou é o relacionamento pelo menos razoável entre os pais que leva à possibilidade de compartilhar a guarda?

De todo modo, ao indagar qual modalidade de guarda mais atende ao melhor interesse dos filhos dos separados, referimos nossa experiência de décadas em psicoterapia individual e de família, em perícias judiciais e em mediação, a qual nos permite acreditar que, mais importante do que a modalidade da guarda, é a relação entre guarda e visita, como dissemos em trabalhos anteriores (CEZAR-FERREIRA, 2000, 2004a, 2007, 2012). Isso decorre de relacionamento parental adequado, o qual, por sua vez, implica amadurecimento emocional dos ex-parceiros e dissolução ou, pelo menos, afrouxamento do vínculo conjugal.

▶ O EIXO: RELACIONAMENTO PARENTAL ADEQUADO

Silva (2003), em pesquisa que avaliou a dinâmica de filhos pequenos em situação de guarda unilateral e exclusiva, concluiu que o funcionamento da guarda de filhos está especialmente relacionado a uma boa relação entre os pais.

No mesmo diapasão, em estudo realizado por Goldrajch (2005), a partir de determinação judicial à vista de laudo psicológico, foi feito o preparo de pais que detinham guarda alternada tumultuada e hostil para guarda compartilhada.

O autor concluiu que, entre os fatores surgidos, o importante é a integral cooperação dos pais nas decisões acerca da vida do filho e a amplitude do contato dele com os pais, podendo usufruir da proximidade, do afeto e da orientação de ambos em ambiente saudável. Concluiu que isso garante o cumprimento do direito à convivência, tendo sempre como objetivo o superior interesse da criança.

Silva (2003) e Goldrajch (2005) são da área da Psicologia.

Nessa direção, falando do lugar da magistrada, estão as palavras de Leiria (2000, p. 11), para quem

> [...] os fatores sociais, a forma de inclusão na sociedade do pai e da mãe, em seus campos de vida pessoal, social e da grande família, onde entram todos os colaterais, os amigos, a coletividade em que vivem, devem ser, de alguma forma, compatíveis com a ideia fundamental da criança, que é a da igualdade de todos os seres humanos, igualdade esta que tem a ver com a ternura nos relacionamentos, com a compreensão das diferenças, com o entendimento do outro, com o saber dividir, dar e receber, acolher, aprovar, aceitar e enfrentar.

Souza (2000, p. 203-204), em pesquisa realizada com adolescentes cujos pais

> [...] se separaram quando eles estavam na infância, observou que as crianças têm sua saúde mental associada ao bem-estar dos pais e à qualidade do relacionamento entre ambos. [...] e que [...], para a maioria dos filhos, a escolha não era viver em uma família nuclear ou divorciada, e sim viver numa família com ou sem conflitos.

Ainda, Souza (2000) esclarece que os sentimentos de angústia, raiva, insegurança e outros, que afligem os menores após a separação dos pais, tendem a regredir à medida que diminuem os conflitos entre eles, e conclui que o conflito parental é central e que o tipo de comunicação, por meio de informações e condutas parentais adequadas, talvez possa minimizar o sofrimento infantil. Observa também que, para os filhos, a consciência da ausência do pai é que dá materialidade à separação, sendo tal consciência apontada pelos entrevistados (todos crianças à época da separação) como o momento em que preponderam os "piores sentimentos" (SOUZA, 2000, p. 207).

Em resumo, os entrevistados da autora consideraram que, entre outros aspectos, a diminuição do conflito entre os pais e o estabelecimento de uma relação satisfatória entre eles após a separação foram positivos em sua adaptação à nova fase de vida, enquanto a perpetuação do conflito em relação a guarda, alimentos e visitas, entre outros, foi negativa à reestruturação individual e familiar (SOUZA, 2000).

Wagner e Sarriera (1999), por sua vez, estudando os posteriores relacionamentos dos separados, chegam a semelhante percepção: a relação satisfatória com os pais permite ao filho sentir-se mais seguro no relacionamento com os novos parceiros.

Ainda tendo como eixo o tipo de relacionamento existente entre os pais, Garcia (2012, p.218) afirma, em linguagem psicanalítica, que é necessário romper o embotamento narcísico para poder exercitar a empatia e conviver com a alteridade. E conclui:

> A guarda compartilhada é destinada, em geral, a casais que revelam boas condições ao diálogo e que conseguem respeitar as diferenças pessoais, pelo menos de modo razoável, já que terão que realizar acordos cotidianos sem a permanente interferência do Tribunal de Justiça.

Souza (2000), Wagner e Sarriera (1999) e Garcia (2012) são da área psicológica. Assim, indistintamente, autores vindos do universo psicológico ou do jurídico reconhecem a importância do bom entendimento e das boas intenções dos pais que pretendem compartilhar a guarda.

O cerne da questão, em nosso modo de ver, está na existência dos conflitos de ordem subjetiva e relacional dos pais. Sem que eles sejam reconhecidos e elaborados pelos personagens centrais da cena, parece demasiado otimista imaginar-se um relacionamento positivo e harmonioso na pós-separação.

> A necessidade da intervenção judicial é tão sensível no sistema jurídico brasileiro que o § 4º do art. 1.584 do Código Civil, com a redação que lhe deu a Lei nº 11.698, de 13 de junho de 2008, em vigor desde meados de agosto do mesmo ano, cria mecanismo para a punição do detentor da guarda em caso de alteração não autorizada ou de descumprimento imotivado de cláusula estabelecida na regulação da guarda, podendo-se, inclusive, impor a redução do número de horas de convivência com o filho ao violador da norma concreta. (MÔNACO, 2008, p. 40).

Esta é uma das formas de o legislador denotar sensibilidade: o estabelecimento de punição. Entendemos que o Estado não se pode eximir de responsabilidade na proteção integral das crianças e adolescentes, mas entendemos, igualmente, que de muito pouco ou de nada servirá o castigo se ele não vier acompanhado de ajuda aos pais na aquisição de maturidade emocional, de compreensão do que eles próprios significam no desenvolvimento biopsicossocial dos filhos, o que, em última análise, requer preparo para o exercício da guarda, qualquer que seja a modalidade.

Nunes (2009), estudando juridicamente os novos vínculos nas relações de família, conclui que a guarda compartilhada só pode funcionar, adequadamente, para pais que cooperem entre si e ponham os interesses dos filhos acima dos seus, considerando erro da lei que ela possa ser imposta.

Francischetti (2008) aponta que a guarda compartilhada não veio para substituir a unilateral, mas defende sua consolidação na prática judicial pátria por confirmar os princípios do melhor interesse do menor e da igualdade parental no exercício da responsabilidade pelos filhos. É partidária de que ela seja aplicada sempre que possível, ressaltando a importância de os profissionais do Direito serem estimulados para tanto, sem deixar de ressalvar a necessidade de sopesarem prós e contras em cada caso concreto.

Como afirmado em outras partes desta obra, encanta-nos ver como os conhecimentos psicológicos penetraram no pensamento jurídico a ponto de juristas se apropriarem deles com naturalidade, tendo-os internalizado, como Barbosa (2007), quando refere a necessidade da interdisciplinaridade no Direito de Família e de se entender o conflito do ponto de vista jurídico e da consideração pelo afeto, e como Hironaka e Mônaco (2010, p. 1-2), quando afirmam: "[...] o enfrentamento desordenado das novas realidades relacionais em âmbito familiar demonstra a ausência de maturidade para lidar com as questões afetivas".

Essa aproximação entre o Direito e a Psicologia, essa integração e esse ecoar de multivozes era, e é, o propósito do pensamento psicojurídico, da visão psicojurídica de família; essa é a realidade que se percebe, aquela que, pelo encontro e a convergência interdisciplinar de autores e profissionais, poderá alargar cada vez mais o caminho da minimização dos prejuízos emocionais nos filhos da separação e do divórcio.

▶ DA OBRIGATORIEDADE DA GUARDA COMPARTILHADA

A separação, especialmente em uma família com filhos, não é uma crise tão simples de ser superada. O sofrimento é muito grande para todos, e a possibilidade de se chegar a uma solução razoável fica mais distante.

Experiências e estudos vêm cada vez mais confirmando que as relações familiares, particularmente entre pais e filhos, são fundamentais na estruturação do psiquismo destes, pela transmissão de crenças, mitos e valores.

À vista disso, a administração da vida dos filhos na pós-separação ou divórcio é algo delicado, a ser avaliado com cautela.

Em 13 de junho de 2008, foi promulgada a Lei nº 11.698, que alterou os arts. 1.583 e 1.584 do Código Civil Brasileiro, Lei nº 10.406/2002, e instituiu a guarda compartilhada no País (BRASIL, 2008).

Em 12 de abril de 2011, o Deputado Arnaldo Faria de Sá apresentou o Projeto de Lei nº 1.009, "[...] visando maior clareza sobre a real intenção do legislador quando da criação da Guarda Compartilhada [...]" (sic.) (BRASIL, 2011, ementa).

Em 04 de julho de 2012, o Deputado Dr. Rosinha apresentou complementação de voto ao PL nº 1.009/2011, que, levado às demais Comissões competentes, foi aprovado e encaminhado ao Senado Federal, onde passou a ser Projeto de Lei nº 117/2013, tendo, afinal, sido aprovado em dezembro de 2014. Em 22 de dezembro do mesmo ano, foi promulgada a Lei nº 13.058, que alterou os arts. 1.583, 1.584, 1.585 e 1.634 do Código (BRASIL, 2014).

Essa alteração traz como ponto fundamental a obrigatoriedade de aplicação da guarda compartilhada mesmo que não haja acordo entre os pais.

Sobre a necessidade, ou não, dessa alteração em consonância com nosso estudo, versa o presente item.

O PL nº 1.009 propõe (BRASIL, 2011): "Art. 1º Esta lei esclarece o real sentido da guarda compartilhada, modificando os artigos 1.583, 1.584, 1.585 e 1.634 da Lei 10.406, de 10 de janeiro de 2002 – Código Civil".

E propõe as seguintes modificações:

Art. 1.583.

[...]

§ 2º Na guarda compartilhada, o tempo de custódia física dos filhos deve ser dividido de forma equilibrada com mãe e pai, sempre tendo em vista as condições fáticas e os interesses dos filhos.

§ 3º Na guarda compartilhada, a cidade considerada base de moradia dos filhos será aquela que melhor atender aos interesses dos filhos.

§ 4º A guarda unilateral obriga o pai ou a mãe que não a detenha a supervisionar os interesses dos filhos.

Para possibilitar tal supervisão, qualquer dos genitores sempre será parte legítima para solicitar informações e/ou prestação de contas, objetivas ou subjetivas, em assuntos ou situações que direta ou indiretamente afetem a saúde física e psicológica e a educação de seus filhos.

Art. 1.584.

[...]

§ 2º Quando não houver acordo entre a mãe e o pai quanto à guarda do filho, **encontrando-se ambos os genitores aptos a exercer o poder familiar**, será aplicada a guarda compartilhada, salvo se um dos genitores declarar ao magistrado que não deseja a guarda do menor.

§ 3º Para estabelecer as atribuições do pai e da mãe e os períodos de convivência sob guarda compartilhada, o juiz, de ofício ou a requerimento do Ministério Público, poderá basear-se em orientação técnico-profissional ou de equipe interdisciplinar, que deverá visar à divisão equilibrada do tempo com pai e mãe.

§ 4º Qualquer estabelecimento público ou privado é obrigado a prestar informações de seus filhos a qualquer dos genitores, sob pena de multa de duzentos a quinhentos reais por dia pelo não atendimento da solicitação.

§ 5º A alteração não autorizada ou o descumprimento imotivado de cláusula de guarda, unilateral ou compartilhada, poderá implicar a redução de prerrogativas atribuídas ao seu detentor.

§ 6º Se o juiz verificar que o filho não deve permanecer sob a guarda do pai ou da mãe, deferirá a guarda à pessoa que revele compatibilidade com a natureza da medida, considerados, de preferência, o grau de parentesco e as relações de afinidade e afetividade. (NR)

Art. 1.585. Em sede de medida cautelar de separação de corpos, em sede de medida cautelar de guarda ou em outra sede de fixação liminar de guarda, a decisão sobre guarda de filhos, mesmo que provisória, será proferida preferencialmente após a oitiva de ambas as partes perante o juiz, salvo se a proteção aos interesses dos filhos exigir a concessão de liminar sem a oitiva da outra parte, aplicando-se as disposições do art. 1.584. (NR)

Art. 1.634. Compete a ambos os pais, qualquer que seja a sua situação conjugal, o pleno exercício do Poder Familiar, que consiste em:

 I – dirigir-lhes a criação e educação;

 II – exercer a guarda unilateral ou compartilhada nos termos do artigo 1.584;

 III – conceder-lhes ou negar-lhes consentimento para casarem;

 IV – conceder-lhes ou negar-lhes consentimento para viajarem ao exterior;

 V – conceder-lhes ou negar-lhes consentimento para mudarem sua residência permanente para outro município;

 VI – nomear-lhes tutor por testamento ou documento autêntico, se o outro dos pais não lhe sobreviver, ou o sobrevivo não puder exercer o poder familiar;

 VII – representá-los judicial e extrajudicialmente, até aos dezesseis anos, nos atos da vida civil, e assisti-los, após essa idade, nos atos em que forem partes, suprindo-lhes o consentimento;

 VIII – reclamá-los de quem ilegalmente os detenha;

 IX – exigir que lhes prestem obediência, respeito e os serviços próprios de sua idade e condição.

O Projeto de Lei e seu Substitutivo merecem consideração e respeito pela seriedade de seus objetivos: tornar mais clara a Lei nº 11.698, de 2008, e indicar a real intenção do legislador.

Cabem, no entanto, algumas considerações.

Guarda compartilhada é ideal a ser atingido, porque é a mais próxima da guarda conjunta de pais que vivem juntos, mas não é remédio para dissensões entre os pais. Mais importante do que a modalidade de guarda é a relação do ex-casal, como pais, no sentido de administrar a vida diária dos filhos. Poder familiar, ambos continuam a deter após a separação ou o divórcio; responsabilidades conjuntas são fruto do poder familiar; convivência familiar e comunitária é obrigatória, qualquer que seja o tipo de guarda.

A expressão "sempre que possível" encerrava uma recomendação. A guarda compartilhada deve ser buscada intensamente, mas, por si só, não evita alienação parental nem minimiza atritos entre os pais.

Na guarda compartilhada, os pais precisam decidir sobre aspectos básicos e operacionais da vida dos filhos e, para isso, devem poder discernir entre ser ex-casal e ser pais. Eles precisarão administrar, conjuntamente, o cotidiano dos filhos. Assim, necessitam ter maturidade emocional suficiente e manter aberto o canal de comunicação parental. Sem comunicação, qualquer dos pais tomará decisão individual sobre aspectos diuturnos da vida de seus filhos, o que poderá colidir com a opinião do outro e ser prejudicial àqueles.

A lei traz aspectos importantes ao exercício da parentalidade, conduzindo a maior responsabilidade parental e social. Do ponto de vista psicológico, porém, é de se esperar dificuldades nos casos em que essa modalidade de guarda seja aplicada sem que os pais tenham condição para exercê-la ou não tenham sido preparados para tanto.

A expressão "sempre que possível" encerrava uma recomendação, o que, por si só, já induziria a se pensar, juridicamente, na possibilidade. Parece mais cautelosa. A lei, de *per se*, não tem o condão de mudar comportamentos.

Quando se trata dos chamados "divórcios difíceis", o nível de animosidade impede qualquer comunicação razoável. Assim, como pretender-se que possam compartilhar a guarda, ainda que provisoriamente? É fundamental pensar-se no bem-estar dos filhos, e, nessa situação, eles serão postos em estado de vulnerabilidade.

Na agudez do conflito e no ardor das discussões, é raro que os pais se comuniquem com serenidade, concordamos. Nem por isso se deve fixar o compartilhamento da guarda, supondo que, à força, se entenderão. Dever de propiciar convivência familiar e comunitária ambos o têm; direito a essa convivência pelos filhos é indiscutível. São normas constitucionais (BRASIL, 1988, art. 227).

O que deve ser observado para a determinação de guarda, qualquer que seja a modalidade, são as possibilidades relacionais e emocionais dos pais para assumi-la. É preciso que se avaliem as possibilidades com fito no melhor bem-estar dos filhos, sob pena de eles ficarem desassistidos.

Crianças e adolescentes precisam de coerência e tranquilidade em seus cuidados. Daí a necessidade de se avaliar, em cada caso, qual a mais adequada modalidade de guarda.

Todos os pais devem ter direito ao exercício da guarda compartilhada, *desde que tenham possibilidade de exercê-la e estejam preparados para tanto*.

Paz não se obtém por decreto, é resultado de uma construção como lembra Antonio (2013).

O filósofo Spinoza (1983, p. 322 apud ANTONIO, 2013, p. 79) dá fundamento ao argumento, ao dizer:

> [...] se a paz tem de possuir o nome de servidão, barbárie e solidão, nada há mais lamentável para o homem do que a paz. Logo, a paz não consiste na ausência da guerra, mas na união dos ânimos, na concórdia que promove a vida, a potência dos seres, e não na concórdia que é sustentada pela opressão.

4

Preparo para a guarda compartilhada: alternativas de ação

> *O amigo que se torna inimigo fica incompreensível;*
> *o inimigo que se torna amigo é um cofre aberto.*
> (ANDRADE, 2007, p. 11)

▶ O TRABALHO DE REDE SOCIAL

À luz da leitura do trabalho de Dabas e Najmanovich (2007), *Una, dos, muchas redes: Itinerários y afluentes del pensamiento y abordage em redes*, e do trabalho de Mioto (2002), *Trabalho com redes como procedimento de intervenção profissional: o desafio da requalificação dos serviços*, propomos um breve alinhamento do conceito de rede e sua possibilidade interdisciplinar e multiprofissional no auxílio à família na Justiça, com vistas, especialmente, à exequibilidade do exercício da guarda compartilhada após a separação, estabelecida por sentença de homologação de acordo ou determinação judicial.

Considerar o fenômeno que estudamos sob o ponto de vista sistêmico, tendo em vista a complexidade das relações, é algo que comungamos com Dabas e Najmanovich (2007).

Trabalhar em prol de auxílio à família no Judiciário, na tentativa de se criar uma rede voltada àquele objetivo, implica a consideração de alguns fatores:

- ▶ a compreensão de que, no judiciário, a figura do juiz responsável pelo processo é de suma importância para que práticas sistêmicas sejam implantadas, bem como sua disposição de trabalhar em prol de transformações na família e na justiça;

- ▶ a compreensão de que, em sua função, a posição tomada pelos advogados também será determinante da possibilidade, ou não, de se trabalhar em prol de transformações na família e na justiça;

- ▶ a compreensão de que, em sua função, a posição tomada pelo promotor de justiça também será determinante da possibilidade, ou não, de se trabalhar em prol de transformações na família e na justiça;

- ▶ a compreensão de que os psicólogos atuantes na justiça de família vêm de formação específica;

- ▶ a compreensão de que os assistentes sociais atuantes na justiça de família vêm de formação específica;

- ▶ a compreensão de que não se está lidando, essencialmente, com o social, mas, também, com os indivíduos que o compõem, como bem lembram Dabas e Najmanovich (2007);

- ▶ a compreensão de que são diferentes os lugares que cada profissional ocupa no contexto;

- ▶ a compreensão de que terapeutas familiares são especialistas capazes de auxiliar esses pares parentais a se ajudarem e a sua família, dentro ou fora do poder judiciário;

- ▶ a compreensão de que a mediação é instrumento eficaz;

- ▶ a compreensão de que os pais, quando orientados e sensibilizados, podem e, no fundo, querem ser partícipes importantes nesse processo que a ninguém mais interessa tanto quanto a eles, cujo bem-estar dos filhos está em jogo.

Perceber e acolher a dinâmica dos pais separados em vias de assumir a guarda dos filhos menores ou incapazes por razão que não a menoridade, bem como sua disponibilidade e possibilidade, deve ser o foco de trabalho de uma rede que pretenda ajudá-los a assumir tão difícil tarefa, distinguindo, em si, a relação conjugal da relação parental.

Dabas e Najmanovich (2007) trazem grande ajuda, quando se trata do mapeamento das redes, e referem diversidade de vínculos que aparecem além dos familiares. Entendem as autoras que, tanto quanto a diversidade, igualmente a densidade dos vínculos é importante e merece atenção.

Entendemos que não apenas os vínculos afetivos interpessoais devam ser considerados, mas, também, os que cada profissional tem com sua profissão, com a instituição em que trabalha e com seus sistemas de significados.

Mioto (2002) lembra que os problemas da realidade atual não podem ser tratados de maneira segmentada, por respostas diretas, mas que se deve levar em consideração o fato de que os problemas das pessoas não se referem apenas a seu pequeno mundo, mas estão conectados a uma realidade mais ampla. Assim, uma eventual busca de soluções precisa contemplar esse universo ampliado para que os conflitos sejam dirimidos ou minimizados.

▶ SOBRE O CONFLITO

Conflito é um fenômeno que pode ser apreciado sob diferentes pontos de vista.

Para o Moderno Dicionário da Língua Portuguesa, conflito é

> 1. embate de pessoas que lutam 2. altercação 3. barulho, desordem, tumulto 4. conjuntura, momento crítico 5. pendência 6. luta, oposição 7. pleito 8. dissídio entre nações 9. na Psicologia, tensão produzida pela presença simultânea de motivos contraditórios; segundo a psicanálise, há em todo conflito um desejo reprimido, inconsciente 10. na Sociologia, competição consciente entre indivíduos ou grupos que visam a sujeição ou destruição do rival. na Cultura, incompatibilidade entre valores culturais cujos portadores humanos estabelecem contato. (MICHAELIS, 2000, p. 559).

Laplanche e Pontalis (1970), em seu *Vocabulário de psicanálise*, falam em conflito psíquico, que ocorre quando exigências internas contrárias se impõem ao indivíduo.

Para o *Dicionário de terapias familiares*, o conceito de conflito remete às ideias de

> [...] bifurcação, bode expiatório, campos de forças, catástrofes elementares, ciclos de vida, comportamentos agonísticos, duplo vínculo, ensinamento, ritualização, triângulo, violência, vitimização. (MIERMONT, 1994, p. 165-166).

Segundo o *Dictionary of Conflict Resolution*, de Yarn (1999, p. 133), o conflito pode ser definido, em tradução de Azevedo (2009, p. 27), como "[...] um processo ou estado em que duas ou mais pessoas divergem em razão de metas, interesses ou objetivos individuais percebidos como mutuamente incompatíveis".

O conflito é inerente ao ser humano, manifestando contradições inconscientes ou conflitos de interesse que podem ser subjetivos ou concretos.

Do ponto de vista psicojurídico, há de se considerar tanto os conflitos pessoais quanto os interpessoais. Eles se expressam pela comunicação. Os conflitos interpessoais que se manifestam nas conversações são, portanto, formas de comunicação em que se expressam as diferenças e pertencentes ao campo da linguagem.

Sob a ótica psicojurídica, para fins didáticos, é razoável estabelecer uma distinção entre conflito, *stricto sensu*, disputa e litígio, em que conflito, propriamente dito, está mais ligado à ideia de conflito psíquico; disputa pressupõe a existência de pretensão em relação a um objeto concreto ou afetivo; e litígio está associado à ideia de Justiça.

Nos conflitos interpessoais, duas pessoas podem disputar uma obra de arte, alegando que ela lhes pertence, ou duas pessoas podem disputar o amor ou a preferência de alguém, por exemplo. Tais pretensões podem ter raiz em dados reais, como um documento de propriedade, no caso da obra de arte, ou em sentimento de posse ("Compramos porque eu gostava, e não você").

O amor, também exemplificativamente, pode ser disputado por razões várias. Um filho pode disputar com os irmãos o amor dos pais por ter sentimentos de preterição. Uma pessoa precisa disputar com outra a preferência de um terceiro, expressando, talvez, necessidade de sentir-se alguém especial. E, na área empresarial, dois sócios podem entrar em disputa para que a própria opinião prevaleça.

Quando a situação se torna insustentável, as pessoas entram na Justiça, e inicia-se um processo judicial, um litígio. Neste, uma das partes pode ter razão, e ambas saberem disso; ambas as partes podem acreditar que têm razão; ou ambas as partes podem saber que não têm razão.

O litígio pode comunicar sentimentos de dor, raiva, vingança, impotência, dominação, entre outros. Em caso de separação, por exemplo, os membros de um ex-casal podem ficar litigando sobre um determinado ponto, sem nenhum convencimento, apenas porque essa é a forma, inconsciente, de se manterem unidos. É sua forma de comunicação.

Desse ponto de vista, o conflito é uma interação competitiva entre pessoas, responde a uma forma binária de raciocínio em que ou se ganha, ou se perde, e que, quanto mais tempo se estende, mais polarizado fica.

Partimos do pressuposto de que as pessoas tendem a acreditar que detenham todas as informações. Assim, trate-se de um conflito irreal, com comunicação errônea, aquele em que há entendimento diferente do que o outro diz; trate-se de um conflito real, baseado em valores materiais ("Isso me pertence") ou simbólicos ("Tenho razão"), o fato é que o conflito pode ser visto como fruto de má comunicação. E, nesse caso, entendemos que, qualquer que seja o meio utilizado, com ajuda individual ou social, a tentativa deve ser o restabelecimento de uma comunicação adequada.

Cumpre lembrar, no que tange à família, o que, a partir do campo jurídico, afirma Barbosa (2007, p. 5):

> [...] o conflito familiar é o desvio da função e dos papéis sistêmicos, com a conclusão de que o único conflito que existe é o do casal conjugal, devendo ser objeto de estudo *a priori*, quando o conflito se expressar como parental.

E, do ponto de vista da Psicologia, diz Toloi (2006, p. 12) sobre os conflitos: "[...] processos complexos inerentes ao ser humano e ao seu convívio no meio ambiente [...] fazem parte da vida do ser em evolução".

A partir do momento em que se percebe o conflito como um fenômeno próprio do ser humano e da relação de quaisquer seres vivos, é possível percebê-lo de forma positiva, e não apenas como algo negativo.

Há conflitos e há dificuldades. Nem toda dificuldade revela um conflito. Pode-se dizer que dificuldade é um problema que pode ser resolvido de maneira mais fácil pelo senso comum. Elas, entretanto, podem transformar-se em conflitos, dependendo da maior ou menor capacidade de flexibilização dos envolvidos.

▶ A REDE EM PROL DE GUARDA EQUILIBRADA

À vista da complementaridade das relações, parece importante, para a guarda de filhos na separação, que se busquem meios que permitam o estabelecimento de uma guarda adequada, porém de forma consistente, relacional e psicoemocionalmente, para que não se engrosse a fileira das determinações judiciais ou homologações judiciais de acordo não cumpridas.

Em geral, são pequenas redes que, entendemos, merecem nossa atenção e esforço para se poder implantá-las entre nós.

Não é trabalho fácil. Desejável seria que um juiz de família pudesse tomar para si tal tarefa com convicção. De qualquer modo, é tarefa de todos nós, na medida em que virmos a formação dessa rede de ajuda como uma forma ou possibilidade de encaminhar soluções.

Na lei, o art. 1.584, § 3º, do Código Civil, e o Estatuto da Criança e do Adolescente (BRASIL, 1990, 2002a) dão espaço a encaminhamento. Trataremos do assunto na seção "Medidas de apoio familiar" neste capítulo.

A respeito das redes, Dabas e Najmanovich (2001, p. 17) citam Castells (1999): "[...] Una red es un conjunto de nodos interconectados. [...] Lo que um nodo es concretamente, depende del tipo de redes a los que nos refiramos".[1]

Os problemas e as soluções são construídos nas relações conforme os significados que se lhes dão. E esses significados são construídos, socialmente, na interação com o outro por meio da linguagem.

▶ PROPOSTAS DA DOUTRINA, LEI E JUDICIÁRIO

Souza (2000, p. 203), em pesquisa realizada com adolescentes que tinham entre 11 e 15 anos à época da separação dos pais, conclui que "Importantes aspectos de tensão e estresse infantis poderiam ser evitados através de ações de promoção de saúde, grupos de apoio e orientação dos pais". Souza e Ramires (2006) lembram que há necessidade de se alertar os pais para assegurar os filhos de seu amor e proteção, bem como para explicar-lhes as mudanças no cotidiano, a fim de torná-los potentes na condução da crise e na transição.

---

[1] Tradução da autora: "[...] Uma rede é um conjunto de nós interconectados. [...] O que um nó é, concretamente, depende do tipo de redes a que nos referimos".

Trazemos, aqui, pela relevância, excertos de citações do Capítulo 2.

Williams (1987), referindo estudo da American Bar Association Family Law:

▶ Famílias em situação de alto risco e alto conflito com crianças em guarda unilateral, em geral materna.

Conclui: maior risco de serem sequestradas pelos pais ou sofrerem danos físicos.

▶ Famílias que vivenciam essas situações, quando recebem instruções altamente detalhadas dos juízes.

Conclui: têm melhor reação e são capazes de apresentar comportamento mais cooperativo.

Bauserman (2002):

▶ Focando o conflito parental e o estabelecimento de guarda.

Conclui: a guarda compartilhada pode ser vantajosa para os filhos dos separados, em alguns casos, possivelmente pela facilitação da continuidade de contato com ambos os pais.

Goldrajch (2005):

▶ Refere laudo pericial recomendando acompanhamento psicológico com o fito de treinar habilidades de comunicação entre os pais e coordenação das orientações fornecidas à criança, visando a garantir a continuidade de cuidados e a proteção integral dela.

Conclui: resultados positivos na melhora da comunicação e colaboração nos cuidados à criança, permitindo elaboração de acordo judicial entre os pais. Isso é o que se pretende em prol do superior interesse dos menores.

Silva (2003):

▶ Estudou a dinâmica da criança e o aparecimento de sintomas nas várias modalidades de guarda na pós-separação.

Conclui: o funcionamento da guarda de filhos está especialmente ligado a uma boa relação entre os pais.

Também, como mencionado no Capítulo 3, tanto se podem encontrar estudos que afirmam que a guarda unilateral instiga o conflito quanto que, nessa modalidade de guarda, a percepção das crianças foi correlacionada com o tempo de visitação do pai ou mãe, no sentido de que, quanto maior o tempo de visitação, mais as crianças aceitavam ambos os pais e mais ajustadas eram.

As pesquisas nacionais referidas permitem pensar no estabelecimento de um programa fundamentado no art. 129 do Estatuto da Criança e do Adolescente (BRASIL, 1990), em prol do superior interesse dos menores.

Do lugar da Psicologia, ainda encontramos, na literatura, produções importantes e pioneiras à época sobre acordo judicial, como a de Teyber, que, em 1995, já afirmava que, em todos os acordos de guarda, é necessário tanto que os pais levem em conta a importância da continuidade da relação da criança com ambos quanto que as negociações de visita sejam feitas de forma a proteger os filhos de conflitos entre os pais.

O exposto reafirma nossa convicção de que, mais importante do que a modalidade de guarda, é a competência dos pais para continuar a criar seus filhos após a separação.

O art. 1.584 do Código Civil, modificado pela Lei nº 11.698, de 13 de junho de 2008, afirma em seu § 2º (BRASIL, 2008): "Quando não houver acordo entre a mãe e o pai quanto à guarda do filho, será aplicada, sempre que possível, a guarda compartilhada".

A ressalva "sempre que possível" parece ser o cerne da questão.

Entretanto, o parágrafo do mesmo artigo foi modificado pela Lei nº 13.058/2014, para tornar obrigatória a aplicação (BRASIL, 2014):

> § 2º Quando não houver acordo entre a mãe e o pai quanto à guarda do filho, encontrando-se ambos os genitores aptos a exercer o poder familiar, será aplicada a guarda compartilhada, salvo se um dos genitores declarar ao magistrado que não deseja a guarda do menor.

O dia a dia vivido após a promulgação das leis tem trazido situações em que o compartilhamento se torna impraticável e em que há pedidos de modificação de guarda.

A guarda compartilhada tem sido objeto de restrições por juízes de primeiro e de segundo graus pela percepção de que é uma ilusão imaginar-se tão radical mudança de comportamento movida pelo simples fato de se haver feito acordo em certa direção ou a lei determinar sua aplicação.

A posição majoritária tem contemplado a necessidade de haver harmonia entre os pais, de que é exemplo o Agravo Interno no AI nº 70 047 443 320, de 2012, da Sétima Câmara Cível do Tribunal de Justiça do Rio Grande do Sul, sendo Presidente e Relator e Desembargador Sérgio Fernando de Vasconcellos Chaves:

> [...] 4. Para que a guarda compartilhada seja possível e proveitosa para o filho, é imprescindível que exista entre os pais uma relação marcada pela harmonia e pelo respeito, onde não existam disputas nem conflitos. 5. Quando o litígio é uma constante, a guarda compartilhada é descabida. [...]

Há, entretanto, opiniões que divergem, entendendo que aquela recomendação legal é protetiva. É o caso da decisão da Ministra Nancy Andrighi, que, como relatora, no Recurso Especial nº 1.251.000 – MG (2011/0084897-5), argumenta a favor da guarda compartilhada mesmo em situação de litígio, sempre que favorecer o interesse da criança.

Resume a ministra (ANDRIGHI, 2011, p. 1):

1. [...]
2. A guarda compartilhada busca a plena proteção do melhor interesse dos filhos, pois reflete, com muito mais acuidade, a realidade da organização social atual que caminha para o fim das rígidas divisões de papéis sociais definidas pelo gênero dos pais.
3. A guarda compartilhada é o ideal a ser buscado no exercício do Poder Familiar entre pais separados, mesmo que demandem deles reestruturações, concessões e adequações diversas, para que seus filhos possam usufruir, durante sua formação, do ideal psicológico de duplo referencial.
4. Apesar de a separação ou do divórcio usualmente coincidirem com o ápice do distanciamento do antigo casal e com a maior evidenciação das diferenças existentes, o melhor interesse do menor, ainda assim, dita a aplicação da guarda compartilhada como regra, mesmo na hipótese de ausência de consenso.
5. A inviabilidade da guarda compartilhada, por ausência de consenso, faria prevalecer o exercício de uma potestade inexistente por um dos

pais. E diz-se inexistente, porque contrária ao escopo do Poder Familiar que existe para a proteção da prole.

6. A imposição judicial das atribuições de cada um dos pais, e o período de convivência da criança sob guarda compartilhada, quando não houver consenso, é medida extrema, porém necessária à implementação dessa nova visão, para que não se faça do texto legal, letra morta.

7. A custódia física conjunta é o ideal a ser buscado na fixação da guarda compartilhada, porque sua implementação quebra a monoparentalidade na criação dos filhos, fato corriqueiro na guarda unilateral, que é substituída pela implementação de condições propícias à continuidade da existência de fontes bifrontais de exercício do Poder Familiar.

8. A fixação de um lapso temporal qualquer, em que a custódia física ficará com um dos pais, permite que a mesma rotina do filho seja vivenciada à luz do contato materno e paterno, além de habilitar a criança a ter uma visão tridimensional da realidade, apurada a partir da síntese dessas isoladas experiências interativas.

9. O estabelecimento da custódia física conjunta, sujeita-se, contudo, à possibilidade prática de sua implementação, devendo ser observada as peculiaridades fáticas que envolvem pais e filho, como a localização das residências, capacidade financeira das partes, disponibilidade de tempo e rotinas do menor, além de outras circunstâncias que devem ser observadas.

A ministra coloca-se a favor de determinação de guarda compartilhada, ainda que sem consenso e em meio a litígio. Ela o justifica pela preservação do melhor interesse do menor e de seu direito à convivência com ambos os pais. No corpo do Relatório do acórdão referido, entretanto, a ministra afirma que o problema é novo, requer novas soluções e que é preciso buscá-las para a litigiosidade entre os pais.

Posições contra ou a favor de fixação da guarda compartilhada sem consenso e possibilidade de diálogo entre os pais acabam por reconhecer a necessidade de se cuidar dessa relação.

Apesar de não haver unanimidade de pensamento, a Lei nº 13.058, de 2014, foi promulgada e está em vigor para determinar a obrigatoriedade de aplicação da guarda compartilhada ainda que os pais não tenham chegado a acordo. É preciso, portanto, que se criem condições de exequibilidade que não acarretem prejuízos psicoemocionais para os filhos (BRASIL, 2014).

▶ ALTERNATIVAS POSSÍVEIS

O Direito de Família deve valer-se de todos os instrumentos que possam favorecer a transação e prevenir prejuízos emocionais, principalmente nos filhos dos envolvidos. A transação é desejável nas causas judiciais de família.

Um casal emocionalmente amadurecido, salvo em situações de exceção, dificilmente passaria por uma separação litigiosa e, se passasse, pediria conversão em consensual assim que saísse do momento agudo da crise e pudesse refletir.

O objetivo dos itens que seguem é, meramente, elencar algumas formas de auxílio à Justiça, as quais, entendemos, podem contribuir para a dirimência ou minimização dos conflitos parentais e, em decorrência, preservar o bem-estar dos filhos menores e de eventuais outros filhos incapazes.

▶ Perícia

Nos processos judiciais, é facultado às partes em litígio apresentar provas. Fazem parte do rol de provas admitidas em Direito os depoimentos pessoais das partes, os documentos juntados aos autos, a inquirição de testemunhas, a expedição de ofícios a órgãos, empresas ou instituições determinando que prestem informações pertinentes e as perícias.

A perícia judicial é recurso do qual o juiz se pode valer sempre que entende necessários conhecimentos teóricos ou técnicos especializados sobre a matéria em discussão para formar convicção. A perícia materializa-se, no processo, sob a forma de laudo.

Wambier (2000, p. 527) conceitua a perícia como "[...] o meio de prova destinado a esclarecer o juiz sobre circunstâncias relativas aos fatos conflituosos, que envolvem conhecimentos técnicos ou científicos".

Para Dinamarco (2003), o nome "perícia" alude à aptidão e à qualificação do profissional a quem os exames são confiados.

Para a prova pericial, o juiz nomeará o perito (BRASIL, 2015a, art. 156), sendo que, segundo o § 1º do mesmo diploma legal, os peritos serão escolhidos entre profissionais de nível superior devidamente inscritos em seu órgão de classe. Nos fóruns em que há Serviço de Psicologia, em geral a esse serviço são encaminhadas as determinações para perícias psicológicas.

Em relação às perícias psicológicas, o Conselho Federal de Psicologia determinou normas para elaboração e redação dos laudos, por meio da Resolução CFP nº 007/2003, a qual denominou Manual de Elaboração de Documentos Decorrentes de Avaliações Psicológicas. Tais normas devem ser rigorosamente obedecidas (CONSELHO FEDERAL DE PSICOLOGIA, 2003).

Por elas, a avaliação psicológica é entendida como o processo técnico-científico de coleta de dados, estudos e interpretação de informações a respeito dos fenômenos psicológicos que são resultantes da relação do indivíduo com a sociedade, utilizando-se, para tanto, de estratégias psicológicas – métodos, técnicas e instrumentos.

Os resultados das avaliações devem considerar e analisar os condicionantes históricos e sociais e seus efeitos no psiquismo, com a finalidade de servirem como instrumentos para atuar não somente sobre o indivíduo, mas na modificação desses condicionantes que operam desde a formulação da demanda até a conclusão do processo de avaliação psicológica. As conclusões não devem ser definitivas.

O perito realiza a avaliação psicológica em conformidade com sua orientação teórica e técnica e deve "[...] se basear exclusivamente nos instrumentais técnicos (entrevistas, testes, observações, dinâmicas de grupo, escuta, intervenções verbais) [...]" (CONSELHO FEDERAL DE PSICOLOGIA, 2003, p. 2-3).

As perícias psicológicas tradicionais visavam a levantar dados de personalidade e a fazer prognósticos e fundamentavam-se, sobretudo, na aplicação de testes.

Silva (2005) observa que os testes são, hoje, menos utilizados. Essa autora, contudo, ressalta, em sua pesquisa, a importância da discussão e integração dos dados à perícia em geral, sejam testes, seja a observação lúdica, para maximizar a compreensão dos pais a respeito do contexto familiar.

A perícia sistêmica, proposta por Martins (1999), procura contemplar esse aspecto e tem-se mostrado um meio substancial de ajuda e reflexão. Em sua pesquisa sobre perícias psicológicas, a autora

> [...] identifica na teoria sistêmica subsídios teóricos que podem fundamentar essa forma de trabalho, na medida em que propicia a ampliação no nível de análise do individual para o relacional e, também, não admite uma visão de verdade ontológica, mas relativa. (MARTINS, 1999, p. 71).

De fato, mais recentemente, com a maior compreensão e assimilação dos conceitos e instrumental da visão sistêmica, dando ênfase às inter-relações, um grande diferencial foi introduzido na compreensão dos conflitos e da personalidade dos sujeitos das avaliações, sejam indivíduos, sejam famílias e outros pares ou grupos relacionais (CEZAR-FERREIRA, 2012).

O acesso aos aspectos relacionais dá-se por meio de técnicas sistêmicas de avaliação dos grupos familiares, como entrevistas relacionais realizadas entre pais e filhos, irmãos, pais, família materna, família paterna ou quaisquer outras combinações que o perito considere necessárias à avaliação. Pode ser feito, também, por meio de instrumentos específicos, como o Desenho Conjunto da Família, que permite avaliar a relação dos sujeitos submetidos ao teste.

Assim, embora a perícia psicológica seja, em princípio, um elemento de ajuda à formação de convicção no julgador, ela pode ser considerada como instrumento de auxílio à família.

As modernas perícias relacionais na Justiça de família visam a investigar, contextualmente, as inter-relações familiares, a compreender a estrutura de funcionamento da família e a verificar a flexibilidade para a realização de mudanças.

As perícias relacionais, fundamentadas na visão sistêmica, ampliaram e transformaram as possibilidades da avaliação, não rejeitando a investigação do inconsciente individual, quando necessária, mas colocando o foco nas relações familiares do sistema em estudo.

Uma avaliação dessa natureza pode permitir não apenas fornecer elementos de convicção, para o juiz, e de reflexão, para os operadores do Direito e os pais, como também procurar devolver a estes últimos, ora litigantes, a autonomia necessária para que ponham fim à pendência jurídica e à emocional, podendo construir uma relação parental mais equilibrada e coerente.

Quando o perito não só atua ética e tecnicamente de forma competente, mas também se mobiliza com o trabalho, posicionando-o na direção da resolução não adversarial dos conflitos (SILVA, 2005), e cuida de fornecer elementos de reflexão não só ao juiz, mas igualmente aos advogados, ao promotor de justiça e aos pais, a ajuda pode ser efetiva, tendo-se sempre em mente que o que se objetiva é o melhor interesse dos menores envolvidos na pendência judicial.

▶ Mediação familiar

Uma das formas de se lidar com a crise da separação é por meio da mediação familiar.

A mediação é, ao mesmo tempo, um modelo, uma metodologia e um processo:

- ▶ Modelo pós-moderno, que acredita na interconexão de diferentes linguagens, provenientes de diferentes opiniões, e investe na criatividade para trabalhar as diferenças e construir soluções inéditas.
- ▶ Metodologia para resolução adequada de disputas sob a forma de práticas que operam entre o existente e o possível (SCHNITMAN, 1999).
- ▶ Processo pelo qual os litigantes resolvem seus próprios conflitos, com intervenção qualificada de um terceiro imparcial, ou, na definição de Neder e colaboradores (1997, p. 1):

Um processo, frequentemente formal, pelo qual um terceiro imparcial, o Mediador, busca facilitar às partes que se opõem, o confronto de seus pontos de vista, de modo a que possam compreender melhor as respectivas pretensões ou necessidades, possibilitando mudanças direcionadas à dissolução do conflito interpessoal.

A mediação familiar é forma eficiente de resolução de conflitos familiares, nos quais a transformação da relação é prioritária para o possível estabelecimento de acordo sobre pontos conflitivos e manutenção da relação futura dos envolvidos. É processo confidencial e voluntário (BRAGA NETO; CASTALDI, 2007; CÁRDENAS, 1999; CEZAR-FERREIRA, 2000, 2012; HEYNES; MARODIN, 1996), em que a responsabilidade pelas decisões cabe às partes envolvidas. Baseia-se em uma negociação colaborativa, na qual o objetivo é a transformação de um contexto adversarial em cooperativo.

A mediação visa ao restabelecimento de uma comunicação adequada com possibilidade de construção de diálogo que permita aos litigantes chegar a um acordo consistente que não destrua ou, de preferência, mantenha relações.

A nosso ver, a relação parental faz parte das relações continuadas, e sua manutenção é importante no estado de separação em função do comprometimento dos pais em criar condições para o melhor desenvolvimento biopsicossocial e a felicidade dos filhos (CEZAR-FERREIRA, 1998), e, nesse propósito, a mediação é importante auxílio à Justiça de Família como apoio emocional ao casal que se separa (CEZAR-FERREIRA, 2001).

Nesse contexto, a ferramenta da mediação é bem-vinda à tentativa de pacificação das relações na área da família. A Lei nº 13.140, de 2015, a prevê (BRASIL, 2015b).

A nosso ver, não pode existir mediação familiar fora do contexto da interdisciplinaridade psicojurídica, o que temos proposto desde 1997. Ela não pode ser entendida como um instituto meramente jurídico nem meramente psicológico e nem mesmo como o somatório de ambos, mas como uma unidade psicojurídica em si. Para ser exercida, ela requer que o executor tenha mentalidade psicojurídica (CEZAR-FERREIRA, 1997a, 1997b, 2012). Não se pode pensar em fazer mediação familiar destituído de mentalidade psicojurídica e sem vocação para a harmonização.

Do ponto de vista legal, a primeira providência prática foi o advento da Resolução nº 125/2010, do Conselho Nacional de Justiça (CNJ), que disseminou a ideia e a aplicação, por meio do Poder Judiciário, a todo o território nacional (BRASIL, 2010c).

Em 2015, dois importantes diplomas legais sacramentaram a matéria: o Código de Processo Civil (CPC), promulgado em março de 2015, e a Lei de Mediação, de junho do mesmo ano.

O caminho para o advento de leis que requerem mudança de mentalidade, em geral, não é fácil. Assim, é frequente dar-se passos que as antecedam. Nada impedia, porém, antes da Resolução nº 125/2010, que o juiz recomendasse que os pais se submetessem a algum método de auxílio à Justiça ou que atendesse ao pleito de advogados das partes, nesse sentido.

Aliás, foi por iniciativa de juízes de família em núcleos de conciliação e mediação anteriores à Resolução nº 125/2010 que surgiram trabalhos de efetividade na obtenção de acordos consistentes e benéficos a pai, mãe e filhos. Esses núcleos, na maciça maioria, reúnem mediadores psicólogos na equipe e utilizam técnicas de terapia familiar, como a chamada Equipe Reflexiva (ER),[2] entre outras.

A mediação visa a devolver aos mediandos a capacidade de decidir sobre suas dissidências para procurar acordar de maneira mais eficaz e eficiente.

Em visita de 23 de fevereiro 2013 à Associação Madrilenha de Mediadores (AMME), Morrone (2013), conhecido mediador canadense, comentou as mudanças correntes na mediação, em Quebec, sua cidade natal. Referiu-se, particularmente, ao papel que deve caber à mediação nos processos de divórcio, lembrando que, em um contexto no qual o conceito tradicional de família foi superado, questões de paternidade ou de coparentalidade são aquelas com que os filhos irão se deparar no divórcio dos pais.

---

[2] Técnica de terapia familiar sistêmica divulgada pelo psiquiatra norueguês Andersen (2002).

Morrone (2013) reconhece ser a mediação um campo extraordinário para o diálogo dentro da intimidade familiar entre marido e mulher e pais e filhos, e refere-se, inclusive, à distância a que famílias mantêm os avós. Ele acredita que essa ferramenta ajudará na renovação das famílias pelo processo social de transição em que passam, no apaziguamento da luta de poder, e que é justamente a possibilidade do diálogo fomentado pela mediação que faz tantas situações tidas como extraordinárias no cotidiano encontrarem um patamar de acomodação.

Como Morrone (2013), acreditamos que a mediação poderá tomar muitos formatos como método para a resolução de conflitos das mais variadas ordens.

▶ A mediação no Novo Código de Processo Civil

O novo CPC, Lei nº 13.105, de 16 de março de 2015, substitui o de 1973, Lei nº 5.869, e regula matéria referente a Conciliadores e Mediadores, especificamente nos arts. 165 a 175, embora mencione esses profissionais em seu art. 149. O art. 319, inciso VII, prevê que, na petição inicial, aquela que dá início ao processo judicial, o autor possa optar pela realização ou não de audiência de conciliação ou de mediação. O art. 334 e seus 12 parágrafos versam sobre a audiência de conciliação e mediação. E, em relação às ações de família propriamente ditas, merecem destaque os arts. 694, 696, 698 e 699 (BRASIL, 2015a).

Em rápida síntese, teceremos considerações sobre o novo CPC, desde que a matéria sobre a função de conciliadores e mediadores é nova, inexistente no código de 1973.

Conforme o art. 149 do novo CPC, mediadores e conciliadores judiciais são auxiliares da Justiça, o que implica estarem sujeitos às normas da organização judiciária (BRASIL, 2015a).

O art. 165 e seus parágrafos tratam da organização dos Centros Judiciários de Solução de Conflitos e Cidadania (CEJUSCs) e da atuação de conciliadores e mediadores com fundamento na Resolução nº 125/2010, do CNJ. Indica que os conciliadores atuarão preferencialmente nos casos em que não haja vínculos anteriores, podendo sugerir soluções, vedado o constrangimento ou a intimidação (BRASIL, 2010a).

O art. 166 cuida dos princípios que informam tanto a conciliação quanto a mediação: independência, imparcialidade, autonomia da vontade, oralidade, informalidade e decisão informada. O parágrafo 1º afirma que a confidencialidade se estende a todas as informações produzidas no curso do procedimento, e o parágrafo 2º, ao dever de sigilo, extensivo aos membros da equipe. O parágrafo 3º refere-se à possibilidade do uso de técnicas negociais, e o 4º, à livre autonomia dos interessados (BRASIL, 2015a).

O art. 167 trata da formação e inscrição de conciliadores e mediadores (BRASIL, 2015a).

Ressaltamos que, embora não especificado em lei, a mediação familiar requer formação específica, podendo, em caso contrário, haver prejuízo para uma das partes.

O *caput* do artigo, no entanto, dispõe, na parte final, que, do registro dos profissionais habilitados, constará a indicação de sua área profissional, o que, a nosso ver, é da maior importância.

Cuida o artigo em comento, ainda, da avaliação estatística, do impedimento do exercício da advocacia nos juízos em que conciliadores e mediadores exerçam suas funções e da possibilidade de os tribunais abrirem concursos públicos.

O art. 168 trata da faculdade de livre escolha do profissional caso haja concordância das partes quanto ao nome, bem como da possibilidade de escolha de mediador extrajudicial, observada, em ambos os casos, a respectiva formação (BRASIL, 2015a).

O art. 169, no geral, trata do tema remuneração, e os arts. 170, 171 e 172, de impedimentos e impossibilidades temporárias. São causas de impedimento, entre outras, parentesco, amizade íntima, interesse na causa e atendimento anterior à parte. O art. 173 cuida dos casos de exclusão por dolo ou culpa, suspeição e impedimento (BRASIL, 2015a).

Finalmente, os arts. 174 e 175 dispõem sobre a solução consensual de conflitos no âmbito administrativo, admitindo conciliação e mediação extrajudiciais.

Em suma, o novo CPC atende às lições dos pioneiros da mediação no Brasil, funda-se na Resolução nº 125/10 do CNJ e distingue a atuação de conciliadores e mediadores, explicitando que os primeiros atuam, preferencialmente, em conflitos nos quais não haja vínculos anteriores entre as partes, e os segundos, em casos nos quais aqueles vínculos sejam preexistentes (BRASIL, 2015a).

O Código dispõe sobre os princípios que informam a atividade sem indicar exceções, no que difere da Lei de Mediação, Lei nº 13.040, de 2015, pela qual esses profissionais ficam desobrigados da confidencialidade em casos de crimes de ação pública (BRASIL, 2015a, art. 30, § 3º).

O diploma legal ressalta que a condução do processo é do profissional, o que desfaz a confusão gerada em alguns em virtude de se tratar de procedimento de cunho informal. Evidentemente, a informalidade está na forma de comunicação e na organização do espaço de atendimento, sem dúvida, facilitadoras do diálogo, mas não dispensa a formalidade própria da atuação e da hierarquia funcionais. Tal assertiva é indispensável para que mediadores menos experientes não se vejam enredados na trama e assumam postura pouco proativa e despida do exercício de autoridade.

É provável que, no futuro, a profissão seja efetivamente regulamentada e que haja concursos públicos para ingresso no Judiciário com todos os direitos e deveres inerentes ao servidor público, inclusive remuneração condigna.

Houve momento, durante a histórica discussão sobre trabalho voluntário e trabalho remunerado da espécie de que tratamos, em que alguns alegavam que, se conciliadores e mediadores se tornassem funcionários públicos, tenderiam a acomodar-se. Parece-nos um preconceito e uma injustiça à própria classe judiciária em todos os níveis, em que, apesar de serem funcionários públicos, se mostram bastante ativos e atuantes.

O serviço público costuma trabalhar com estatísticas, o que é de grande valia. Não se deve esquecer, no entanto, que, em algumas atividades, como a de que falamos, especialmente a mediação familiar, os resultados qualitativos podem ser mais expressivos do que os quantitativos. Um conflito complexo resolvido pela facilitação dialógica de um mediador tem mais valor intrínseco do que a resolução de vários conflitos simples.

Importante, também, é a abertura de possibilidade de busca de conciliadores e mediadores extrajudiciais pelos interessados, porque é de se supor que, em princípio, procurem especialistas na área.

Ressalta-se a importância da presença de especialistas nas causas judiciais de família. Aliás, o ideal nos conflitos judiciais é a comediação, prevista no art. 168, §3º, "Sempre que recomendável, haverá a designação de mais de um mediador ou conciliador" (BRASIL, 2015a). Para tanto, é preciso que os juízes estejam sensibilizados pela nova mentalidade e familiarizados com as técnicas. Aliás, na comediação em família, o recomendável seria que os mediadores proviessem, um, da advocacia familiarista, e outro, da terapia familiar.

Quanto à remuneração, provavelmente ainda haverá muito a se conversar e ajustar. Por sua vez, a voluntariedade nunca é recomendável no campo de atuação em que o profissional luta pela sobrevivência. O trabalho voluntário faz parte dos ideais de cidadania, sendo bem-vindo em todas as áreas sociais, mas não na própria profissão. Isso, com o tempo, tende a acarretar desestímulo e a afetar a qualidade do trabalho.

O art. 334 refere-se, no *caput*, ao tema prazo em audiências de conciliação e mediação, afirmando que o juiz designará audiência de conciliação ou de mediação com antecedência mínima de 30 (trinta) dias, devendo ser citado o réu com pelo menos 20 (vinte) dias de antecedência (BRASIL, 2015a).

A propósito, é importante que o prazo aberto às partes até a data da audiência não seja visto tão somente como um prazo processual, mas, também, como um lapso de tempo para reflexão sobre a possibilidade de acordo. E sobre isso os advogados deveriam alertar seus clientes e ponderar com eles.

As partes devem comparecer à audiência, que só não se realizará se ambas manifestarem desinteresse na composição ou se se tratar de matéria em que não se admita autocomposição.

A obrigatoriedade da presença traz algumas vantagens, como os dissidentes tentarem ver-se de forma menos adversarial, sendo que, para alguns, pode ser a única oportunidade de serem ouvidos a respeito de seus sentimentos.

A sensibilidade do legislador permitiu-lhe perceber que nem sempre se concilia em uma única audiência; em mediação, é muito raro. Assim, no art. 334, §2º, abriu a possibilidade de estenderem-se as sessões por até dois meses (BRASIL, 2015a).

Em matéria de família, guarda, regulamentação de visitas e alimentos são ações que merecem passar pelo procedimento mediativo.

O art. 334, §7º, estabelece a possibilidade de realização por meio eletrônico (BRASIL, 2015a).

É preciso considerar que, em matéria de família, como regra, o meio eletrônico tende a não ser o mais eficaz em razão da falta do encontro presencial das partes, situação em que o todo do indivíduo se manifesta, com olhares, atitudes, posturas corporais e outras, que vão além da comunicação verbal.

Em casos específicos, a comunicação por meio eletrônico pode ser útil em um país das dimensões do nosso, especialmente se, à audiência, estiverem presentes advogados sensibilizados e familiarizados com o instrumento, além de uma das partes, estando a outra presente por meio de teleconferência, por exemplo, o conhecido Skype.[3]

---

[3] Skype é um *software* que possibilita comunicações de voz e vídeo via Internet, permitindo a chamada gratuita entre usuários em qualquer parte do mundo. Disponível em: <http://www.significados.com.br/skype/>. Acesso em: 11 set. 2015.

Da mesma forma, chamamos a atenção para mediações familiares realizadas por procuração, o que a lei prevê (BRASIL, 2015a, art. 334, §10), considerando a forte possibilidade de ser ineficaz em função de os conflitos emocionais subjacentes aos jurídicos só poderem ser minimizados pelas pessoas que os vivenciam.

Apesar de a lei distinguir a atuação de conciliadores e mediadores em razão da não existência ou existência de vínculo anterior entre as partes, dá igual tratamento às audiências de conciliação e às sessões de mediação, o que não parece a melhor solução, dadas as características específicas de cada instrumento. A expressão sessão de mediação não aparece na lei, mas, tecnicamente, nos parece a mais adequada.

No item participação de advogados ou defensores públicos à audiência de conciliação ou mediação, o § 9º do art. 334 é explícito: "As partes devem ser acompanhadas por seus advogados ou defensores públicos" (BRASIL, 2015a).

No Capítulo X, o CPC ocupa-se das ações de família.

Determina a realização de todos os esforços no sentido de uma solução consensual, devendo o juiz dispor, em casos de conciliação e mediação, do auxílio de profissionais de outras áreas do conhecimento, inclusive podendo, a requerimento das partes, suspender o processo para realização de mediação extrajudicial ou atendimento interdisciplinar.

O art. 699 dispõe sobre a necessidade de o juiz ser acompanhado por especialista ao tomar depoimento de incapaz em casos relacionados a abuso ou alienação parental. É louvável, porque questões de família chegadas ao Judiciário trazem em seu bojo aspectos sensíveis que fogem à formação dos operadores do Direito (BRASIL, 2015a).

A assistência do magistrado por profissional especializado em outra área do conhecimento pode vir a ser a diferença que faz a diferença, como diria Gregory Bateson em 1986.

A abertura de possibilidade de mediação extrajudicial é significativa, pois, como mencionado, é de se supor que os conflitantes busquem profissional experimentado e com conhecimento psicojurídico para atuação na área de família.

Tais medidas, mais do que o tão necessário desafogamento do Judiciário, trarão também, e principalmente, em seu bojo, a potencialidade de soluções mais justas desde que alcançadas pelos próprios protagonistas do processo.

A assistência do magistrado em audiência é mais do que bem-vinda. É algo que preconizamos há mais de 20 anos e, formalmente, em pesquisa acadêmica do ano 2000 (CEZAR-FERREIRA, 2000).

▶ Intervenção psicológica especializada

A complexidade de certos conflitos emocionais e relacionais nem sempre pode ser alcançada pela mediação, mas poderia sê-lo, em princípio, pela intervenção de especialista em conflitos emocionais de família, como psicólogo, assistente social ou médico psiquiatra, desde que qualificados na terapia familiar.

O processo terapêutico, ainda que breve e pontual, permite trabalhar os conteúdos emocionais, focando passado, presente e futuro, visando à transformação profunda do vínculo psicológico, que, no mais das vezes, impede que o ex-casal dissolva o vínculo conjugal e estreite o vínculo parental, o que é indispensável para o saudável relacionamento pós-separação.

A intervenção por profissionais que atuam em conflitos de ordem emocional/relacional, trabalhando sobre os vínculos psicológicos existentes, pode favorecer o estabelecimento de um acordo entre as partes.

A prática na clínica privada tem constatado ser essa intervenção especializada um diferencial de ajuda não desprezível nos conflitos de família.

Em trabalho anterior (CEZAR-FERREIRA, 2000), dizíamos que a avaliação de itens como grau de afetividade, tipos de vínculo, aparência estável, ou não, do menor, sentimento de pertinência, de rejeição e outros poderá ser facilitada, em sentido amplo, por uma visão circular das relações e, em sentido estrito, pela intervenção de especialista em terapia familiar.

Há casos nos quais, ainda que para tentar apenas levantar os padrões relacionais e fazer inferências (certezas e verdades absolutas não existem), é necessária uma minuciosa análise dos grupos familiares de referência, em diferentes condições terapêuticas e em sessões protegidas, realizadas em locais a elas destinados. A situação é muito delicada, as variáveis que podem interferir são inúmeras, e, para chegar-se a uma proposição que auxilie na decisão, a tentativa deve ser na direção do menor viés possível.

Nem todas as causas de família merecem ser tratadas como casos clínicos, até porque há diferentes gradações nas dificuldades emocionais/relacionais de um casal. Mas há separações que são difíceis.

As ações que, sem um forte motivo, só conseguem prosseguir como litigiosas revelam dificuldade do casal em transigir, tanto no sentido literal quanto no jurídico.[4] Essas são as ações que se pode chamar de difíceis.

Nas ações difíceis, a disputa é acirrada, alguns pais se desinteressam pela criação dos filhos, outros se sentem inseguros quanto à própria competência para desempenhar a função parental, a discussão em torno da questão financeiro-econômica pode ficar travada. É preciso sair da desorganização, para que a ação seja encerrada e para que a família progrida.

Em casos de separação, a prioridade é o bem-estar dos filhos. Em casos de separação difícil, para o encontro desse bem-estar, o esforço de reorganização das relações recíprocas entre os pais e destes com seus filhos é maior. Esses casos requerem intervenção especializada.

As práticas relacionais psicológicas voltam-se para os aspectos da realidade social e da realidade emocional da separação. Devem realizar-se em uma interação terapeuta/família, nos vários subsistemas (ex-casal, pai com filhos, mãe com filhos, irmãos), a qual possa vir a promover mudança na qualidade das relações da família em questão; devem interferir para que os pais cumpram suas responsabilidades e não induzam nos filhos conflitos de lealdade. As práticas sistêmicas voltam-se na direção da interrupção da guerra parental (ISAACS; MONTALVO; ABELSOHN, 1988).

É de se lembrar, neste ponto, que a lei já dá abertura para o mencionado tipo de intervenção no art. 129, inciso III, do Estatuto da Criança e do Adolescente (BRASIL, 1990), conforme mencionado no Capítulo 3 desta obra.

▶ NOTA SOBRE ALGUMAS EXPERIÊNCIAS ESTRANGEIRAS

Juízes de diversos países têm envidado esforços em criar redes que congreguem operadores do Direito de Família e demais profissionais que atuam na área, como psicólogos, psiquiatras e assistentes sociais, para estudar como trabalhar a fim de ajudar os separados. Parece pacífico que o melhor interesse das crianças e adolescentes é a tônica.

Destacamos, aqui, a experiência realizada no distrito alemão de Cochem-Zell, exemplificativa de criatividade na atuação.

---

[4] Transigir, juridicamente, é sinônimo de fazer transações, de acordar, de fazer acordo.

▶ Cooperação ordenada

Segundo Fuechsle-Voigt (2004), a experiência de Cochem-Zell, mais tarde conhecida como Modelo de Cochem-Zell, iniciou-se em 1992, quando profissionais alemães que participavam do Ofício da Juventude e da Família se reuniram para conversar sobre seus métodos de trabalho em casos de separação e divórcio.

O juiz de família Jürgen Rudolph, do distrito de Cochem-Zell, sensibilizou-se e, apesar das desavenças e dificuldades iniciais, conseguiu, a partir de reuniões frequentes, que, nesse distrito, os profissionais atuantes em separações e divórcios em que houvesse crianças envolvidas se comprometessem a agir cooperativamente e tentar, antes de tudo, amenizar os conflitos.

As reuniões promoveram a aproximação e a aceitação uns dos outros, o que os levou a atingir o objetivo, a ponto de advogados mais afeitos ao contencioso, depois das reuniões, de conversas com o juiz, de conselhos recebidos do Tribunal da Juventude ou de debates de maior porte, se convencerem da importância de evitar os conflitos entre os pais.

Assim, essa cooperação consensuada transformou-se em um conceito de trabalho. Os psicólogos e assistentes sociais foram importantes em trazer, aos demais profissionais, informações de suas áreas atinentes ao assunto.

Os colaboradores tenderam a afastar-se do raciocínio binário de que deveria haver ganhador e perdedor, e os diálogos interdisciplinares tornaram-se mais construtivos em busca de soluções.

Isso levou a acordos mais consistentes em favor das crianças e, sobretudo, segundo Fuechsle-Voigt (2004), os pais sentiram que poderiam cumpri-los, o que, anteriormente, e sem essa cooperação ordenada, seria tido como pouco provável.

Quanto ao trabalho do juiz de família precursor desse método no Judiciário alemão, consistia em realizar audiência com as partes, que se sentavam, lado a lado, a sua frente, sendo deixada uma cadeira vazia, representando a criança. Advogados, psicólogo ou psicóloga e assistente social ficavam afastados, próximos à porta de saída.

O intuito, parece, era o de se tentar estabelecer guarda compartilhada. Consta que um razoável percentual de acordos era realizado dessa forma. Na hipótese de não haver acordo, os advogados eram chamados, e participavam da tentativa de conciliação. Mais casos se resolviam nesse momento. Na hipótese de ainda assim não haver acordo equilibrado, os pais, ao sair, eram abordados pelos profissionais psicossociais para mais uma tentativa de sensibilização, o que também trazia certo percentual de acordos consistentes. Só em último caso, era marcada entrevista com profissional da Psicologia, no setor de trabalho.

A Figura 4.1 mostra a disposição física de pais e profissionais na sala de audiências.

A narrativa dessa dinâmica de trabalho nos foi feita em 2012.[5] A nós, soou como autoritária e truculenta, de início, e a ouvimos com certo ceticismo. Pensando, porém, que se trata de outro povo, outro país e outra cultura, procuramos entendê-la.

Conforme Fuechsle-Voigt (2004), com o método de cooperação ordenada, as decisões de guardas compartilhadas aumentaram em 60% em Cochem-Zell, quando a média federal estava por volta de 17%.

Ademais, conforme essa fonte, entre 1996 e 1999, não houve uma única sentença completa sobre direito de visitas. E, após isso, a quantidade de guardas compartilhadas aproximou-se de 100%.

O método de cooperação ordenada surtiu efeitos e foi, posteriormente, estendido a todo o território alemão.

O que ressalta, ao final, é a importância de os profissionais envolvidos com casos de separação e divórcio manterem relação de cooperação e coerência. O trabalho em equipe interdisciplinar psicojurídica, o fato de os psicólogos aproximarem os operadores jurídicos da Psicologia e o compromisso de todos atentarem para o melhor interesse do menor pode ajudar os pais em vez de acirrar o conflito ou confundi-los mais, inverter a escalada conflitual e vir a fazer diferença.

▶ Coordenação parental

Outra experiência estrangeira é a do Canadá, narrada por D'Abate (2013) em palestra realizada na Associação dos Mediadores de Madri.

Relatou o palestrante experiência vitoriosa na Califórnia, desde a década de 1990, recentemente transferida ao Canadá. Trata-se da Coordenação Parental,

---

[5] Informação obtida em São Paulo, em contato específico com Philippe Maillard para conhecimento da experiência de Cochem-Zell. Segundo o interlocutor, a informação lhe foi dada pela psicóloga Ursula Kodjoe, pertencente à equipe de cooperação ordenada, na Alemanha, em 2003.

EXPERIÊNCIA DE COCHEM-ZELL

- **J** Juiz
- **O** Parte, pai ou mãe
- **□** Advogado
- **△** Psicólogo, outros
- **C** Cadeira, representando a criança

Situação clássica

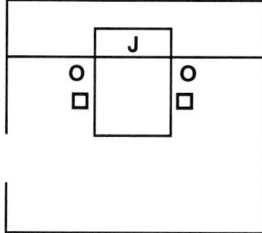

As partes estão em oposição

COCHEM-ZELL

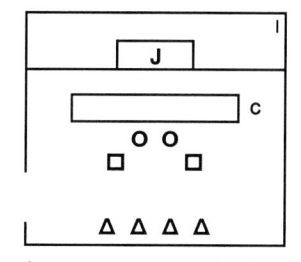

As partes sentam-se lado a lado em frente ao Juiz. Advogados e psicólogos ficam afastados

Em não havendo acordo:

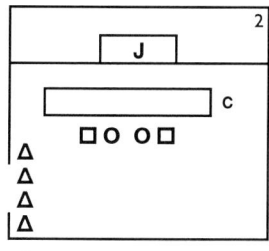

As partes são acompanhadas dos advogados, psicólogos e outros se colocam em frente à porta de saída para incentivar tomada de consciência

Em não havendo acordo:

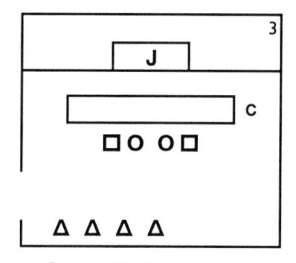

Retomada das conversas para chegar a um acordo com ajuda dos psicólogos e dos advogados

Em não havendo acordo:

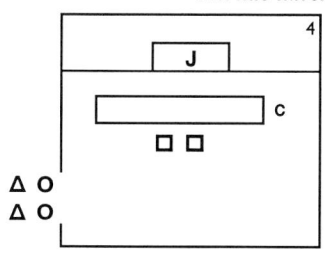

As partes saem com os psicólogos e a maioria volta com acordo.

Os percentuais de acordo costumam ser altos em cada uma das etapas

Figura 4.1 Experiência de Cochem-Zell.
Fonte: Maillard (Informação oral).[6]

---

[6] MAILLARD, P. *Comunicação direta*. São Paulo, 2012.

voltada à assistência de divorciados com alto grau de conflitos e vários processos judiciais, para os quais nenhuma das outras ferramentas tenha sido suficiente, inclusive a mediação.

Na Coordenação Parental, o trabalho é feito por um grupo multidisciplinar formado por psicólogos, assistentes sociais e mediadores, cuja função é a de educar e assessorar os pais sobre as necessidades dos filhos e ajudá-los a tomar decisões consensuais. Esse serviço é ativado por iniciativa judicial, quando tiverem falhado os métodos tradicionais de resolução de conflitos, inclusive a mediação, sendo o papel do advogado muito importante, já que ele também pode solicitar o serviço.

O acompanhamento dessas famílias é feito em prazo longo, com entrevistas semanais no primeiro ano. Segundo D'Abate (2013), apesar de esse formato tornar o serviço de alto custo financeiro, é inferior ao que custa ao Estado um litígio protagonizado por esse tipo de família.

D'Abate (2013) não esconde que esse tipo de iniciativa é um tanto complexa porque necessita da integração dos profissionais para pôr em curso essa atividade.

▶ Lausanne Trilogue Play

Na Itália, outra experiência está sendo feita. Trata-se da aplicação do *Lausanne Trilogue Play (LTP)* clínico – instrumento de observação e avaliação da relação familiar por meio de mediação familiar, terapia familiar e consultoria técnica – no contexto judicial. Ele tem-se mostrado útil à avaliação de pais para efeito de apreciar sua capacidade para exercer a guarda compartilhada. Segundo Manni (2007-2008), sua idealizadora, esse instrumento tem a função de proteger a coparentalidade e de promover a reorganização familiar pós-separação. Trata-se de instrumento psicológico que visa a salvaguardar a relação parental após a separação e promover a reorganização familiar, também após a separação, pela observação estruturada da tríade pai, mãe e filho, conforme o LTP.

▶ Medidas de apoio familiar

É possível pensar-se em medidas de apoio familiar, visando a esclarecer os pais separados acerca do significado e da dinâmica da guarda compartilhada, bem como preparar os que desejem adotá-la ou os que o juiz entender que têm potencial para tanto.

As medidas aqui sugeridas podem ser postas em prática, de imediato, na clínica psicológica, com intuito preventivo ou terapêutico, ou nos escritórios de mediação. Essas entidades são privadas e não estão submetidas ao Poder Judiciário, independendo, portanto, de autorização judicial. São medidas de apoio familiar extrajudicial como outros. Como medidas extrajudiciais, nada impede que sejam deferidas pelo juiz da causa, como dispõem o novo CPC (BRASIL, 2015a) e a lei de mediação (BRASIL, 2015b). Por sua vez, já era possível encontrar suporte na lei para implemento na área judicial mesmo antes da promulgação dos referidos diplomas legais.

O art. 1.584, § 3º, do Código Civil, por exemplo, dispõe que (BRASIL, 2002a):

> Para estabelecer as atribuições do pai e da mãe e os períodos de convivência sob guarda compartilhada, o juiz, de ofício ou a requerimento do Ministério Público, poderá basear-se em orientação técnico-profissional ou de equipe interdisciplinar.

Esse parágrafo constava da Lei nº 11.698/08 (BRASIL, 2008) e foi mantido na Lei nº 13.058/14 (BRASIL, 2014).

Igualmente, o Estatuto da Criança e do Adolescente (BRASIL, 1990) dá espaço ao apoio à família, no art. 129:

> Art. 129. São medidas aplicáveis aos pais ou responsável:
>
> I – encaminhamento a programa oficial ou comunitário de proteção à família;
>
> II – inclusão em programa oficial ou comunitário de auxílio, orientação e tratamento a alcoólatras e toxicômanos;
>
> III – encaminhamento a tratamento psicológico ou psiquiátrico;
>
> IV – encaminhamento a cursos ou programas de orientação;
>
> V – obrigação de matricular o filho ou pupilo e acompanhar sua frequência e aproveitamento escolar;
>
> VI – obrigação de encaminhar a criança ou adolescente a tratamento especializado;
>
> VII – advertência;
>
> VIII – perda da guarda;
>
> IX – destituição da tutela;
>
> X – suspensão ou destituição do pátrio poder.

No aspecto legal, os incisos I, III e IV merecem ser objeto de consideração particular ao se pensar em trabalho de rede (BRASIL, 1990).

Essas medidas de apoio não devem ser entendidas na forma severa disposta em lei. A citação legal serve para mostrar que há espaço para ajuda à família, na lei.

Quando se usa a locução medidas de apoio, um processualista provavelmente pensaria em obrigação de fazer, e um doutrinador, em dever jurídico. Mesmo como metáfora, é possível pensar que criar os filhos, em conjunto, ainda que o casal seja separado, é uma obrigação de fazer: *"Criem bem seus filhos"*. O art. 227 da Constituição Federal, no entanto, especifica um dever jurídico, determinando que o façam (BRASIL, 1988).

"Dever jurídico" pode ser entendido como: "[...] o comando imposto, pelo direito objetivo, a todas as pessoas para observarem certa conduta, sob pena de receberem uma sanção pelo não cumprimento do comportamento prescrito pela norma jurídica" (DINIZ, 1993, p. 27).

Seria possível ponderar que dever jurídico é gênero de que a obrigação é espécie. Nas obrigações, há o dever jurídico de prestar. A lei prevê sanções para o não cumprimento da prestação.

Fica claro para nós que é mais fácil fazer cumprir esse dever sob forma de obrigação quando se trata de relações patrimoniais ou econômicas, por exemplo. É como a entrega de coisa certa[7] (BRASIL, 1973, art. 661).

Como dizia um dos participantes de pesquisa anterior nossa, é fácil para o juiz do cível mandar entregar um carro, uma casa ou uma certa importância em dinheiro, mas, para o juiz de família, mandar entregar coisa certa, pode ser uma criança, que deverá ser devolvida ao pai ou à mãe, por exemplo, na presença de oficial de justiça e sob força policial, o que é medida truculenta que os juízes de família evitam.

A visão jurídica atual busca a efetivação do direito, pela qual se procura o bem da vida e não a compensação pelo bem da vida. Em termos laicos, na visão anterior, se uma loja de carros, por alguma razão, não entregasse um automóvel ao comprador, ela lhe devolveria o dinheiro; hoje, ela tem de lhe entregar outro automóvel.

---

[7] Coisa certa é aquela determinada, individualizada e perfeitamente identificada por suas características, que são levadas em conta pelas partes da obrigação. Assim, por exemplo, é a entrega de uma obra de arte, ou de um cavalo premiado. Disponível em: <http://www.tudodireito.wordpress.com/2010/09/21/obrigacao-de-dar-coisa-certa/> Acesso em: 29 mar. 2013.

Em 2009, foi exarado histórico acórdão em que um pai foi condenado por abandono afetivo (ANDRIGHI, 2011), na infância e adolescência de filha, hoje, adulta. É assunto novo na Jurisprudência. Na mesma direção, um juiz pode determinar a saída do lar de pai violento. Por que, então, não poderia o juiz usar a lei para dar aos pais a oportunidade de usar os recursos da Psicologia para uma aproximação afetiva e, só depois, fixar a guarda? É trabalhoso para o juiz de família; entretanto, se bem-sucedida a intervenção, o resultado judicial poderá ser mais consistente.

Embora em Psicologia entendamos que a procura do serviço deva ser espontânea, pode-se pensar na criação de condições visando a preparar os pais para o exercício da guarda compartilhada, se o quiserem, com vistas à promoção de saúde na família.

O art. 1.584, § 1º, do Código Civil, diz que (BRASIL, 2002a): "Na audiência de conciliação, o juiz informará ao pai e à mãe o significado da guarda compartilhada, a sua importância, a similitude de deveres e direitos atribuídos aos genitores e as sanções pelo descumprimento de suas cláusulas".

O tempo de uma audiência, por mais longo que seja, é sempre curto para tal elucidação. Além do mais, audiências são foco de estresse emocional, razão pela qual não são o melhor momento para preleções. Essas tenderão a não ter maior efeito que o cumprimento de uma formalidade.

Assim, uma primeira possibilidade é a de se criarem cursos brevíssimos para esclarecer os pais sobre o que significa compartilhar a guarda. Isso tanto pode ser iniciativa do Estado quanto ser realizados por profissionais especializados, credenciados ou não. Os cursos devem, de preferência, ser ministrados fora dos Fóruns, longe do formalismo que lhes é peculiar.

Além dos cursos, é possível pensar-se no encaminhamento dos pais para auxílio na adoção de guarda compartilhada.

Isso pode ser atividade próxima à da mediação familiar, na qual, no entanto, em vez de o mediador ajudar o ex-casal a retomar a comunicação e mudar a relação, podendo chegar a algum acordo, ele coloca o foco na facilitação da comunicação em direção à transformação da relação de modo que os pais percebam vantagens e desvantagens, para seus filhos, da adoção de guarda compartilhada e possibilidades, em si mesmos, para tanto.

É possível, ainda, trabalho de rede, congregando os vários profissionais envolvidos para conscientizá-los da importância da criação conjunta dos filhos pelos pais, em qualquer modalidade de guarda. É sabido quão importantes são os advogados para seus clientes, dado o momento de fragilidade que vivem na situação de separação. Em cidades pequenas ou Fóruns Regionais, provavelmente a iniciativa seria facilitada.

Dessa rede podem participar, além dos juízes, promotores de justiça e outros servidores da Justiça, como psicólogos e assistentes sociais judiciários; auxiliares da Justiça nomeados para tanto, como psicólogos e assistentes sociais externos; psicólogos de família, mediadores, advogados e tantos quantos puderem contribuir para melhor solução do conflito.

A colaboração das famílias extensas é desejável pela forte influência que costumam exercer sobre os filhos, bem como a dos advogados, reiteramos, pela ascendência que têm sobre seus clientes.

Fora tudo isso, ainda restam todas as possibilidades da ajuda especializada psicológica, individual e familiar, para contribuir na reorganização relacional dos pais.

A guarda compartilhada não está excluída dos litígios (ANDRIGHI, 2011; SOUZA, 2000). A lei lhe dá franca preferência, mas sua exequibilidade é difícil, mesmo em certos casos consensuais. A Psicologia pode ajudar as pessoas a se estruturarem e fazerem da família algo verdadeiro a partir do afeto. Segundo Souza (2000, p. 203): "Importantes aspectos de tensão e estresse infantis poderiam ser evitados através de ações de promoção de saúde, grupos de apoio e orientação dos pais", como visto.

O direito à convivência é dos filhos, mais do que dos pais, a quem cabe o dever de propiciar o contato das crianças com ambos os pais e demais familiares, uma vez que todo esse convívio é fundamental ao melhor desenvolvimento psicossocial dos menores e, portanto, de seu melhor interesse.

Se nada for tentado, nada acontecerá; e, se for tentado, poderá dar certo ou não. Em termos humanos, um único caso bem-sucedido há de ser valorizado.

5

O pensamento da magistratura atuante

Um tempo antes de ser decretada a Lei nº 13.058/14 (BRASIL, 2014), tornando obrigatória a aplicação da guarda compartilhada quando não houvesse acordo entre os pais, ouvimos uma amostra de membros da magistratura paulista para captar sua compreensão acerca desse instituto jurídico com vistas a refletir sobre a possibilidade, ou não, de sua aplicação em benefício dos filhos dos separados ou divorciados.

O estudo elegeu a guarda compartilhada como seu objeto de interesse por advir de lei (BRASIL, 2008) que alterou, significativamente, o Código Civil na relação parental; por seu emprego estar disseminado internacionalmente; e por envolver aspectos que dizem respeito diretamente ao trabalho dos psicólogos, o que indica tratar-se de tema tipicamente psicojurídico.

Ainda que conscientes da dimensão territorial de nosso país e das profundas diferenças, inclusive culturais, entendemos que, dadas as dificuldades de se realizar uma pesquisa com representantes de suas várias regiões, uma amostra de juízes atuantes em um centro da importância de São Paulo, como produtor e irradiador de conhecimento, poderia representar um ponto de partida para se pensar o assunto pretendido.

Os participantes são magistrados com vasto conhecimento jurídico e experiência na magistratura. Têm, também, larga experiência de vida, de casamento e de paternidade. Todos denotaram acompanhar a evolução da sociedade, estar atualizados e ter opinião sobre as transformações pelas quais o mundo passa, características essas que serão consideradas.

Os participantes trouxeram sua visão da situação e fizeram análises baseadas em sua experiência de vida como pessoas e como profissionais. Estenderam-se sobre os temas que lhes pareceram relevantes. As falas revelaram juízes reflexivos, entusiasmados e vocacionados para o exercício das funções.

Os resultados indicam para a complexidade do fenômeno, simples e desejável, teoricamente, mas, na prática, de difícil exequibilidade.

Nesse contexto, optamos por desconsiderar a polêmica entre separação e divórcio e, embora empreguemos, indiferentemente, as palavras "separação" e "divórcio", privilegiamos, no texto, o uso da palavra "separação", e da correlata "separados", por entendermos que ela guarda mais conteúdos psíquicos e emocionais do que a palavra "divórcio". Segundo nossa percepção, a palavra "divórcio" não foi ainda internalizada com a mesma força no imaginário do brasileiro.

Foi possível compreender, ao longo da discussão, que, para os juízes entrevistados, era difícil discorrer sobre guarda compartilhada no Judiciário, porque, em princípio, só vão para o Fórum litígios a serem dirimidos; que não haveria necessidade de lei que instituísse a guarda compartilhada se os ex-casais, por si mesmos, tivessem bom senso e bom relacionamento, porque o compartilhamento requer harmonia; e que esse tipo de guarda é difícil de se impor judicialmente, porque, como a ninguém é dado ensinar as pessoas a ter bom senso, a guarda compartilhada só dará certo se as pessoas quiserem que dê. Em suma, que, se houvesse entendimento entre as pessoas, não precisaria haver lei.

Foi possível compreender, também, que, embora dissessem que a lei, em si, seria desnecessária, reconheceram que ela serve para reavivar a memória dos operadores do Direito e esclarecer os profissionais não jurídicos e os pais a respeito de aspectos do Direito de Família que estavam um tanto esquecidos, como os que dizem respeito ao poder familiar.

Apesar dessa postura inicial aparentemente cética, entretanto, os participantes se mostraram colaborativos, aproveitaram a oportunidade da pesquisa para refletir e trouxeram valiosas contribuições, esperando receber colaboração da Psicologia.

As conversas foram longas e livres. O início foi um tanto formal, e, ao fim, em todas elas, os entrevistados mostraram-se à vontade, expressivos, discorrendo sobre sua experiência profissional e vida pessoal.

A experiência profissional das autoras, em várias áreas do Direito e da Psicologia, facilitou uma postura dialógica na condução das entrevistas.

Os entrevistados manifestaram-se sobre a família, seu conceito, formas de constituição e outros aspectos, incluindo vivências pessoais.

A fim de facilitar a leitura e condensar as ideias sobre os diferentes pontos abordados pelos magistrados, dividimos o conteúdo das conversas em três partes, a saber:

- ▶ Da família e seus correlatos
- ▶ Da guarda compartilhada propriamente dita
- ▶ Do auxílio à Justiça de Família

Além desses, introduzimos o item "O pensamento da magistratura após a Lei nº 13.058, de 2014", em razão da significativa mudança legal.

Algumas vezes, podem ser citadas ideias repetidas em partes diferentes, mas elas são pertinentes, dada a interconexão dos assuntos, separados didaticamente para melhor análise.

▶ DA FAMÍLIA E SEUS CORRELATOS

Todos denotaram dar importância à família. Referem-na como base da sociedade e destacam sua fundamentalidade para a formação do ser humano. Entendem que a formação da criança depende dela e que, se a vida das pessoas se estruturar em família, isso se projetará em uma sociedade igualmente estruturada. Veem-na como um núcleo de proteção a que todos devem estar ligados e imbuídos de espírito de cooperação e proteção recíproca.

Em nosso país, o casamento é a forma primeira de constituição de família. Nele, os filhos advindos dessa relação são criados e educados, conjuntamente, por ambos os pais, os quais detêm poder familiar, aquele que lhes atribui responsabilidade pela criação e educação dos filhos menores e direitos e deveres igualitários em relação a eles (BRASIL, 2002a, art. 1.634). Esse comportamento é tão habitual, variando de cultura para cultura e de estrato social, que eles nem sequer lembram que é direito e obrigação ou que há lei que o determine. Isso, no entanto, não é apanágio dos casados; cabe em todas as entidades familiares.

Especificamente no que respeita à união homoafetiva como entidade familiar, os entrevistados mostraram-se inclusivos, com as mesmas ressalvas que colocam para qualquer casamento, mas não se mostraram ingênuos a ponto de pensar em receptividade pacífica e romântica.

A sociedade vai bem ou vai mal conforme a importância que se dá à família, que é o lugar onde as pessoas vão ganhar ensinamentos e experiência. Ela é centro de desenvolvimento dos membros em vários aspectos. É um centro de realização das pessoas. Evoluiu de uma organização política e econômica, com ênfase na figura do pai, do patriarca, para ser formada na base de escolhas por amor, no afeto. Em relação ao casal, isso permitiu uma ampla liberdade de entrar e sair de relacionamentos afetivos, de divorciar-se sem dizer o porquê, mas aumentou o compromisso com relação aos filhos.

▶ Filhos

A família propicia o contexto básico para que seus filhos evoluam, se realizem, tenham assegurados todos os direitos, desde moradia, alimentação, saúde, educação até amor. Nesse sentido, os magistrados asseveram que o papel do Judiciário é garantir o melhor para as crianças, e que a relação entre pais e filhos é a única que não tem escolha.

Trazem uma tendência do Tribunal:

> *Em ações de responsabilidade civil entre cônjuges, nós somos refratários, e em relação às crianças contra pais, nós somos extremamente benevolentes, acessíveis. O adulto pode ir embora, mas o filho não tem como ir embora.*

Com falas desse teor, os entrevistados denotam seu empenho em defender as crianças de qualquer mal que, potencialmente, lhes possa ser infligido no processo de criação e educação. Fazem-no como cidadãos que acreditam na necessidade de proteção dos pequenos, além de reconhecerem que é, também, seu dever funcional. Importante percepção, até porque as mudanças atuais nos modelos familiares se refletem nas definições de papéis parentais (CECCARELLI, 2006).

Os magistrados privilegiam os aspectos afetivos e protetivos, entendendo a família como uma unidade psicoafetiva da qual depende o desenvolvimento de seus membros, embora nem sempre concordem com o que seja uma família a partir de sua constituição.

A par disso, trazem subjacente o conceito de inter-relação sistêmica com influências recíprocas a determinar a formação de um todo único, conforme concepção de Bertalanffy (1977). Nesse sentido, conseguem se perceber como parte de um sistema externo à família, o Poder Judiciário, que tem possibilidade de tomar iniciativas na ordem do intersistêmico e beneficiar os menores.

A atuação dos juízes não pode ser totalmente livre de suas concepções de vida, embora tenham de aplicar a lei e fiscalizar sua execução. Assim, suas opiniões sobre como uma família pode se constituir têm influência sobre sua forma de julgar. A maioria entende que a família pode ser formada por maneiras que não só o casamento e que não há sentido em se diferenciar, para efeito de proteção legal, famílias constituídas pelo casamento, pela união estável, por uniões homoafetivas ou monoparentais, por exemplo.

Eles reconhecem que a família existiu antes do casamento.

Para a maioria dos entrevistados, não faz sentido diferenciar as famílias por sua forma de constituição para efeitos de atribuição de direitos e obrigações e para proteção legal e segurança dos filhos. Quem nada mencionou deixou a impressão de que a diferenciação de famílias por forma de constituição lhe é irrelevante.

Um desembargador com mais tempo de magistratura afirmou textualmente:

> *Já tive casos de adoção por homoafetivos, e, desde que haja pareceres técnicos indicando que estão cuidando bem da criança, etc., etc., como em qualquer outra adoção, eu aprovo.*

De modo geral, os magistrados mostraram-se enfáticos contra atitudes preconceituosas.

Observa-se que esses participantes se mostram afinados com a nova tendência social de inclusão das diferenças e posicionam-se contra o preconceito. A base de suas opiniões se encontra no melhor interesse do menor, no comprometimento do casal e na constituição de uma família adequada e funcional, qualquer que seja sua formatação, sempre levando em consideração os aspectos afetivos, fundamentais ao desenvolvimento da pessoa humana. Destacam que o que tem importância significativa na relação conjugal, qualquer que seja sua constituição, é o compromisso assumido.

Esse aspecto é de fundamental importância, tendo em vista as características dos relacionamentos na contemporaneidade, apontados por Bauman (2004) como parcerias frágeis e fluidas. Ele aponta grande insegurança na medida em que a falta de comprometimento desestimula a construção de confiança mútua. Daí os relacionamentos tenderem a ser pouco duradouros e a ser facilmente descartáveis. De outro ponto de vista, pesquisa psicológica de Norgren e colaboradores (2004) dá indicadores que auxiliam na compreensão da manutenção das relações conjugais e de como utilizá-los em benefício da saúde da família.

Na contemporaneidade, as relações patrimoniais não mais conduzem à formação das famílias ocidentais, e sim o afeto construído na convivência com a consequente geração de vínculo amoroso, vínculo esse que se torna, também, jurídico, e que, se não podia ser desfeito pelo instituto da separação, pode sê-lo pelo do divórcio. No aspecto psicológico, o vínculo não pode ser tão facilmente dissolvido, sendo basicamente subjetivo, ligado que está a instâncias profundas do psiquismo.

▶ Separação ou divórcio

A separação é uma crise que antigamente era considerada não previsível do ciclo vital da família. Continua a ser crise, mas já não é tão imprevisível, e, como de qualquer crise, o indivíduo pode sair dela fragilizado ou fortalecido.

O término do casamento extingue a relação conjugal, mas não extingue a relação de parentalidade nem o poder familiar, permanecendo os filhos sob a responsabilidade de seus pais. Apenas em situações excepcionais essa autoridade parental será transferida a outras pessoas.

Os participantes trazem seu ponto de vista acerca do tema separação, mesclando opiniões pessoais que agregam valor a sua fala com entendimento jurídico.

Consideram que o casal tem mais dificuldade de lidar com suas diferenças, perdendo o amor e o respeito mútuo. Assim, o convívio se torna insuportável, e há um desejo insuperável de seguir adiante sem a presença do outro. Reconhecem, no entanto, que as crianças sofrem muito com a separação dos pais, embora acabem se acostumando.

Alguma dor sempre é inevitável nas separações, mas a forma como o ex-casal se conduz no processo judicial e a forma como se conduzem os profissionais envolvidos no caso poderão minimizar ou maximizar eventuais prejuízos emocionais para os filhos. E, do ponto de vista do trabalho na Justiça, a consideração dessas questões pelos profissionais estabelecerá, em grande parte, o rumo que o processo tomará.

Casamentos não são eternos; casais se separam. Entre outras razões, o amor pode acabar. O Código anterior exigia encontro de um "motivo grave" para a separação contenciosa. Atualmente, não mais se discute a culpa para efeito de separação. Basta que um deles requeira o divórcio e o casal se divorciará, o que tornou a lei mais realista e humana.

Alguns dos participantes posicionam-se juridicamente sobre o tema, entendendo que a separação não acabou; outros, que sim.

Para efeito do que se discute nesta obra, não importa tenha a separação acabado, ou não. Importa que as divergências existentes a respeito dos filhos terão de ser resolvidas. Nisso concordam os juízes, apesar de seguirem correntes diferentes.

Há quem se posicione a favor de que todas as ações relativas aos mesmos dissidentes sejam atendidas por um mesmo juiz; outros, não.

A nosso ver, é preferível a proposta de as causas judiciais de família serem atendidas por um mesmo juiz, que, com o tempo, se apropriará do problema (ou problemas) existente e, provavelmente, se bem preparado na especialidade, experiente no trato com conflitos familiares e, se possível, com autoconhecimento, terá melhores condições de orientar, de ajudar nas negociações e de julgar.

Nesse sentido, um dos entrevistados, ao relatar caso em que a mãe, não tendo sido bem-sucedida em uma acusação contra o pai da criança, entrou com outra, igualmente grave, disse: *"Nesse caso, não me sensibilizou porque eu conhecia o caso"*.

O atendimento de uma mesma família por diferentes varas tece uma colcha de retalhos que, não raro, chega a diferentes conclusões, confunde os envolvidos, acirra os ânimos e dá margem a intermináveis recursos judiciais.

De qualquer modo, pensamos como Minuchin (1985), que, em obra clássica, propõe que não se transforme a separação em drama, nem se pense que a família está acabando, mas que, em uma atitude positiva, se ajude o grupo a centrar-se nas possibilidades criativas de sua nova organização.

As pessoas detêm um repertório pessoal constituído por seus valores, crenças, mitos, visão de mundo, história e experiências de vida, bem como por seus aspectos emocionais e cognitivos. Isso gera um sistema de significados que tende a direcionar o olhar delas sobre certo fenômeno. Esses significados são construídos, socialmente, na interação com o outro por meio da linguagem.

A interpretação da lei pelos operadores do Direito é subjetiva, e o que lhes indica parâmetros e confere certa uniformidade é a letra fria da lei, como limite necessário orientador e impeditivo de excessiva liberdade interpretativa.

É possível que temas relacionados a sua vivência ou momento de vida sensibilizem, particularmente, os entrevistados, levando-os não somente a adotar determinada postura teórica como a precisar estender-se sobre o assunto. De qualquer modo, denotam estar a par das transformações dos relacionamentos, da família e da sociedade, acatando os avanços e preocupando-se com o que fazer.

Segundo os entrevistados, a falta de comprometimento, a falta de compromisso na constituição das famílias, tem várias causas, entre elas a imaturidade, como causa importante dos conflitos conjugais, levando a separações.

▶ Conflitos

Os conflitos conjugais apareceram nas várias entrevistas como causa das separações. Os participantes teceram considerações sobre eles, sugerindo razões pelas quais os parceiros se desentendem. Falaram em crise na família, das transformações sociais que levaram a mulher a trabalhar fora e da debilitação na demarcação de tarefas do casal, embora reconheçam que foi um avanço necessário e sem retorno.

Crise na família remete à ideia de crise nessa instituição, tanto quanto às crises pelas quais uma família passa em seu ciclo vital, e ambas nos remetem ao que disse Bauman (2004) sobre a fragilidade das relações.

Os magistrados não concordam que a família esteja acabando como instituição. Reconhecem, porém, que, como um sistema social vivo, passa por crises em seu processo de desenvolvimento, e uma delas seria a separação conjugal.

De modo geral, referiram os conflitos existentes no par parental como algo que sempre existiu, mas que, atualmente, encontra maior espaço de expressão. Reconheceram que alguns conflitos são conjugais e, outros, pessoais, não sendo solucionáveis pelos juízes.

▶ Individualismo, imaturidade e limiar de frustração

Os juízes entrevistados concordam que é difícil viver junto, porque a relação se desgasta depois de algum tempo e as pessoas tendem a responsabilizar as outras por suas frustrações; que as pessoas são complexas e que, em uma relação afetiva duradoura, isso provoca reflexos; que a convivência se torna insuportável e se quer distância do outro; e que, se o convívio é muito ruim, o melhor é se separar.

Há um reconhecimento implícito de que frustrações são parte da vida e de que as pessoas tendem a atribuí-las ao casamento.

Vines (2012), em estudo internacional demográfico, fala em pós-familismo, uma sociedade centrada no indivíduo, e prevê o fim da família. Diz que a paternidade está acabando e que as pessoas se identificam menos com a família e mais com a classe social a que pertencem.

Parece afirmação exagerada ou apropriada a certa amostragem populacional, universalizada pela pesquisa. De fato, a família mudou, as relações amorosas mudaram, até porque a mulher passou a enfrentar problemas antes inexistentes, como o profissional, e o homem tem tido de adotar o discurso de que ser homem não mais significa apenas procriar e prover. Ao lado disso, surgiu o hedonismo-narcisista e o juvenismo, que levaram à expectativa da eterna adolescência. Isso não implica, no entanto, o fim da família, visto que os homens jovens anseiam por alguma forma de união, e as mulheres, se possível, gostariam de ter filhos (CALDAS, 2012).

Apesar das divergências quanto ao que causa problemas no casamento, *lato sensu*, as conversas com nossos entrevistados foram convergentes no entendimento de que as dificuldades podem ser atribuídas à ausência de comprometimento maior, ao individualismo, à imaturidade e à impossibilidade de lidar com frustrações, especialmente com respeito aos filhos.

Casamentos muito breves, namoro sem compromisso, vida sexual precoce, gravidez adolescente, impossibilidade de manter a subsistência dos filhos encontram-se no rol de comportamentos que, em tese, podem sugerir imaturidade emocional.

Há consenso entre os magistrados de que lidar com filhos envolve sacrifícios e trabalho dos pais para cuidar de um núcleo e investir nele, e aparecem observações de que o individualismo ainda é obstáculo a ser superado, de que parece que as pessoas pensam mais em si próprias do que nos filhos, e não se sabe se têm consciência dos malefícios provocados neles.

Como afirma um dos entrevistados:

> *Acho que as pessoas estão mais egoístas, mais individualistas, embora tenha havido uma reação, um movimento grande de incutir na população a necessidade de maior solidariedade, de inclusão. Todos nós estamos nesse mundo e precisamos pensar em como melhorar. Esse individualismo também acaba afetando a família, e a criança está no meio desse turbilhão. Precisa haver maior conscientização da importância da família. Tem gente que não liga para nada.*

É na mesma linha que se manifesta outro entrevistado: "*Hoje, as pessoas lidam menos com frustrações. Não aguentam ser contrariadas, nada que as desagradem, situações negativas*".

A imaturidade é aspecto destacado em várias falas, como a do juiz que reconhece que a imaturidade causa problemas conjugais e tem peso na facilidade com que os casais se separam: "*A imaturidade. Eu fiz divórcio, aqui, de casal com um mês de casados, que, na primeira dificuldade, correu cada um para a casa de seus pais*".

Nem todos os magistrados acreditam que juventude se confunda com imaturidade, afirmando que o problema parece estar na impossibilidade de se lidar com frustrações, o que pertence ao campo da imaturidade emocional, e não necessariamente ao da juventude. Trata-se de imaturidade emocional e afetiva.

Não se pode esquecer que, na cultura ocidental, o amor romântico ainda tem papel predominante, no dizer de Souza e Ramires (2006). Um parceiro aguarda, onipotentemente, que o outro lhe dê o que ele espera e, ao ser desapontado, fica contrariado e tem reações que podem ir desde o diálogo esclarecedor até situações de violência inimagináveis, dependendo do limiar de frustração e da capacidade de controle sobre as próprias emoções.

Os magistrados percebem que, não poucas vezes, a dificuldade de convivência a dois está no fato de cada parceiro acreditar que seu ponto de vista é o certo, o que dá início a discussões intermináveis e brigas sobre os mais diversos assuntos.

Dificuldade pode ser descrita como situação problemática que, em princípio, atitudes de senso comum podem resolver. Insistência interminável na defesa de um ponto de vista revela mais um conflito do que uma dificuldade e pode indicar problemas emocionais, além de imaturidade.

De modo geral, os participantes reconhecem que houve mudanças sociais significativas da década de 1960 para cá. De fato, o casamento anterior, "para sempre", "até que a morte nos separe", encobria descontentamentos, frustrações e podia representar, em muitos casos, a morte em vida. E nesses casos, a ilusão de bem casados. Acabou a era do pai "cabeça da família" e da mãe "rainha do lar" (CECCARELLI, 2006). A ilusão, no entanto, não evitava sofrimentos no casal e nos filhos, ainda que o negassem ou camuflassem. Atendimentos na clínica revelam, décadas depois, o sofrimento dos filhos pela situação familiar vivida.

Com as transformações sociais, houve quem resvalasse para o extremo oposto de não suportar qualquer frustração, de se fechar, de não tolerar qualquer contrariedade sobre sua maneira de pensar, o que requer avaliação caso a caso, sendo uma das hipóteses os conflitos gerados no relacionamento dos pais durante o casamento.

A maturidade prevê aumento no limiar de frustração. À medida que o indivíduo amadurece emocionalmente, sua capacidade de lidar melhor com situações adversas também se desenvolve, o que lhe provê instrumentos mais apropriados de avaliação do que é aceitável e do que não é, em todas as situações de vida, inclusive na família.

▶ Poder familiar, autoridade parental e a guarda compartilhada

O poder familiar (antigo pátrio poder) pode ser conceituado como o conjunto das obrigações dos pais em relação à pessoa e aos bens dos filhos menores.

De modo geral, os entrevistados deixam claro algo que nem sempre o está para os leigos em Direito de Família: que o poder familiar ou autoridade parental que atribui igual responsabilidade aos pais em relação aos filhos não se altera pela fixação da guarda, qualquer que ela seja. Eles admitem que, antes da mudança na lei, os próprios operadores do Direito estavam um pouco esquecidos disso.

Um dos magistrados fez questão de se aprofundar sobre o tema da autoridade parental, esclarecendo que não há nenhuma relação entre ela e a separação:

> *Os juízes julgavam, e as partes brigavam em processos rumorosos pela guarda, mas se esqueciam de que, na verdade, a autoridade parental, o poder familiar, atribuíam aos pais o dever e o direito de acompanhar a transformação e educação dos filhos.*

> *O divórcio não altera os deveres e direitos dos pais em relação aos filhos. Os casais que não conseguem se entender, que são imaturos, precisam de alguém que lhes diga "isso é assim".*

Outro segue na mesma direção no que tange à corresponsabilidade parental:

> *Voltando a minha explicação de pai ou mãe afastado dos filhos. O estabelecimento da guarda compartilhada procura dar equilíbrio, porque a responsabilidade é dos dois. É como assim: se os senhores não usam isso, alguém vai lhes mostrar isso.*

E outro juiz é direto e conciso:

> *Persiste a confusão entre guarda compartilhada e poder familiar. E reitera: Para estabelecer as atribuições do pai e da mãe e os períodos de convivência. Para fazer isso, não precisava dar o nome de guarda compartilhada.*

Parece-nos importante a reafirmação de que o poder familiar não se altera pela separação ou divórcio, justamente como forma de trazer a lei à memória dos profissionais e esclarecer os leigos sobre essa realidade jurídica, como dissemos em outro momento desta obra.

O poder familiar é soberano, sendo a guarda um de seus atributos. Não há fundamento para se estabelecer confusão e o guardião agir como se detivesse, sozinho, ele ou ela, aquele poder.

O fato de alguns profissionais, principalmente advogados, agirem na manutenção do litígio como se desconhecessem a lei traz frequentes prejuízos emocionais aos filhos dos separados.

Contudo, tal lembrança pode incentivar os juízes a lutar com mais consciência pelo bem-estar e interesse dos menores, recorrendo ao auxílio sistêmico possibilitado pela Psicologia e, com isso, eventualmente, estimular os psicólogos a se engajar com entusiasmo nessa árdua, mas fascinante, interface.

Em nossa experiência, vem diminuindo o número de causídicos que agem da forma mencionada e aumentado o dos que aderem à corrente que propõe soluções conciliatórias.

▶ Interesse e proteção integral do menor

Em todos os momentos das entrevistas, observa-se a maneira invectiva com que os participantes defendem os interesses das crianças, sendo unânimes na posição assumida. Concordamos que seja assim, uma vez que a criança é o interdependente mais dependente que existe, sendo, legalmente, protegida pelo princípio constitucional.

Eis algumas assertivas dos participantes:

> *O juiz tem que ter em mente o interesse da criança. Se os pais se dão, ou não, é problema deles; a criança é que tem que ser protegida.*
>
> *Hoje, o grande princípio, talvez o único, no Direito de Família, é a preservação do interesse da criança. O papel do Judiciário é garantir o melhor para as crianças, porque elas não pediram para nascer.*
>
> *O único que não tem vez é a criança: quatro avós separados, dois pais separados, por exemplo, todos com direito de visita. A criança fica sem vida, correndo de um lado para o outro.*

Independentemente de manifestações explícitas, todas as entrevistas deixaram subentendido que toda a preocupação dos juízes com os menores está direcionada ao seu melhor interesse e a sua proteção.

A proteção integral do menor é princípio constitucional. Essa proteção inclui duas dimensões: a proteção pelos pais e a proteção pelo Estado.

Em condições habituais, é esperado que os filhos sejam criados pelos pais, porém, podem ocorrer situações não previsíveis, desde uma fatalidade, como morte de ambos, até uma atitude impensada, como abandono de incapaz. Nesses casos, o Estado não apenas fiscalizará a criação como, antes, terá a seu encargo determinar a quem caberá a atribuição de educar, se a uma família substituta, a parentes ou não, ou se a criança irá para um abrigo.

Qualquer que seja a situação, o superior interesse da criança terá de ser preservado, e o disposto no art. 227 da Constituição Federal, cumprido (BRASIL, 1988).

Juridicamente, a família é a base da sociedade, e, psicologicamente, importante matriz de segurança e desenvolvimento. As crianças e adolescentes necessitam de dependência segura, expressão atribuída a Ainsworth e colaboradores (1978). Para esses autores, o relacionamento próximo e adequado a cada fase leva a uma vinculação segura, a qual permite que a criança explore com segurança o mundo ao seu redor. Como já lembrava a autora, a dependência segura, decorrente principalmente da relação entre pais e filhos, é que poderá possibilitar a estes últimos a autonomia e o domínio diante de situações que a vida lhes imporá.

O processo de construção de uma dependência segura, porém, também será função da capacidade dos pais em avançar rumo a novos padrões de organização de forma segura e adaptada, o que, não raramente, requer algum tipo de ajuda.

Na proteção ao melhor interesse do menor, a participação dos profissionais da Psicologia, especializados em trabalho com família, é de grande importância, senão imprescindível, em alguns casos. E não apenas atendimentos clínicos, mas atuação docente, orientação de pais e profissionais, entre outras possibilidades da profissão, inclusive os capacitados em mediação familiar, uma vez que, com relação a crianças e adolescentes, todo o trabalho do psicólogo clínico está basicamente voltado ao melhor desenvolvimento biopsicossocial deles, o que encerra os itens anteriormente elencados.

▶ Corresponsabilidade parental e direito de convivência

A corresponsabilidade parental inicia-se na parentalidade qualquer que seja sua origem: casamento, união estável, relação eventual ou outra. No que diz respeito às situações de separação ou divórcio, a questão girará em torno do estabelecimento de guarda.

Independentemente de ambos deterem o poder familiar, os cuidados diuturnos com os filhos poderão ser atribuídos a um deles ou a ambos, conforme a escolha do ex-casal ou o convencimento do magistrado. Nas famílias em que haja filhos menores, tal fixação será feita por sentença judicial que homologue o acordo ou que o determine. O instituto legal existente para regular a continuidade dos cuidados diários é a guarda, e, qualquer que seja sua modalidade, o filho precisa conviver com ambos os genitores.

A guarda é um dos institutos[1] mais importantes do Direito de Família. Ela costumava ser atribuída à mãe. Atualmente, não há prioridade por gênero, não se discute culpa para fins de separação, e a ênfase está na proteção integral do filho dos separados. Como um dos atributos do poder familiar, ela é peça fundamental na separação e no divórcio.

Há, no direito brasileiro, duas modalidades de guarda: a unilateral e a compartilhada. Na primeira, após a separação, os filhos menores ficam sob os cuidados diuturnos de um dos pais; na segunda, ambos, como o nome o diz, compartilham tais cuidados.

O estudo referido elegeu esta última modalidade como seu objeto de interesse. Ela alterou, significativamente, o Código Civil, na relação parental, e envolve aspectos que dizem diretamente respeito ao trabalho dos psicólogos, o que indica tratar-se de tema tipicamente psicojurídico.

Os participantes concordam que decisão sobre guarda não é simples e deve atender ao que seja melhor para os filhos e que, no fundo, a solução deve vir da família. Lembram, também, que o poder da guarda é fático e imediato, não afetando o poder familiar.

Algumas de suas falas:

> E toda a luz se jogava sobre a questão da guarda, que é o poder fático e imediato sobre os filhos.
>
> Às vezes, a gente até tenta, depois, fazer um acordo, convergir os interesses para defesa dos interesses da criança, da família.

A lei civil fala em duas modalidades de guarda, mas há variações também tratadas como modalidades pelos doutrinadores jurídicos. É o caso da guarda de fato, da guarda alternada, da guarda provisória e da guarda definitiva, entre outras.

Há divergência entre os participantes quanto ao entendimento do alcance das modalidades de guarda, em particular da unilateral.

---

[1] Instituto jurídico: conjunto de normas reguladoras ou disciplinadoras de certa criação legal, com características próprias, constituindo uma entidade autônoma de direito, que atende a interesse de ordem privada ou pública: a falência, a servidão, etc. Disponível em: <http://www.jusbrasil.com.br/topicos/297191/instituto-juridico>. Acesso em: 28 jan. 2013.

Um dos magistrados conta que descobriu que há uns 15 tipos de guarda e que nem sabia disso. Que só conhecia a unilateral, a compartilhada e a alternada. E, a propósito de sua fixação e do bom senso que o juiz deve ter para tanto, tece um comentário sutil e realista:

> Às vezes, a conjuntura familiar é totalmente desorganizada, mas é como aquelas pessoas que têm a mesa desorganizada e sabem onde tudo está. Quando a família é assim, às vezes, dá certo. Então, não dá para bater o carimbo, não dá.

Em nossa prática clínica, essa experiência de aparente desordem representar determinada ordem para aquela pessoa ou casal não é rara e, uma vez percebida e bem administrada, pode ser adequada para sua vida.

De forma explícita, uns, ou implícita, outros, os participantes deixam entrever que a modalidade de guarda a ser aplicada depende da família e que é o modo de o ex-casal lidar com a relação na separação, de enfrentar os problemas, sendo mais, ou menos, intransigente e sua capacidade de negociar que vai indicar ao Juízo qual a guarda mais adequada para seus filhos.

▶ Guarda unilateral

De modo geral, os participantes entendem que, quando há desentendimento no casal, o melhor é o estabelecimento de guarda unilateral, embora façam ressalvas. Atualmente, a disputa se acirrou, porque, segundo estudo de Wagner (2002), a virilidade e a força abriram espaço para o afeto, a colaboração familiar e os cuidados com os filhos. Assim, os pais (homens) estão mais conscientes de sua paternidade e dispostos a participar.

Os juízes entrevistados têm consciência de que a guarda unilateral também apresenta dificuldades. Ao mesmo tempo, compreendem que, se a belicosidade é intensa, não há como se pensar em outra modalidade de guarda.

Um dos entrevistados, inclusive, comenta que a lei deveria ser expressa quanto a essa determinação tanto quanto o é em relação à guarda compartilhada, sem denotar preferência, enfatizando apenas o bem-estar dos filhos:

> [...] poderia estar explícito que o juiz pode, sim, e deve determinar a guarda unilateral, ainda que não haja consenso entre as partes, quando ele verificar que isso é o melhor para a criança.

Nenhuma modalidade de guarda, por si só, contempla todos os aspectos da relação. Alguns admitem que a guarda unilateral provoca distorções, pelo poder fático que o guardião detém sobre o filho.

> [...] o poder familiar, que era um pouco prejudicado pela guarda unilateral: desde o colégio em que vai estudar até os amigos com quem vai sair. [...] na guarda unilateral, a mãe guardiã arruma emprego em outra cidade e não precisa de autorização, porque o filho menor vai onde o guardião está; da mesma forma, pode mudar a escola do filho.
>
> O guardião tem o poder de decidir onde a criança vai estudar, o médico, e o outro fica em desvantagem.

Todavia, as opiniões não são unânimes, tanto que um dos magistrados pensa de maneira diversa e, certamente, como os demais, age em função desse modo de ver:

> [...] uma coisa é guarda; é só o direito de manter a criança consigo. Só isso. Agora, disciplinar a criança, educar a criança... O outro não perde absolutamente nada. Então, por exemplo: Ah! Ela [a mãe] está com a guarda; então, ela muda de escola. Não, ela não pode mudar de escola sem a concordância do pai.

A situação não é simples, porque a lei existe, mas há largo espaço para a interpretação, que é subjetiva.

Apesar do advento de lei, há quem entenda que

> [...] se não acordarem, em princípio, deverá ser unilateral [...], até porque, se os dois não ficarem de acordo com a educação, eles vão pular miudinho com seus adolescentes.

É como trata do assunto outro dos magistrados, falando em desentendimento: "[...] Geralmente, a guarda unilateral, nesses casos, na minha opinião, é melhor". E há quem fale sob o prisma da animosidade extrema no casal:

> Nessa hipótese, o juiz, levando em conta esse fato, embora não haja acordo entre os pais, levando em conta o melhor interesse da criança, ele pode determinar guarda unilateral.

Não havendo acordo nem possibilidade de compartilhamento,

> [...] o importante é verificar, dentre os genitores, qual deles reúne mais condições gerais, vocacionais, emocionais e funcionais para o atendimento das necessidades do filho, em seu cotidiano [...]. Isso não define um genitor como melhor que o outro, nem deverá excluir o não guardião das grandes decisões da vida do filho, a quem não importa com quem mora, mas importa que ambos estejam inseridos em seu processo de desenvolvimento. (CEZAR-FERREIRA, 2007, p. 121-122).

Deve-se lembrar de que aquelas condições podem variar com o tempo e com relação a aspectos específicos.

A guarda, em especial a unilateral, firma-se no binômio guardião-visitador. Àquele que não detém a guarda é dado o dever/direito de visitas ao filho, o que, mais do que uma atitude social para conviver e matar saudade, é um dever de fiscalização e tutela sobre os atos do guardião, fazendo, portanto, parte do poder familiar atribuído aos pais. "Tanto quanto possível, guarda e visita devem complementar-se numa dinâmica salutar e respeitosa do bem-estar do filho" (CEZAR-FERREIRA, 2007, p. 122).

Em nosso entendimento, a relação entre guarda e visita é mais importante do que a modalidade de guarda em si. O relacionamento razoável dos pais é que vai propiciar melhores condições de vida aos filhos na pós-separação ou divórcio, como confirmou um dos entrevistados de forma assertiva:

> *Eu fiquei separado por dois anos e nunca tive problemas desse tipo com minha mulher. Continuamos a resolver tudo juntos. O sofrimento de meus filhos não foi tanto, por causa disso. Embora não estivesse no papel, porque a guarda foi unilateral.*

Os juízes entrevistados manifestaram sua opinião sobre as visitas.

Um deles expressou toda sua preocupação com as crianças em situação de visitas na guarda unilateral e assim se pronunciou:

> *Uma coisa que eu acho importante. Uma questão que eu sempre coloco. "Você vai faltar? Não tem problema." Volto a dizer: é qualidade, não é quantidade. [Se] o pai vai faltar na visita da guarda, que ligue e dê uma satisfação, porque o filho não vai ficar ansioso, vai ficar apenas triste e com raiva, mas depois passa, e ele toca a vida.*

A relação entre guarda e visita concretiza o direito de convivência, qualquer que seja o tipo de guarda ou de relacionamento entre os pais. Apenas razões muito graves podem impedir, legalmente, a convivência.

O mesmo juiz relatou como costuma regulamentar as visitas em caso de doença ou datas festivas, como festas de fim de ano, por exemplo. Ele se preocupa, inclusive, com festas religiosas, no caso de pais que professam religiões diferentes. Outro, também pensando no bem-estar familiar, diz que não aceita termos do acordo que possam gerar desconforto familiar:

> *Colocar no papel que a mãe tenha que receber o pai quando a criança estiver doente, o juiz não põe. A mãe pode estar com o novo marido. Digo: "Mas se vocês quiserem, podem fazer, até voltar. Se os senhores não mudarem o teor dessa cláusula, eu não vou homologar porque é prejudicial aos senhores".*

Reiterando que o melhor da visita é a qualidade, não a quantidade, um dos entrevistados se estendeu acerca de sua experiência sobre a regulamentação de visitas, relatando seu contato franco com os pais: "*Cada vez que vocês se veem, ficam mordendo a orelha um do outro*". E explicou seu ponto de vista:

> *Três vezes, por semana, se contar de domingo a domingo. A visita vai dar uma ojeriza: já vai começar a encrenca, já está na hora da briga, já está na hora do desaforo. Voltou para casa [a criança], aí começa a especular. E a cada dois dias. Não dá para escrever isso, não.*

Na mesma direção, ele relembrou estratégias que usa durante o processo para evitar excessos do guardião, em geral, guardiã:

> *Para evitar impedimento da visita, muitas mães saíam de casa e só voltavam quando o pai ligava, ou propunham um programa mais legal para o filho não querer ir com o pai, como [dizer ao filho] "Você quer ir com seu pai ou ir ao play center?". [Juiz] "Toda vez que a senhora impedir, o pai fica o dobro do tempo com o filho. A senhora ficou quatro dias, o pai vai ficar oito." [Mãe] "Ah, mas como ele vai à escola?" "O pai leva. A senhora não leva? O pai também pode levar."*

As falas dos participantes deixam claro que o problema não tem a ver com a separação, em si, ou com os cuidados com os filhos, mas com os conflitos de ordem emocional e relacional ainda existentes entre o ex-casal. Os juízes de família, como o citado a seguir, denotam empenho em ajudar as famílias:

> *Eu, como magistrado, sempre usei muito tempo com conciliação e era criticado. Eu não produzia, porque não tinha muitas sentenças completas [decisórias]. Não lembro quanto dei de sentenças completas. O ideal do juiz de família é fazer acordo. Com o tempo, foi mudando essa mentalidade. Isso tem atingido outras áreas do Direito, de certa forma, até o Direito Penal.*

▶ Guarda alternada

Há uma modalidade de guarda, a alternada, que não consta no Código Civil, mas que não está proibida de ser fixada. Os participantes referem-se a ela como a menos adequada, o que corresponde ao entendimento doutrinário e jurisprudencial. Ainda assim, são ponderados e admitem que o caso concreto é que deve orientar a fixação.

Um dos juízes observou que, apesar de não considerar a guarda alternada muito recomendada, não deve radicalizar e deve levar em conta todos os fatores que possam ajudá-lo a encontrar a melhor modalidade para determinada família.

Os participantes, de modo geral, consideram que a mudança frequente de casa pode ser problemática para a criança e chamam a atenção para os aspectos emocionais e o desenvolvimento destas, considerando que elas podem ficar sem referência com a alternância de guarda.

Trata-se de situação delicada, a ser examinada atentamente. Há crianças para as quais a frequente mudança de casa não representa dificuldade, mas há outras para as quais a adaptação é difícil, e deve-se avaliar o nível da dificuldade. Os filhos não podem ficar pura e simplesmente engessados aos desejos dos pais, mas adaptados ao que for possível. Cabe aos adultos a responsabilidade pelo arranjo. A par disso, trata-se de dois movimentos diferentes: um, é a mudança frequente de residência; outro, é o fato de se receber orientações diversas.

Os entrevistados também observam persistir alguma confusão entre guarda alternada e guarda compartilhada, bem como pedido desta para conseguir os efeitos daquela. E que o pedido da alternada pode estar ligado à intenção de diminuir a prestação alimentar.

▶ Alimentos

Alimentos é outro tema abordado pelos participantes no que tange à questão da guarda, e a maioria o faz de maneira sucinta, embora reconheça que, por vezes, é causa de longas pendências.

A esse propósito, um dos participantes reconhece o trabalho dos conciliadores em sua vara, dizendo que fazem entre 200 e 300 audiências por mês e que a média de acordos aumentou em cerca de 70%, especialmente nas ações de alimentos de balcão, em que não é necessária a presença de advogado.

Há quem considere que frequentemente o pleito por guarda compartilhada visa a diminuir alimentos, ou a não pagar nada, supondo que o filho ficará metade do tempo com cada um dos pais.

Um participante, em particular, denota interesse pelo tema de alimentos pleiteados aos avós, o que é objeto de séria reflexão. Aponta que é preciso colocar limites nessa pretensão, pois, caso contrário, os filhos vão colocar "um monte" (sic) de filhos no mundo, e os avós serão responsáveis. Ele se referia a uma nova lei de alimentos, estendendo-os aos avós.

> *O avô ter que pagar pensão já estava em uso. [...] eles [avós] têm o direito de poder envelhecer e de comprar seus remédios. [...] se o pai é pobre e o avô rico, você vai criar seu filho como puder, porque senão é adiantamento de herança de pessoa viva.*
>
> *Admito a extensão quanto a alimentos simples [...]. Senão, começa a exploração. [...] E os outros filhos desse avô, que nem tiveram filhos? Como ficam? [...] Ação contra os avós é uma ação subsidiária, tem que entrar contra o filho; no mínimo, contra o filho e o avô juntos. Se entrar só contra os avós, eu indefiro. O que pode pedir para o avô é arroz, feijão, batata e carne, de vez em quando.*

Os alimentos são cabíveis em qualquer das modalidades de guarda, uma vez que os filhos precisam continuar a nutrir-se, vestir-se, morar, estudar, cuidar da saúde, ter lazer e tudo o mais necessário ao seu bom desenvolvimento biopsicossocial.

Em princípio, os alimentos devem ser provisionados por ambos os pais, em partes iguais, se tiverem igual possibilidade. Cada caso concreto deverá ser estudado em particular. Quando a lei fala em melhores condições para a manutenção da guarda, não se inclui aí possibilidade financeira: sustentarão os filhos ambos os genitores em igualdade de condições, na proporção em que puderem fazê-lo, ou aquele que o puder. Em princípio, deve ser mantido o padrão de vida anterior à separação.

▶ DA GUARDA COMPARTILHADA PROPRIAMENTE DITA

No curso das entrevistas, os participantes chegaram mais especificamente ao assunto guarda compartilhada, tema central do estudo, colaborando para a construção de conhecimento e busca de soluções práticas.

▶ Importância do instituto da guarda compartilhada no Brasil

No primeiro momento, os participantes, de modo geral, negaram a necessidade de existência do instituto no Brasil, dizendo que ela veio para fazer bonito, porque é politicamente correta, ou com a intenção de conduzir as pessoas, ou porque

> *O brasileiro tende a importar institutos que "pegam bem", que são "legais", como foi com o dano moral, ou que volta e meia o legislador tem iniciativas que não precisava ter, mas que vêm reavivar o que já consta do ordenamento jurídico.*

Apesar disso, reconhecem que o "*Código existe para consolidar as normas referentes ao assunto*" e que a lei gera uma expectativa.

Alguns reiteram que, se houver entendimento das pessoas, não é preciso haver lei. E que, se quisessem aumentar a visitação e ambos quisessem cuidar dos filhos, não precisaria haver lei.

Aparecem, com frequência, na clínica psicológica, pessoas que, passando por separações tormentosas, supõem que a fixação de guarda compartilhada resolverá os impasses. Na prática, o que se observa é o contrário, pois pessoas que vivem um conflito agudo precisam cuidar dele antes de viver uma relação parental, que exigirá decisões conjuntas, desde decidir o colégio em que os filhos vão estudar até o que fazer com a briga com o coleguinha de escola. É menos rara do que se possa imaginar a fantasia da resolução de problemas próprios por terceira pessoa e sem esforço.

Os participantes foram francos, abertos, invectivos, mas também refletiram a respeito, e expressaram seu pensamento, como aquele que achou oportuno lembrar que o poder familiar não se modifica pela separação ou pelo divórcio, estendeu-se sobre o tema e argumentou:

> *Me parece que a mudança legislativa que foi feita no Código Civil, que introduziu a guarda compartilhada, ela, na verdade, não revoga nem altera a questão da autoridade parental que sempre houve. E, por isso, em tese, talvez não houvesse necessidade de uma mudança legislativa no capítulo da guarda. [...] acho que a ideia do legislador [...] foi trazer para o foco da discussão o problema que o divórcio não altera os deveres e direitos dos pais em relação aos filhos.*
>
> *Foi bom, não porque precisasse, mas porque estávamos esquecidos de um capítulo do Código Civil. Na Itália, foi importante a lei, porque o divórcio alterava a autoridade familiar. No Brasil, não precisava, mas foi bom.*

Um dos participantes, apesar da negativa inicial, acredita que a guarda compartilhada seja possível, mas só para pessoas que chegam à Justiça, "*bem resolvidas*", porque a guarda compartilhada, em si, é uma "*guarda simples, livre, [que] a pessoa faz conforme a conveniência do dia*". Por isso, "*esse tipo de caso não é resolvido na Justiça*".

Embora não fosse contemplada em lei, havia admissão de guarda compartilhada anterior à modificação do Código Civil. Muitos pais, inclusive, a adotavam na prática. Ademais, juristas escreveram sobre ela antes de 2008, como Grisard Filho (2002, p. 128):

> A guarda compartilhada só se confere quando os pais manifestam opção por ela, através de acordo para melhor atender os interesses seus e dos filhos. Se o acordo não é possível, o Tribunal decide por eles.

O trabalho mencionado é de 2002, ano em que foi apresentado o Projeto de Lei nº 6.350, propondo a adoção da guarda compartilhada pelo Código Civil. O tema estava em ebulição.

▶ O entendimento entre os pais na guarda compartilhada

Os participantes prosseguiram nas reflexões e trouxeram sua compreensão do instituto da guarda compartilhada. Alguns se mostraram céticos, outros consideraram que veio corrigir as distorções da guarda unilateral, referindo-se ao poder fático e imediato de que se reveste o guardião como equiparado ao poder familiar. E há quem a associe à guarda conjunta de pais que vivem juntos, enfatizando a necessidade de diálogo constante, o que acreditam ser mais difícil quando os pais estão separados.

Reconhecem, todavia, como sintetiza um deles, que

> *O instituto deveria significar para a criança que os pais, na verdade, não se separaram em relação a ela. Os dois continuam a exercer sobre seu filho toda aquela proteção e amparo como se estivessem casados.*

Reconhecem, também, como especifica um dos entrevistados, que muitas vezes "*o pedido já vem desnaturalizado*" pelo fato de trazer embutido o desejo do não guardião de aumento das visitas ou de ficar mais tempo com o filho.

O que esse juiz chama de desnaturalização aparece, por vezes, em perícias, quando o não guardião se sente prejudicado pelo guardião, por exemplo, tendo dificuldade para realizar as visitas ou mesmo falar com o filho ao telefone. Nesses casos, não é raro que comente que gostaria que fosse fixada guarda compartilhada para não ficar sujeito ao arbítrio do guardião. O mais comum é que a mãe seja a guardiã, mas o contrário também acontece, e os pais também podem ser cruéis.

Um dos magistrados denota ceticismo e considera que "*essas expressões de participar em conjunto da educação e do dia a dia da criança, etc., ficam praticamente jogadas a um segundo plano*" [dando a entender que o pedido não representa o desejo verdadeiro de criar os filhos conjuntamente]. "*Então, a experiência aqui na vara é muito inócua, praticamente inexistente.*"

Apesar de considerar o instituto um avanço no que se refere a ideal, um dos participantes diz que não gostaria de ser muito otimista em sua realidade diária, na vara, porque a guarda compartilhada prevê harmonia entre os pais, [e] "*a maioria das ações no Judiciário se processa de maneira litigiosa*", em que se encontra mais hostilidade do que tentativa de harmonização.

Seu colega reafirma que essa modalidade de guarda é ideal, porque, embora o legislador tenha estabelecido a possibilidade de fixação, "*a experiência só dará certo se os pais quiserem que dê*".

Ele vê, entretanto, um aspecto positivo: "[...] *como uma das formas de equilibrar mais o poder familiar, que era um pouco prejudicado pela guarda unilateral: desde o colégio em que vai estudar até os amigos com quem vai sair*".

E um deles também pondera sobre a questão, lembrando que a Constituição Federal determinou que a educação fosse responsabilidade de ambos os pais. E, nesse sentido, entende que é desejável compartilhar a guarda, reafirmando aquela corresponsabilidade, "*desde que não seja para fazer uso da criança para outros fins, não nobres; que não prejudique a criança*".

Como desembargador antigo, um dos entrevistados não chegou a julgar casos de guarda compartilhada, em primeiro grau, e o lamenta. Diz que o ideal seria ter podido fazê-lo, mas que, como ideia, a considera boa e tem curiosidade de saber como está funcionando na prática. Para ele, "*aquela ideia da guarda individual realmente não era boa. Com a igualdade de pai e mãe, isso tem que refletir também na educação dos filhos*".

Seu colega sintetiza seu pensar, sugerindo que a guarda compartilhada não deve limitar-se a ser a ideia de que ambos os pais têm dever pela criação e formação dos filhos, como uma fórmula vaga, mas deve concretizar-se:

> *O juiz deve dar uma concretude a isso. Caso contrário, fica vago, como "têm que acompanhar a educação do filho". O que é isso? Acompanhar na escola? Comparecer a reuniões? Se o pai é omisso, em que consiste a guarda compartilhada?*

Uma das questões mais importantes que os participantes colocam a si próprios é como fazer o instituto funcionar, na prática. Em alguns aspectos, eles acreditam que a lei dá preferência a essa modalidade de guarda; que o instituto veio lembrar a todos que a separação não extingue o poder familiar dos pais; que só dará certo se as pessoas envolvidas quiserem e estiverem bem resolvidas; que um aspecto positivo do instituto é a correção de distorções provocadas pela guarda unilateral; e, principalmente, que o problema está nos pais.

O estudo de Alexandre (2009) conclui que um aspecto que ajuda a contornar os efeitos da separação é o relacionamento amigável com o ex-cônjuge.

Se os participantes acreditassem que o relacionamento dos pais costuma ser amigável nesses casos, não falariam na necessidade de dar concretude ao significado do instituto, o que interpretamos como dar-lhe um regramento no caso concreto; ou falar em harmonia; ou que o ex-casal pleiteia uma modalidade almejando outra. Se o relacionamento fosse, no mínimo, civilizado, seria suficiente que, por sentença, fosse homologado o acordo ou determinada a guarda de forma simples e direta sem qualquer especificação.

Observa-se que as explicações sempre recaem na corresponsabilidade parental, seja se referindo à importância da lei, seja dando seu próprio entendimento: "*Se os senhores não usam isso, alguém vai lhes mostrar isso*". E alegam, com uma exceção, que ter poder fático significa, por exemplo, levar o filho para onde esteja e encaminhá-lo a escola ou médico que escolher. Esses participantes entendem que a guarda compartilhada tenta equilibrar essa situação.

▶ Guarda compartilhada, sempre que possível

O fato de a lei civil determinar, no art. 1.584, § 2º, que, sempre que possível, deve ser aplicada a guarda compartilhada é questão polêmica, não do ponto de vista da lei, mas de sua aplicação (BRASIL, 2002a).

As falas dos magistrados vêm nesta direção:

> *"Sempre que possível" da lei é só no caso de as partes preencherem os requisitos. Só quando as partes tiverem entendido o que é isso e essa guarda servir para elas. Se não servir, não.*
>
> *Teria que ser feito um estudo psicológico, [...] para verificar se a guarda compartilhada é a recomendável, ou não. É de fundamental importância para o juiz, porque ele não pode, sem um parecer técnico, impor. Ele tem que decidir, criteriosamente.*

E, além disso, consideram que o § 2º do art. 1.584 do Código Civil (BRASIL, 2002a) encerra uma recomendação, sendo faculdade do juiz decidir de uma forma ou outra. Para tanto, os juízes devem atender ao melhor interesse do menor.

> *Todo o Direito de Família é voltado, hoje, para o princípio maior, que é o melhor interesse da criança, a preservação desse interesse. Hoje, o divórcio, divórcio imediato, direto, a preservação do*

> casamento, isso ficou em segundo plano. Hoje, o grande princípio, talvez o único, no Direito de Família, é a preservação do interesse da criança.

A maior preocupação da magistratura, na área de família, é com o respeito ao princípio do melhor interesse do menor.

Os participantes, de modo geral, entendem aquele parágrafo apenas como recomendação legal; caso contrário, não decidiriam nunca de forma diversa. Em sua experiência, parece que muito mais vezes a aplicação não é possível, provavelmente em razão de receberem grande número de ações litigiosas, nas quais a belicosidade é manifesta.

A lei obriga que os juízes expliquem às partes do processo o que vem a ser a guarda compartilhada. É uma formalidade a ser cumprida, e os juízes a cumprem, porém com sua forma de ser e de ver.

Um magistrado estende-se sobre os critérios de que se utiliza para aplicação da guarda, esclarecendo que, em primeiro lugar, leva em consideração a idade do filho e se a visitação proposta não divide demais a criança. E que não admite visitação livre: "*E se ele chegar a sua casa às 3h da manhã? Ah, mas ele vai ter bom senso*". Observa, em seguida, se os itens colocados pelos pais são genéricos ou específicos:

> Eu sou um juiz que lê o acordo. O pai diz: vou pagar a instrução até 24 anos. Pergunto: o senhor sabe quanto custa o St. Paul's? [nome de colégio] Não. US$ 4.000,00. Se a mãe quiser pôr no St. Paul's, o senhor paga? Ah! Não. Então, precisa saber o que o senhor pode pagar.
>
> A gente vai aprendendo. Tive um caso em que ele ia pagar material escolar, e a mãe comprou US$ 2.000,00 de material alemão, suíço, americano, tudo o mais caro.

A questão de não admissão da visitação livre é uso que os juízes fazem do bom senso que deveria vir dos pais. Alguns, como citado, não deixam visitação livre em caso de doença de filho para evitar constrangimentos à nova família.

Os participantes mostram refletir muito sobre a aplicação da lei e denotam que gostariam de poder aplicá-la, mas encontram várias dificuldades, aliás, bastante convergentes.

Todos observam que já começam a aparecer problemas.

> *Digo: a guarda vai ser compartilhada? Vocês se entendem a respeito disso? Sabem o que é isso? Se, em qualquer momento, acharem que há problemas, peçam para regulamentar.*

Esse magistrado diz não ser contra a modalidade, mas não acredita que seja a panaceia para todos os problemas de guarda, além do que a guarda compartilhada sempre existiu e muitos pais agiam de acordo com ela, embora não estivesse escrito.

Outro entrevistado considera possível a aplicação em *casais que tenham bom senso*: "*Que se deem bem ou, que, pelo menos, mantenham só para si alguma ressalva com relação ao outro, mas com o filho, não*". Preocupa-se, também, em avaliar se o ex-casal pede guarda compartilhada para não ficar sob a pressão do outro.

O problema da aplicação é reiteradamente levantado:

> *[...] é a dificuldade de como estabelecer os parâmetros de uma guarda que não seja excessivamente vaga. Isso significa entrar quase que no cotidiano da criança, e, muitas vezes, não se tem elementos para isso.*

Essa reflexão refere-se à regulamentação da convivência entre os pais em benefício da manutenção da rotina e dos cuidados com os filhos, o que faz lembrar Féres-Carneiro (1998), a propósito de que a qualidade da relação que se estabelece entre eles (pais) e entre eles e os filhos é o mais importante para o desenvolvimento emocional destes.

Quando o magistrado fala em os pais quererem que a modalidade dê certo e que precisa haver harmonia, está preocupado com a educação das crianças, tanto que considera que, sem isso, "*vão pular miudinho*" com seus filhos "*adolescentes*".

Os participantes denotam ter sensibilidade. Daí, provavelmente, toda sua preocupação com crianças e adolescentes nos parecer ser mais oriunda da sensibilidade e do afeto pessoais que das obrigações funcionais.

A narrativa de um deles a respeito de critérios para determinação da guarda compartilhada é didática, reflete o pensamento do tribunal a que pertence e seu próprio entendimento:

> *Acho que a tendência do tribunal parece clara: é, sempre que possível, encaminhar para a guarda compartilhada e só não usar a guarda compartilhada quando se evidencie que a guarda compartilhada recrudesceria os atritos do casal que tenham efeitos negativos sobre a criança, e sempre que ela beneficie o interesse da criança, lembrando que essa guarda compartilhada pode ser mais ou menos intensa.*

Há convergência no pensamento dos entrevistados de que os pais precisam ter consciência do que estão assumindo, ter bom senso, regrar sua convivência e querer compartilhar, porque, caso contrário, não dará certo. Não existe serviço específico de avaliação e preparo dos pais para exercício da guarda compartilhada, embora seja possível criá-lo. Medidas de apoio familiar poderiam ser estabelecidas, e a lei dá suporte para elas, tanto no art. 1.584, § 3º, do Código Civil (BRASIL, 2002a), como no art. 129 do Estatuto da Criança e do Adolescente (ECA) (BRASIL, 1990), especialmente nos incisos I, III e IV.

Os participantes também apontam algumas contradições nos efeitos do instituto da guarda compartilhada:

> *A guarda compartilhada fez com que as pessoas tenham criado mais um ponto de divergência [porque] a guarda unilateral ficou como o "cara"[2] ser posto em condição inferior.*

Esse juiz refere-se a fenômeno atualmente frequente na clínica psicológica e nas perícias: o sentimento de inferioridade do genitor não guardião ante a determinação de guarda unilateral. Aqui se observa a confusão entre poder familiar e guarda, aliada à força que tomou o poder fático da guarda unilateral, especialmente materna.

---

[2] Cara – significando a pessoa. Disponível em: <http://www.cruiser.com.br/giria/jornal.out.nov.05.htm>. Acesso em: 26 mar. 2013.

É possível pensar que tal estado relacional remonta a tempo relativamente recente em que, sem consulta a qualquer dado estatístico, podemos acreditar que a criança ficava sob a guarda da mãe em quase 100% dos casos. A mãe só não ficava com o filho por razões muito graves, particularmente de ordem moral. Por sua vez, não poucas vezes o pai era posto no lugar de mero visitador do filho e assumia esse lugar um tanto passivamente, sem maior esforço de participação. Como as transformações sociais e os costumes não se modificam pela simples mudança da lei, pode-se entender que, hoje, o não guardião veja a guarda unilateral como algo menor e, em decorrência, a si mesmo como também menos importante.

Outro magistrado aponta o que chama de contradição da guarda compartilhada: *"ela pressupõe harmonia e só chega na sentença quando não há harmonia"*.

O participante refere-se ao fato de os processos judiciais só chegarem à sentença decisória quando não houve acordo anterior. E, se não houve acordo, é porque o conflito estava acirrado e as posições rigidamente firmadas. A separação costuma ser uma forma que os casais encontram para dirimir os problemas conjugais, e ela, não raras vezes, só os alimenta. Os litigantes ficam distantes, mas ligados pelo processo judicial.

Um dos participantes considera controverso o fato de que há juízes para os quais só é guarda compartilhada quando não se regulamenta a convivência. Segundo ele, alguns acordos regulamentam detalhadamente a convivência e chamam isso de guarda compartilhada. Para ele, não é nem uma coisa nem outra. "*Aí, quando [o juiz] põe unilateral, o pai se choca.*" Em sua opinião, para alguns, tornou-se ofensa falar em guarda que não seja compartilhada, provavelmente pela razão cultural que mencionamos anteriormente.

Em matéria de parentalidade, o importante não é a modalidade da guarda, mas a responsabilidade e a coerência com que os pais exercem a maternidade e a paternidade.

Ao tratar do ditame legal que determina que a guarda compartilhada deva ser fixada sempre que possível, os participantes admitem a impossibilidade dessa fixação em certos casos, como a *"indisposição das pessoas"*, ou: "*Há casos concretos em que a animosidade entre os pais é de tal ordem que é inviável o estabelecimento do regime de guarda compartilhada, porque traria mais atrito no dia a dia da criança"*. E completa: "*A sentença não supera a intransigência dos pais no dia a dia"*.

Mais uma vez, aparece a necessidade de ajuda psicológica.

Um participante observa que "*as pessoas [...] acham que têm, automaticamente, direito à guarda compartilhada*", mas "*há casos em que não é possível*". Dá exemplo: "*Pais que são executivos, que viajam semanalmente, quinzenalmente, para outros países. Não adianta determinar guarda compartilhada para quem não tem condição física de exercer*".

Nesse caso, ele aponta dois motivos para a impossibilidade de fixação da guarda compartilhada: hostilidade intensa e dificuldade de cumprimento. E, se na primeira hipótese a solução somente será dada após avaliação rigorosa, a segunda é questão de bom senso, uma vez que os filhos menores necessitam de quem decida por eles no dia a dia. Como entende Giorgis (2009), a previsão do Código é de se entregar a criança a quem tenha melhores condições de oferecer um lar afetivo para seu desenvolvimento.

Entretanto, se o direito à convivência é uma imposição jurídica, a necessidade de os filhos conviverem com os pais é de ordem psicológica, sendo sensato supor-se que um adequado relacionamento parental é a base que vai alicerçar essa convivência.

Assim, nosso entrevistado conclui que

> *[...] ele [o juiz] não vai estabelecer [guarda compartilhada] quando verificar que não existam elementos mínimos de contato entre os pais. Se a relação entre os pais for de tal modo beligerante, intransigente, que isso vai gerar mais problemas do que vantagens, ele deve optar pela guarda unilateral.*

Nessa direção, continuando a reflexão sobre se a guarda pode ser imposta, ou não, outro participante é direto ao refletir se é o melhor para a criança:

> *Como guarda compartilhada? Os dois não podem nem se ver. [...] porque as pessoas que chegaram à Justiça já são pessoas com quadro complicado de relacionamento. Determinar, eu acho que é impossível. [...] O juiz precisa de uma coisa muito mais abrangente. Se fosse para impor, eu julgaria pela inicial. Guarda compartilhada imposta é guarda unilateral regulamentada. Do lado do Judiciário, falta uma boa regulamentação das hipóteses.*

Nosso entrevistado mais velho e experiente é enfático: "*imposição nunca é desejável*". E seu colega de tribunal complementa:

> *[...] a ideia do legislador de impor é que a guarda compartilhada é sadia para o desenvolvimento da criança. O que é o sadio para a criança é o que o legislador adota. No entanto, embora tenha dito isso, que, se não houver consenso, se adota a guarda compartilhada, há uma questão implícita: desde que ela atenda ao melhor interesse da criança.*

Nesse caso, segundo esse participante, para se aplicar

> *[...] deve-se considerar a [...] consciência que eles têm da responsabilidade como pais e maturidade emocional. Volta e meia, nós vemos pais ou mães completamente imaturos, agressivos, intransigentes. Não adianta fixar em favor deles guarda compartilhada, que não vão exercê-la.*

E acrescenta:

> *Os pais, para exercerem a paternidade, têm que reunir um mínimo de maturidade e compromisso. Se lhes falta um e outro, se lhes falta sanidade, isso vai fazer mal à criança. Nós sempre temos a ideia de que o mal é o abandono. E é. Mas, muitas vezes, é um pai problemático que prejudica. Talvez seja melhor mantê-lo a alguma distância da criança; ele é que prejudica.*
>
> *Falamos em indenização por abandono afetivo; deveríamos falar, também, em indenização por presença prejudicial, como do pai que se mantém próximo ao filho e causa traumas terríveis, acusando, pressionando, humilhando. Pode ser forma de abuso. O fato de estar junto não significa estar bem.*

Os participantes trazem, mais uma vez, a questão do relacionamento conflitivo, da imaturidade emocional e da falta de compromisso. Eles reconhecem que o problema não está na separação, na modalidade de guarda ou nos filhos. O problema está na não elaboração ou má elaboração da crise conjugal, qualquer que tenha sido o motivo do rompimento. É essa elaboração que precisará ser realizada, sob pena de maior sofrimento para todos, principalmente para os filhos.

O afeto construído na relação não se esvai pela assinatura de um juiz. Na separação, há perda, tanto no sentido jurídico como no emocional. A família se transforma ao passar pela transição. O luto decorrente da perda tem de ser elaborado. Nas separações em que se elaborou o luto, parece que a transição é menos difícil. Boss (1999) diz que a perda ambígua, aquela em que não há morte física, como é o caso da separação ou do divórcio, é a maior fonte de estresse que se pode enfrentar.

Recursos psicológicos estão à disposição, seja por terapia, seja por orientação dos pais, bem como recursos transdisciplinares, como a mediação e outros. E há espaço na lei para políticas de iniciativa pública, tanto realizadas pelo Estado quanto por parcerias público-privadas, como das medidas de apoio familiar propostas. Os recursos existentes precisam ser implementados, até porque "[...] as crianças têm sua saúde mental associada ao bem-estar dos pais e à qualidade do relacionamento entre ambos" (SOUZA, 2000, p. 203).

O fato de os pais viverem juntos não é garantia de boa qualidade de vida para os filhos. Uma separação bem resolvida é melhor do que um casamento tumultuado.

▶ Regulamentação de convivência

Os participantes têm opinião formada a partir da experiência e manifestam-se sobre o tema.

> *[...] a guarda compartilhada também é regulamentada. Não como as outras, mas é. [...] limitações [das pessoas] levam a regulamentar. Alguma regulamentação é aceitável: alguma rotina. Eu até admito que se possa programar a guarda compartilhada, do tipo, estabelecendo uma rotina, alguma coisa, mas isso não pode ficar como regra definitiva e de observância obrigatória e rigorosa, senão vira uma guarda dividida, não é?*

> *Em face dos elementos contidos no processo, talvez eu tendesse a clausular, preventivamente, até porque se, depois, for necessário alterar uma cláusula, o juiz pode fazê-lo, porque isso acaba vindo ao Judiciário, sempre visando ao que é melhor para a criança.*
>
> *[...] o ideal é que, se o juiz tiver que fixar por sentença, ele determine, de algum modo, quais as atividades físicas no dia a dia de cada um. Por exemplo, se o pai vai levar e pegar na escola, dois ou três dias, o ideal é que ele diga que dias ele leva e pega, e as atividades complementares. Deve-se fixar que dias ele pode fazer isso. Se o casal não se entende, isso deve ser feito. Se o juiz não fixar, detalhadamente, o tribunal o fará, porque, fatalmente, o atrito virá à tona na hora de executar.*

Além do mais, se não houver condição mínima de diálogo,

> *[...] é difícil estabelecer uma rotina em que o pai acompanhe a vida da criança, uma rotina de fim de semana, o rendimento escolar, levar a festas, pegar em atividades sociais, acompanhar as amizades do filho. A sentença não supera a intransigência dos pais no dia a dia. Não temos como colocar oficial de justiça para levar e buscar filho na escola. Nós temos que estabelecer regras factíveis, mas em casos possíveis.*

As observações dos entrevistados visam a uma melhor organização da vida dessas duas famílias que se criam após a separação, sob pena de virar um caos e até haver invasão de privacidade, voluntária ou não. Na prática, parece recomendável que haja algumas diretrizes. Naturalmente, à medida que os pais encontrem sua própria forma de conviver, aquele roteiro poderá ficar esquecido em uma gaveta, da qual, no entanto, poderá ser retirado e utilizado, se houver necessidade, como dito anteriormente.

Quanto à hipótese de regulamentação na falta absoluta de diálogo, ela nos parece indispensável na guarda unilateral, mas dificilmente seria útil em guarda compartilhada. Nesta, como diz um dos entrevistados, algo imposto como "*regra definitiva e de observância obrigatória e rigorosa vira uma guarda dividida*". Aliás, em ambos os casos, seria recomendável um preparo antes da fixação da guarda e mesmo durante ou após a separação, com indicação da técnica mais apropriada ao caso concreto.

Ainda sobre regras de convivência, um dos juízes tomou o vértice das sanções para o não cumprimento:

> *Regramento que vai dispor a respeito do compartilhamento tem que existir. Se as regras não forem cumpridas, tem que haver punição. Elas não podem ser meras recomendações. Na guarda compartilhada, ele tem que cumprir, sob pena de perder a guarda. Qual a pena? Só perder a guarda compartilhada. Acho que tem que ter um norte, porque onde há regra tem que haver punição.*

Esse juiz parece, em algum momento, não ser adepto da ideia de regulamentação da guarda compartilhada, mas, refletindo, conclui pela necessidade de se colocar um regramento. Em quaisquer relações, há um mínimo de regras de convivência, ainda que vividas de modo tão natural que passem despercebidas. Entretanto, preocupa a ele a falta de punição pelo não cumprimento das normas de compartilhamento, sugerindo que perder o compartilhamento da guarda é muito pouco para tão grave comportamento. Por isso, ele diz que as regras devem determinar, e não apenas recomendar.

Mencionamos um participante que fala em desnaturalização da guarda compartilhada. Quando diz isso, ele está se referindo ao fato de o não guardião fugir ao escopo principal da guarda compartilhada e pleitear essa modalidade de guarda para conseguir maior convivência com o filho ou para reduzir os alimentos:

> *São pais que querem maior proximidade com o filho e usam o instituto para ficar com o filho. Dias de semana que jantam com o filho; que pegam na sexta e entregam na segunda; que vão todo dia pegar na escola ou buscar; e guarda compartilhada não é nada disso. Às vezes, [a pretensão de guarda compartilhada] é para diminuir os alimentos, ou não pagar nada, porque cada um fica com o filho metade do tempo. Guarda compartilhada não é nada disso.*

Para esse entrevistado, o principal na guarda compartilhada é a participação no dia a dia do filho, quase uma obrigação diária. Ele se pergunta se sem entendimento e bom senso é possível administrar a situação: "*Como se vai lidar com uma coisa dessas? É uma coisa complicada*". Por isso, entende que o que normalmente se faz é fugir do tema, aceitar uma visitação um pouco maior e, eventualmente, se dar a esse arranjo o nome, a ótica e a fundamentação de guarda compartilhada.

Os participantes, ao tratar de separação, referem-se às ações litigiosas e àquelas nas quais as partes pretendem fazer acordo. Como era de se esperar, focam sua atenção na guarda compartilhada e concordam que a maior dificuldade em se tratar dessa modalidade de guarda no Poder Judiciário está no fato de as ações propostas na Justiça terem caráter litigioso, nas quais várias dissidências vão ser discutidas. Os acordos chegam à Justiça apenas para serem homologados por sentença.

Há quem opine, em um primeiro momento, de forma peremptória:

> *[...] guarda compartilhada não vem ao Judiciário, porque o que vem ao Judiciário é quando não há acordo, não há possibilidade de acordo. Só tem obrigação de vir ao Estado o litigioso, para o Estado dirimir e os dois ficarem brigados. Não têm que ficar [brigados].*

Na mesma direção posiciona-se outro: "*A maioria das ações no Judiciário se processa de maneira litigiosa*". E há quem entenda que a guarda compartilhada pode ser fixada

> *[...] se houver entendimento entre os pais e a criança não for prejudicada. Aí está a importância do estudo social e psicológico, porque o mais importante é o melhor bem-estar da criança. Para isso o juiz está lá, para, com seu bom senso, estabelecer o que deve ser feito.*

Sensibilidade e humanidade do magistrado aparecem em todas as situações. Um deles referiu-se ao que disse sobre a guarda compartilhada exigir cumprimento de obrigações diárias para com os filhos e o quanto isso é de difícil execução entre pais que não se dão bem. Contudo, reflete sobre como fica a situação da distância dos filhos na guarda unilateral:

> *Até como pai, eu fico, às vezes, pensando que, se eu me separasse, como eu lidaria com essa falta. Então, eu olho para os homens, os pais, e penso como eles vão resolver.*
>
> *Analiso que tem pais que moram no mesmo prédio, mesmo bairro e em países diferentes. Pego a situação daquele caso e tento ampliar para outros casos.*
>
> *Às vezes, o pai tem tempo de levar todo dia seu filho na escola, então, não tem problema, de pegar, de jantar à noite. Mas, às vezes, da outra parte há uma intransigência, até discussões.*

Ele levanta uma série de hipóteses que ocorrem nos casos que atende e se coloca, empaticamente, no lugar das pessoas para encontrar a melhor solução.

Os participantes têm opinião formada a respeito dos acordos para aplicação de guarda compartilhada. Eles afirmam que o acordo deve defender os interesses da criança, alegam que o juiz deve, em princípio, aceitar o que os pais negociaram e levaram ao Judiciário, uma vez que a recusa pela recusa torna o juiz mais parte do problema que da solução. Ponderam que, também em princípio, o acordo pressupõe que "*as partes já vêm resolvidas*", que, quando a família não está resolvida, não adianta fazer acordo, porque em seguida vão entrar com outra ação, e entendem que a propositura de sucessivas ações visa a tumultuar o processo e eternizar o litígio.

Um dos juízes estende-se sobre o tema e afirma, categoricamente:

> *As pessoas chegam e dizem: "O senhor vai regulamentar as visitas. Eu quero tudo no papel". No papel? Não vai resolver. Eu não conheço nenhum acordo mais longo e minucioso do que o meu, pode ter outros. Eu digo para eles: "Mas nunca vai comportar todas as situações da vida". Se fosse assim, seria muito fácil.*

A respeito de o juiz aceitar acordo proposto pelos pais, outro entrevistado assim se manifesta:

> *O juiz deve refletir no caso concreto. Em casos patológicos, o juiz pode recusar e encaminhar o caso para equipe multidisciplinar, mas não pode ser regra, porque, senão, o juiz passa a ser fonte, não de solução, mas de problema.*

Nesse aspecto, parece que grande preocupação do juiz está em que "[...] a dificuldade é fixar o conteúdo do que é uma guarda compartilhada naquele determinado caso concreto, escapando de compartilhar a ponto que não resolva".

Os participantes entendem que algum regramento é necessário, embora alguns deles, inicialmente, se tenham posicionado contra qualquer regulamentação. Refletindo, concluíram ser de bom senso dar regras básicas para facilitar o trânsito na relação.

Na área da família, conflitos emocionais subjazem aos conflitos jurídicos. Assim, uma dificuldade excessiva em acordar ou uma contenda demasiadamente longa podem ser indicativos do escopo inconsciente de o ex-casal se manter unido, ainda que por meio de um processo judicial.

▶ Sobre mudança na lei

A postura reflexiva e colaborativa dos participantes foi notória. A construção efetuada no curso das entrevistas passou, por exemplo, da opinião de que não havia necessidade da lei até à de que nada deveria ser alterado nela, a não ser para efeito de aclará-la, o que implica alguma alteração. Eles não discordam, significativamente, nesse item; apenas um deles manteve a opinião sobre a não necessidade, alegando que *"não é a letra da lei que ensina as pessoas a terem bom senso"*. A lei não ensina, mas ajuda a refletir. Antes do ECA, os operadores do Direito pouco ou nada conheciam sobre psicologia infantil ou psicologia do desenvolvimento.

Em contrapartida, para outro participante, se houvesse algo que melhorasse um pouco a visitação, a critério do juiz, esse algo poderia ser útil. Aqui, pode-se inferir, novamente, desejo de receber contribuições que facilitem o exercício da função. Por todos os participantes foi dada ênfase à interpretação judicial.

Um dos entrevistados afirmou que nada alteraria na lei, com exceção da imposição sem acordo, aspecto a respeito do qual entende que a lei está sendo interpretada de forma equivocada. E aproveita para opinar sobre a formação do operador do Direito, expressando sua preocupação: "*Acho indissociável, no ensino do Direito, a doutrina, a legislação e a jurisprudência. A jurisprudência é a prática, no Direito. Estudar tudo junto*".

Aí aparece a visão do juiz experiente, que reconhece que os jovens podem ter até mais conhecimento teórico, mas falta-lhes tempo de vida e de vivência para pensar e agir de forma integrada.

Outro entrevistado considera que muita coisa mudou na sociedade e houve melhoras acompanhadas pelo Código Civil. Ressalta, porém, que, em matéria de Direito de Família, os jovens falam teoricamente, e a prática é que lhes daria maior senso crítico. Como magistrado dos mais experientes, ele corrobora, sem especificar o aspecto da formação, o que afirma seu colega retrocitado.

Há quem tenha afirmado que faria uma alteração na redação da lei para deixar explícito que "*[...] o juiz pode, sim, e deve determinar a guarda unilateral, ainda que não haja consenso entre as partes, quando ele verificar que isso é o melhor para a criança*".

No entendimento desse participante, na redação existente, à primeira vista, "*[...] parece que o regime é basicamente compartilhado, o que não é verdade. O regime, hoje, é compartilhado, sempre que possível. Isso poderia estar explícito em artigo expresso. Falta essa regra*".

Parece que os participantes acabam chegando a interpretações semelhantes para o uso prático e fático da lei e que um grande problema está em sua redação. Vejamos:

> *Eu talvez mudasse o tom impositivo. Talvez, não, porque ela deixa uma recomendação: se for possível, use a guarda compartilhada; se não for, use a unilateral. Há uma recomendação que dá preferência pela guarda compartilhada como um ideal a ser atingido, e não como uma imposição de guarda. A interpretação que eu faço dá uma preferência, mas não obriga.*

▶ DO AUXÍLIO À JUSTIÇA DE FAMÍLIA

Em várias falas, os entrevistados referem-se ao recurso aos estudos psicossociais, em particular às perícias, como um auxílio necessário para que o juiz se posicione em certas situações e decida.

▶ Perícia

Fala-se sobre a sobrecarga de trabalho no Judiciário:

> *Aqui, a realidade é diferente. Uma perícia para eu ver se a criança está bem está demorando dois anos. Primeira entrevista está demorando, para marcar, um ano. Decisão do CNJ [Conselho Nacional de Justiça] diz que o Judiciário é que vai ter que passar a pagar perícia. Vai acabar a perícia de fora. Não se pode mais trazer para o Judiciário a incumbência de solucionar questões.*

Esse juiz vê nisso um retrocesso, considerando que os serviços do Judiciário se encontram sobrecarregados e que, sem os psicólogos e assistentes sociais não judiciários, a sobrecarga será maior.

Na mesma direção, outro adverte: "[...] *Daí a importância dos estudos social e psicológico. Se os pais se dão, ou não, é problema deles; a criança é que tem que ser protegida*".

Para outro, ainda:

> *O próprio Código Civil, no parágrafo subsequente [§ 3º do art. 1.584], diz que o juiz, ao fixar a guarda compartilhada, deve primeiro ouvir uma equipe multidisciplinar, ou seja, ele é amparado por laudos feitos por assistentes sociais e psicólogos forenses. Isso vai dar uma ideia ao juiz da adequação do regime da guarda compartilhada.*

Observa-se o respeito que os entrevistados denotam ter pelos psicólogos e assistentes judiciários, profissionais indispensáveis em alguns momentos do processo para levar elementos de convicção ao juiz. Diríamos que, atualmente, esses técnicos vão mais longe, levando elementos de reflexão também aos demais operadores do Direito e aos pais. Basta que estes atentem aos laudos com olhar isento e sem preconcepções.

É significativa a reflexão do entrevistado que conclui que sentença não resolve conflitos pessoais ou relacionais. É a admissão da necessidade de ajuda da parte da Psicologia, como ciência, e da interdisciplinaridade psicojurídica nas causas judiciais de família:

> *Agora, é problema sério e praticamente insolúvel o juiz, por sentença, solucionar, ultrapassar e superar a resistência das partes e seus traumas e sua história; ou seja, às vezes, casais que não se conciliam, que mantêm atitude belicosa, pais ou mães que têm já histórico familiar próprio, traumático... dificilmente uma sentença judicial supera isso.*

▶ Mediação

O tema mediação foi tratado pelos entrevistados antes das alterações da Resolução nº 125/2010, do CNJ, da promulgação da Lei de Mediação e do novo Código de Processo Civil (BRASIL, 2015a, 2015b). Esses dois últimos diplomas legais consagraram o disposto naquela Resolução. Assim, as falas dos entrevistados refletem sua impressão sobre o instituto, à época.

Ao tratar do tema mediação como forma de resolução de conflitos, um dos entrevistados tece algumas considerações: "*Seria uma boa solução. Mas, para isso, a gente teria que ter gente especializada, porque não basta botar gente voluntária que não tem conhecimento*".

Esse participante deixa claro que gostaria de contar com outras ferramentas para a condução de seu trabalho. Ressalva, porém, que não acredita em trabalho voluntário nessa área.

Ele se referia ao fato de, no Judiciário paulista, os mediadores serem voluntários capacitados para o exercício da mediação, à época das entrevistas. Atualmente, a situação é outra.

A esse respeito, posiciona-se outro participante: *"Espero que a Resolução do CNJ não acabe com os setores de conciliação. O tribunal vai acabar com nosso trabalho de conciliação. Senão, vai acabar, também, com nossas esperanças".*

O referido participante mantinha um trabalho de mediação em sua vara e temia que o advento dos CEJUSCs,[3] centralizando as mediações, interferisse negativamente nos resultados.

A par disso, um participante faz breve digressão sobre a importância do trabalho de psicólogos e assistentes sociais, pondo ênfase no dos primeiros. Ele acredita na contribuição trazida pelo psicólogo judiciário, esclarecendo que aí se incluem todos os psicólogos que atuam no Poder Judiciário.

> *Eu acho que tinha que ser psicólogo judiciário e ter também assistência, quando necessário, de um assistente social, mas secundária, porque o principal é o psicólogo, mesmo. As questões são mais de relacionamento do que sociais. [Para] as sociais, o Estado até que tem alguma coisa.*
>
> *[O psicólogo judiciário] vai examinar as pessoas e as situações com mais profundidade. Ele é capaz de ver o que há de conflito interno e interpessoas, sabe, porque, às vezes, um conflito que se vê entre as pessoas, ele vem, na verdade, de um conflito interno.*

O participante que diz temer as mudanças narra sua experiência em um Fórum que atende população de mais de 3 milhões de pessoas, de todos os estratos sociais. Reconhece a importância do setor de conciliação, em função do qual o juiz deixa de fazer 200 ou 300 audiências por mês.

Esse participante ressalta a importância que dá a esse meio de auxílio à Justiça:

> *Tenho um caso que talvez tenha que impor uma guarda compartilhada, porque não tem outro jeito. Um casal muito diferenciado, de instrução, da mesma profissão. Não vejo como poderia decidir*

---

[3] CEJUSC – Centro Judiciário de Solução de Conflitos e Cidadania.

> *pela guarda unilateral. Não decidi, ainda. Vão passar pela mediação, e não vejo como decidir por um ou outro. Parece ser um caso em que foi regulamentada a convivência [na prática diária].*

Outro entrevistado, por sua vez, diz que não manda os processos para o Setor de Conciliação, porém admite: "*Acho que seria muito positivo ter um serviço, e me ajudaria, mas a questão é ter alguém extremamente capacitado que tenha disponibilidade para isso*".

Ao falar em disponibilidade, o entrevistado claramente se refere ao trabalho até então voluntário.

Um dos participantes, por seu turno, é receptivo aos meios adequados de resolução de conflitos, apontando para um norte:

> *O caminho é a mediação. Frustrada a conciliação. Aqui se costuma, frustrada a conciliação, mandar para a mediação depois de saneado processo, já na fase probatória. Acho que em cidades pequenas seria importante o juiz, antes do processo, encaminhar as partes para mediação.*

Para outro entrevistado, a mediação não é apenas importante, ela é

> *Fundamental. Não tenho dúvida. Não vale a pena o juiz impor decisão em vara de família. Quanto menos ele impõe decisões, melhor para as pessoas. Uma sentença nunca vai agradar aos dois. Pode até desagradar aos dois. Portanto, não resolveu nada. A raiz do conflito de família está no espírito das pessoas.*

As opiniões dos participantes não guardam uniformidade. Se, em certos momentos, são divergentes, em outros, assemelham-se com diferentes fundamentos. A cultura da mediação tem-se disseminado, sendo que, em alguns países, como o Canadá, está bastante evoluída. Morrone (2013) destaca papel que deve caber à mediação nos processos de divórcio. Para ele, uma vez superado o conceito da família tradicional, os filhos se defrontam, no divórcio dos pais, com conflitos que envolvem paternidade e coparentalidade, situações em que, parece-lhe, a mediação será útil. Naturalmente, o emprego da ferramenta há de ser refinado e apropriado a cada caso para mostrar-se eficaz.

A normatização no Poder Judiciário pela Resolução nº 125/2010, do CNJ (BRASIL, 2010c), e a promulgação da Lei de Mediação (BRASIL, 2015b) e do novo Código de Processo Civil deram força e destaque a esse instrumento de resolução de conflitos. Os resultados na área de família têm sido alvissareiros.

▶ Ajuda extrajudicial: preparo e acompanhamento

A respeito da possibilidade de ajuda extrajudicial, um dos entrevistados conta que, só de alimentos de balcão,[4] faz 12 audiências em um único dia e que, só por isso, já seria importante a ajuda.

Esse participante insiste que, "*para preparar os casais, [...] o trabalho terá que ser extrajudicial, porque os técnicos do Judiciário não podem ter essa atribuição*", referindo-se à sobrecarga de trabalho dos psicólogos judiciários.

Ele sugere, ainda, que haja "*trabalhos de pós-acompanhamento*" para "*ajudar as pessoas a conseguir praticar o que definiram*". Segundo seu entendimento, esse acompanhamento deve ser realizado no âmbito social, e não dentro do Judiciário.

Assim exemplifica:

> *Mal comparando: [como] nos Estados Unidos, ter liberdade condicional acompanhada. Ou, como no caso de hospital, em que o sujeito tem alta, e o médico diz: "você está de alta, entretanto, terá que consultar um cardiologista, para tratar de seu coração, e um endócrino, para tratar de seu diabetes". E dá guia de encaminhamento. No Judiciário, deveria ser igual, dar esse encaminhamento. Ajudar a pessoa a conviver com aquilo.*

---

[4] Em São Paulo, capital, as Varas de Família atendem diretamente os credores de alimentos para dar início ao processo. Esses pedidos são conhecidos como alimentos "de balcão", pois as pessoas ficam de pé, no balcão, enquanto são atendidas, recolhidos os dados e documentos. Disponível em: <http://www.premioinnovare.com.br/praticas/atendimento-mais-humano-para-pedidos-de-alimentos-1347>. Acesso em: 12 ago. 2011.

Nessa direção, esse magistrado propõe a criação de

> *[...] órgão do Estado Executivo, para dar atendimento psicológico preparatório para pessoas que estão nessa situação. Se vier um casal, hoje, posso até ter tempo de conversar com eles, mas não seria o mesmo que um psicólogo.*

Outro participante refere-se à necessidade de ajuda, mas reconhece limitações na indicação: "*Normalmente, nos procedimentos de fixação de guarda, é difícil o juiz determinar tratamento compulsório aos pais. Até porque, se fosse compulsório, não sei se, psicologicamente, teria grande efeito*".

E há quem relate ter experiência nesse sentido.

> *Uma vez, eu condicionei a retomada do contato depois que as pessoas fizessem terapia. Suspendi as visitas até o pai voltar com um resultado positivo da terapia. Aqui, na verdade, o pedido era de retirada do pátrio poder, o que é muito mais grave.*

A ajuda também aparece ligada ao grande número de audiências realizadas, por dia, em algumas varas de São Paulo: "*Se o juiz for auxiliado por equipes eficientes, com quem ele possa dividir, ele pode ter uma interferência menor e delegar para as equipes aplainarem as divergências*".

A necessidade de que o trabalho seja feito por psicólogo aparece expressamente:

> *[...] porque ele vai examinar as pessoas e as situações com mais profundidade. Ele é capaz de ver o que há de conflito interno e interpessoas, sabe, porque, às vezes, um conflito que se vê entre as pessoas, ele vem, na verdade, de um conflito interno.*

Esclarecendo, referia-se a psicólogo que entenda de conflitos surgidos no Judiciário, e não apenas do psicólogo judiciário, até porque uma de suas preocupações é com o excesso de trabalho atribuído a este na Justiça.

Para esse juiz, como a separação não altera o poder familiar, a guarda compartilhada seria importante:

> *Se houvesse uma realidade, que não existe no Brasil, em que existisse acompanhamento posterior. É como o caso da adoção. Eu assinei uma sentença de adoção, ela transitou em julgado, eu não posso falar mais nada. A criança é filha, e, se é filha, o Estado não pode se intrometer, a não ser nos casos previstos no ECA.*

O participante considera importante o acompanhamento do exercício da guarda, pelo juiz, no período pós-separação ou divórcio. Ele alega que o juiz nada pode fazer fora do ECA, pois o Estado não pode intervir na relação privada da família. Entende que há recursos que são necessários e que, no entanto, o juiz fica de mãos atadas. Cita o caso do visitário público, que, embora não seja o desejável, para ele, deveria ser de utilidade perene, porque há situações em que o genitor não poderia ter contato com o filho de outra forma, como em casos de abuso.

Falando sobre a necessidade de preparo, denota interessar-se pelo bem-estar das pessoas, embora ponha a ênfase nos filhos, e assim se manifesta:

> *Uma das coisas que as mulheres ficam revoltadas é obrigar o pai a visitar. Primeiro, para elas se livrarem da criança, também, que elas acham que o encargo fica só com elas. Então, fim de semana, elas poderem ir passear, namorar, dormir até tarde, poder descansar, como o pai faz o tempo todo. Segundo, porque a criança sofre muito. O pai tem que visitar, fala que vai e não aparece.*
>
> *Odeio, abomino, chamo de canalha, sem-vergonha, todo nome que eu puder chamar. Seja ele quem for. Você fazer uma criança acordar cedo, tomar banho, cabelinho molhado, roupinha vestida, com a malinha dele, esperando na porta, ansioso pela chegada do pai; a mãe, o dia inteiro parada, lá. E ele não vai? Daí chega a mãe e fala "blá, blá, blá, blá" e vem a avó, "blá, blá, blá, blá", e liga a tia, e "blá, blá, blá, blá". Vira um dia de inferno.*

Há também opiniões sobre acompanhamento pós-separação: "*Seria o ideal; não sei se é viável. O juiz está assoberbado de trabalho. Quando chega uma situação, ele vai examinar, mas a situação é até caótica*".

Ou:

> *Eu acho que uma das coisas que precisaria ter, se possível fosse, é um serviço social, não da Justiça, mas um serviço social do Estado, que pudesse dar atendimento a esses casos, orientar as pessoas, sabe, em vez de simplesmente ter que entrar com outra ação. Orientar: "olha, se não dá para fazer assim, o que vocês acham de fazer assado?". Em clima menos tenso que na Justiça.*

Sobre o uso do disposto no art. 129, do ECA, que prevê envio para orientação ou terapia, os juízes entendem que tudo o que se possa fazer para a preservação do menor é importante (BRASIL, 1990).

Com ponderações:

> *O problema do art. 129 do ECA é que o ECA é muito mais voltado ao menor em situação irregular. Aí sim, o juiz atua com muito mais liberdade, com mais poderes, mas, no caso do Código Civil, ele teria mais dificuldade, porque o advogado, eventualmente, quereria participar do ato junto. É diferente o enfoque do menor em situação irregular que o ECA dá e o enfoque do Código, embora para ambos o valor maior seja o interesse da criança.*

A narrativa dos participantes deixa entrever o desejo de receber ajuda. Eles gostariam de ter apoio para ajudar as pessoas em crise de separação e, de sua parte, colaboraram com ideias e aportes legais, embora não saibam, exatamente, como isso poderia ser feito.

A respeito da prevenção de problemas com a guarda, surge a ponderação de que é preciso:

> *Avaliar para ver o que é mais conveniente para o menor, para a criança. Quando o casal diz que quer fazer guarda compartilhada, é preciso saber se eles sabem o que é isso. O juiz não deveria determinar sem avaliação. É útil os pais poderem distinguir os tipos de guarda, porque muitos até confundem. O preparo poderia ser alguma coisa feita extrajudicialmente. Não sei se o Estado poderia proporcionar isso, até para prevenir recursos.*

E, complementarmente, sobre a importância do preparo:

> *Acho ótimo, seja por mediação, seja por psicólogo. Acho que se deve preparar as pessoas para a mediação, porque senão já chegam armadas, com as armas engatilhadas para brigar, com sete pedras nas mãos, com um monte de prevenção. Às vezes, eu deixo eles falarem tudo até esgotar; uma catarse total. Acho importante preparar acordo em qualquer tipo de guarda, não só compartilhada.*

Anteriormente, um dos juízes referiu-se à mediação, dando a entender não ser instrumento confiável se feita por *"voluntários sem conhecimento"*. Nesse ponto, no entanto, aparece entusiasmo pelo emprego do instrumento, o que faz supor que coloca o problema na fraca formação de alguns profissionais e sua preferência no trabalho de mediadores com formação básica em Psicologia. Outro dos juízes mostra-se cada vez mais entusiasmado pelo apoio da mediação e crente nas possibilidades dos recursos provenientes da Psicologia, tanto quanto outro de seus colegas, que também enfatiza a necessidade de competência do profissional e destaca o quanto os psicólogos o têm assessorado, sobretudo por meio das perícias.

Entretanto, a fundamentação legal é sempre enfatizada, o que denota interesse dos entrevistados em encontrar caminhos para a implementação das práticas de auxílio à família na Justiça.

> *O próprio Código Civil, no parágrafo subsequente [art. 1.584, § 3º], diz que o juiz, ao fixar a guarda compartilhada, deve primeiro ouvir uma equipe multidisciplinar, ou seja, ele é amparado por laudos feitos por assistentes sociais e psicólogos forenses. Isso vai dar uma ideia ao juiz da adequação do regime da guarda compartilhada. É claro que em casos específicos temos a previsão de determinar tratamento obrigatório até de alienação parental, como forma de pena.*

O fato é que os participantes, no curso das entrevistas, passaram de certa reserva, uns, e ceticismo, outros, para uma postura proativa e colaborativa na busca de soluções e de apoio a propostas.

Quando falamos em prevenção, no contexto desta obra, a intenção é propor que, partindo da prevenção de conflitos, se possa chegar à promoção de saúde nas situações ligadas à crise da separação e do divórcio, o que condiz com a literatura levantada, que indica que o problema não está na separação, nem nos filhos, nem nos pais, em si, mas no conflito existente entre os pais.

Atualmente, do ponto de vista legal, com a promulgação da Lei de Mediação e do novo Código de Processo Civil, muitas das dificuldades levantadas já estão sanadas.

▶ Experiência estrangeira

Em nossas conversas, falamos com os entrevistados sobre alguns instrumentos sistêmicos, como a mediação e os processos psicoterápicos, e contamos a eles que existe uma experiência feita por um juiz de uma cidade pequena na Alemanha, Cochem-Zell, que conseguiu reunir promotor, advogados, psicólogos e assistentes sociais, e, juntos, criaram um código de ética, pelo qual todos se comprometem a, antes de tudo, serem conciliatórios no que seja do melhor interesse da criança.

O juiz recebe as partes, que se sentam, lado a lado, a sua frente. Os advogados, psicólogos e assistentes sociais ficam a distância, na porta. Os percentuais de resolução mostram-se elevados. Perguntamos aos entrevistados se eles viam alguma possibilidade de, aqui, o juiz tentar algo parecido. As respostas foram surpreendentes.

> *Essa experiência é possível, e o ideal seria fazer num lugar pequeno. Aí seria legal. Ser feita em cidade pequena do interior. Mesmo em regional, mas, no início, no interior. Lá, tudo é mais fácil. Tem menos trabalho. Quando aparece alguma coisa, todo mundo gosta. O pessoal se entende, é mais colaborador.*
>
> *Aqui em São Paulo acho que é como comparar varas centrais e varas regionais. Em varas regionais, o pessoal é mais carente e aceita mais a decisão do Estado por falta de recursos internos e culturais para solucionar a questão. Nas varas centrais, as pessoas são mais orientadas, têm mais acesso a grupos multidisciplinares, têm mais recursos.*
>
> *Acho que sim. É possível. A mediação tem esse caminho, com equipe multidisciplinar, todos juntos. Aqui, temos o problema de, em audiência de família, o juiz não poder se reunir com as partes sem presença de advogado. Imagino eu que haveria uma resistência da OAB [Ordem dos Advogados do Brasil]. A OAB não aceitaria.*
>
> *Esse comprometimento eu consigo nos casos que vão para a mediação. Eu só consigo, por enquanto, fazer durante o processo. É importante trabalhar com profissionais da área, advogados, psicólogos, que trabalham com o ser humano em prevenção de conflitos.*
>
> *Os juízes de cidade pequena, como esses da Europa, devem ter respeito. No Brasil, isso é mais difícil porque o Judiciário está desacreditado. Não há funcionários suficientes, nem estrutura. Meu princípio de vida: "não fique aborrecido por aquilo que você não pode ajudar". E faço o que posso por quem passa por aqui. Juiz não resolve problema, resolve processo.*

Experiência de congregar profissionais de diferentes áreas e profissionais da mesma área, em diferentes funções, para organizar-se e encontrar meios de ajudar os separados a prevenir prejuízos emocionais nos filhos tem sido feita também em outras partes do mundo, como no Canadá, cuja experiência de inclusão recente de trabalho dessa ordem é relatada por D'Abatte (2013). Merece reflexão o que diz um de nossos entrevistados: "*Ser frutífera a audiência de mediação não é chegar a acordo, mas conscientizar-se*".

Há muito a se fazer nessa área, e nada de muito diferente do que a Psicologia propõe e faz como ciência e prática. Não se há de esperar soluções miraculosas, mas a conscientização de todos quantos participam do processo, seja judicial, seja psicoterápico, seja de vida.

A observação dos participantes, em vários momentos das entrevistas, deixa clara sua opinião de que, antes de tudo, as pessoas precisam saber o que é guarda compartilhada e o que significa compartilhar uma guarda de filhos. Tal conscientização aparece como ponto de partida do diálogo.

É emblemática a posição do juiz que diz que, se as pessoas chegaram ao Judiciário, é porque estão em conflito e não faz sentido forçar um acordo, principalmente de guarda compartilhada. Isso seria o mesmo que convidá-las a continuar a brigar.

> *Ao contrário, se estiver estabelecida a guarda compartilhada, eu pergunto se eles sabem no que consiste, se foram alertados por seus advogados, e, ainda assim, dou uma explicação. Quando está pronto, nem sugiro, nem motivo a adoção de guarda compartilhada.*

O que se depreende da fala desse participante é que ele procura esgotar todas as possibilidades de esclarecimento e conscientização dos pais. Para ele, o trabalho está feito.

De fato, o acordo é resultado de uma construção; não pode ser imposto. No entanto, para quem disse que só consegue o comprometimento dos pais nos casos que vão para mediação, e, durante o processo, a Lei de Mediação e o novo CPC trouxeram a solução.

▶ Sobre alienação parental e outras contribuições

Um fenômeno que tem preocupado os juízes de família é a alienação parental.

Apresentam um olhar voltado à exploração da situação pelo guardião:

> *Alienação parental? Achei uma lei interessante, porque, na verdade, ela sempre foi praticada, mas tem muita "forçação de barra". A mãe não esteve na visita, não entregou para visita. Aí,*

> *você transcreve os termos da lei e manda intimar só para assustar. Todo mundo alega, mas nunca tive um caso em que realmente reconheci, judicialmente, a alienação parental.*
>
> *Temos casos em que, quem tem a guarda, cria obstáculos quase intransponíveis para o pai ver a criança, não deixa o filho falar com o pai pelo telefone, alega maus-tratos. O pai tem que recorrer à polícia. Há casos, também, em que as mães criam fantasias na criança, as falsas memórias, e, também, acusações severas de abuso sexual, que não se comprovam nos laudos. As acusações, às vezes, nem são feitas pela mãe, mas por avós ou outra pessoa tomada de ódio.*

Lembram da existência de punição para esses casos: "*[...] em casos específicos, temos a previsão de determinar tratamento obrigatório até de alienação parental, como forma de pena*".

Ou a maneira de lidar com a situação e a importância de o juiz conhecer aquele caso específico:

> *A lei da alienação parental é importante para situações que são absurdas. Que envolvem crianças. Digo o seguinte: quando li a primeira vez, fiquei assustado. Alguma coisa deveria ser feita. Tenho dois ou três casos que são de alienação parental. A mãe afastava o pai. Ela resistiu, mandei instaurar procedimento criminal pela continuidade da conduta de querer afastar o pai, e, agora, ela passou a acusar o pai de abuso. Nesse caso, não me sensibilizou porque eu conhecia o caso.*

De modo geral, os juízes denotam estar familiarizados com processos psicológicos, ao criticarem a pretensão da lei em que se faça estudo psicossocial em 30 dias nos casos de denúncia de alienação parental: "É *uma situação ilusória de que se vai contar com equipe interdisciplinar para dar os resultados em 30 dias. Imagine se é possível fazer um estudo psicossocial em 30 dias!*".

A subjetividade aparece nas várias falas, inclusive com referência direta a experiências pessoais, denotando preocupação e a necessidade de cautela quanto à avaliação do que é levado aos autos:

> *Como as falsas memórias que se implantam nos filhos. A senhora deve ter estudado em sua formação.*
>
> *Quando eu era criança, eu tinha certeza de que tinha assistido ao casamento de minha mãe. Ela me dizia: "Não. Você nasceu mais de um ano depois que eu casei". Mas eu tinha certeza. Eu me via acima do altar, assistindo a tudo.*
>
> *São coisas que parecem concretas. É o problema da alienação parental, em que pode acontecer imaginação, mas também pode ser verdade. É preciso ter cuidado.*
>
> *[...] é uma coisa perversa, porque quem aliena é quem deveria proteger: o pai e a mãe. É um canhão para o juiz decidir; não é uma arma qualquer, é um canhão.*
>
> *Essa, sim, é que, em termos de processo, está acontecendo mais. Eu achei positiva a iniciativa, a lei, mas a gente tem que ver cada caso. Alguma solução para quando existir realmente, isso precisava ter. Nisso, as perícias – estudo psicológico e estudo social –, elas trazem, realmente, um bom embasamento para o juiz.*
>
> *Na prática, o que se fala da mãe, você vê que não era tudo aquilo. O pai acaba se contentando com uma visita maior. De repente, ele se dá por satisfeito e não tem mais nada. Se for tudo aquilo é até caso de cortar a guarda.*

Os participantes levantam pontos a respeito da atuação dos operadores do Direito nas causas de família, que merecem reflexão.

"Sempre que eu resolvo de uma forma técnica [...] aquilo não esgota o assunto, nunca, jamais", referindo-se à importância de ajudar as pessoas a tomar suas decisões.

> *Uma dificuldade do juiz de família está em como estabelecer parâmetros em guarda compartilhada "a fórceps", à força, sem acordo, porque ela pressupõe ajuste no casal, e o juiz só dá sentença de mérito quando não houve ajuste.*

> *O problema do juiz não é o desconhecimento da lei, porque ele a conhece. O problema é dar concretude ao que ela propõe. Não vejo como fazer isso em casal que tem beligerância aguda.*
>
> *Não deveria haver preferência pela guarda compartilhada em relação à unilateral. A fixação de uma ou outra deveria ser apenas decorrente da maior adequação a cada caso.*

Outros comentários são merecedores de reflexão pelo Poder Judiciário a respeito da carreira na magistratura.

> *Um juiz de 23 anos é quase adolescente, não tem vivência para fazer um divórcio de 20 anos de casamento, que nem sempre é para separar, por exemplo.*
>
> *Para ser juiz, o sujeito tem que ter o "risco do balcão do cartório marcado".*
>
> *Não é possível exigir muita idade e muita experiência no Brasil, porque nem sem exigência se consegue preencher as vagas.*

Trazem contribuições, também, sobre a advocacia.

> *Na Alemanha, os advogados jovens não podem assinar petição de qualquer tipo de ação quando se formam, e o último degrau é a família.*
>
> *Os novos não deveriam pegar causas como separação, divórcio, guarda de filho ou menores infratores.*
>
> *Os advogados não deveriam ver-se como inimigos, se, às vezes, nunca se viram.*

Eles concordam tratar-se de assunto novo no Brasil, que deveria ser objeto de maior atenção.

E, ao mesmo tempo, complementando essas opiniões, um dos magistrados aponta como a experiência pode promover soluções criativas e humanitárias:

> *Há, também, soluções interessantes dadas pelo Tribunal, como de um pai que batizou o filho sem comunicar à mãe. Foi à igreja com a madrasta e batizou. Quando a mãe foi à igreja, ficou sabendo que não podia mais batizar a criança. A mãe pediu indenização por não ter podido participar desse momento da vida do filho, e o Tribunal lhe deu ganho de causa.*

Com essa fala, encerramos essa rápida passagem pelo pensamento da magistratura atual acerca do tema em estudo.

As manifestações não se restringiram à apreciação da guarda compartilhada, estenderam-se a aspectos que consideram importantes ao estudo da família do ponto de vista social e jurídico.

São falas claras, refletidas e, ao mesmo tempo, espontâneas, em que as competências profissional e cultural surgem como valor indiscutível para o aprimoramento das decisões. Denotam sensibilidade e bom senso.

Onde há pessoas envolvidas, há subjetividade, interesses específicos, diversos pontos de vista e motivações variadas, em função das experiências vividas pelas pessoas na construção de sua identidade.

Nossos entrevistados deixaram claro que o operador do Direito não pode ser mero instrumento da lei.

▶ O PENSAMENTO DA MAGISTRATURA APÓS A LEI Nº 13.058, DE 2014

Após a promulgação da Lei nº 13.058/2014, que modificou, entre outros, o § 2º do art. 1.584 do Código Civil e tornou obrigatória a fixação de guarda compartilhada ainda que não houvesse acordo entre os pais, pesquisamos o pensamento da magistratura, por meio da jurisprudência.

Não há unanimidade quanto àquela determinação, confirmando os resultados da pesquisa de base.

Vejamos alguns desses acórdãos.

Da Jurisprudência do Superior Tribunal de Justiça (STJ)

Decisões Monocráticas

1)

Processo

REsp 1351337

Relator(a)

Ministro ANTONIO CARLOS FERREIRA

Data da publicação

DJe 04/11/2015

Decisão

[...]

Ocorre que o Tribunal local, sem dissentir da jurisprudência do STJ, assentou a inviabilidade da guarda compartilhada no presente caso concreto em razão do relacionamento conflituoso entre as partes, mantendo a sentença que fixou a guarda unilateral para a mãe e regulamentou a convivência com o recorrente, nos seguintes termos (e-STJ fl. 338):

"É inviável o requerimento de guarda compartilhada formulado por [E.] acerca do filho [B.], em razão da relação de alta beligerância dos genitores no exercício da parentalidade. A guarda compartilhada é determinada em prol do melhor interesse da criança, e não dos pais. A guarda compartilhada exige equilíbrio emocional e maturidade dos pais, que devem colocar de lado os ressentimentos pessoais gerados pela separação em benefício da criação conjunta e saudável do filho."

2)

Processo

REsp 1520460

Relator(a)

Ministro PAULO DE TARSO SANSEVERINO

Data da publicação

DJe 11/09/2015

Decisão

[...]

Não se desconhece que parte da doutrina e da jurisprudência sustentam o estabelecimento da guarda compartilhada como regra e imposta, em provável interesse do menor. Entretanto, conclui-se que tal entendimento demonstra-se, ainda, minoritário, sobretudo, em relação à jurisprudência, inclusive desta Câmara e deste Tribunal, que se ampara na realidade da convivência com os casos concretos na rotina do exercício da judicatura, no sentido de que não se deve deferir a guarda compartilhada quando não existe a convivência harmoniosa entre os genitores. No mais, tem-se que a guarda de menor é direito que deve sempre estar condicionado ao interesse, segurança e bem-estar deste, preferencialmente em relação aos interesses e direitos dos adultos parentes, decorrendo, a princípio, da lei, como consequência natural do poder familiar, e, excepcionalmente, de decisões judiciais, conforme acordo entre as partes ou a situação fática.

[...] Assim, com detida análise dos documentos apresentados, impossível manter/aplicar o instituto da guarda compartilhada ao caso concreto.

3)

Processo

AREsp 486786

Relator(a)

Ministro RICARDO VILLAS BÔAS CUEVA

Data da publicação

DJe 25/02/2015

Decisão

[...] na parte que interessa:

"[...] Impende destacar que a solução da presente demanda quanto à guarda deve privilegiar o interesse do menor, atendendo-se ao princípio da proteção integral.

[...] No caso em tela, a Magistrada fundamentou sua decisão de forma clara e precisa, levando em consideração as provas produzidas nos autos, além dos diversos laudos social e psicológico, de maneira a excluir todos

os demais argumentos, pois não está obrigada a manifestar-se sobre todas as teses articuladas, mas sim, em levar em consideração os interesses individuais e concretos que cada caso de guarda de filhos requer.

Como largamente afirmado no bojo desta obra, a guarda compartilhada é ideal a ser buscado quando da separação ou divórcio dos pais. A lei civil tornou-a obrigatória, e muitos juízes a têm acolhido de forma literal, como mencionado e citado em vários momentos deste livro.

Não obstante, porém, a lei diga que será determinada a guarda compartilhada quando não houver acordo e ambos os genitores estiverem aptos ao exercício do poder familiar, sendo exceção a manifestação de um deles sobre não desejar a guarda do filho, observa-se que parte da magistratura, em todos os graus, mantém-se cautelosa, avaliando caso a caso, fundamentando-se no melhor interesse do menor e na sua proteção integral.

A existência de posicionamentos contra e a favor da determinação é útil à reflexão e ao estudo da própria lei e sua aplicação. A cautela reflexiva tem sido o fio condutor de todo nosso trabalho justamente para contribuir com os profissionais que pensam sobre essa questão.

Considerações finais

A convivência é a arte da comunicação
e requer maturidade e empenho

Nossas palavras finais consideram os resultados da pesquisa e a apreciação psicojurídica acerca da importância da guarda compartilhada e das leis, tanto a que a introduziu no Código Civil como a que, posteriormente, a modificou.

Em 2008, a Lei nº 11.698 introduziu a guarda compartilhada no Código Civil, modificando os arts. 1.583 e 1.584, determinando no parágrafo 2º deste último que, sempre que possível, essa fosse a modalidade de guarda aplicada (BRASIL, 2008). Em 22 de dezembro de 2014, foi promulgada a Lei nº 13.058, que modificou os arts. 1.583, 1.584, 1.585 e 1.634 do Código Civil, determinando a obrigatoriedade da guarda compartilhada mesmo sem acordo entre os pais (BRASIL, 2014).

A pesquisa que originou este livro foi apresentada em 2013, quando já estava em tramitação o Projeto de Lei (PL) nº 1.009, de 2011, do qual resultou a lei que acarretou a última alteração (Lei nº 13.058/14). Houve acompanhamento da tramitação e apreciação do PL em questão.

A pesquisa objetivou contribuir para ressaltar a utilidade da visão psicojurídica na escolha e na determinação da guarda compartilhada no relacionamento familiar, investigando a importância da introdução do instituto da guarda compartilhada na lei e os benefícios sociais de sua aplicação da perspectiva dos juízes de direito. Objetivou, também, compreender a psicologia implícita no discurso dos juízes de primeiro e segundo graus acerca da guarda compartilhada e sua viabilidade, bem como discutir as contribuições do discurso psicológico científico nas iniciativas de colaboração dos juízes e dos psicólogos, buscando, com isso, alternativas para a viabilização dessa modalidade de guarda.

Concluiu-se que a família vive em processo de transformação. Da família dita patriarcal àquela que busca o desenvolvimento e a felicidade de seus membros há uma distância que, ao contrário, já não mais existe em relação às famílias casadas ou constituídas por união estável e as separadas no que diz respeito à proximidade e à possibilidade de convivência entre pais e filhos.

Contemporaneamente, o Direito de Família volta seu principal olhar para o melhor interesse das crianças e adolescentes, os filhos dessas famílias, qualquer que seja a formatação delas, e para a convivência familiar. O melhor interesse do menor e o direito à convivência familiar são princípios constitucionais e, portanto, basilares de nosso ordenamento jurídico.

O melhor interesse de crianças e adolescentes é o bem a ser preservado e protegido. Em decorrência disso, deve-se entender que o "sempre que possível" determinado no parágrafo 2º do art. 1.584 do Código Civil, a partir da Lei nº 11.698, de 2008, refere-se a sempre atender ao melhor interesse dos filhos, e não, antes, ao que meramente seja possível para os pais (BRASIL, 2008).

Na verdade, só deverá ser possível para os pais, em primeiro lugar, o que melhor atender ao interesse dos filhos. E melhor atenderá esse interesse quanto mais os pais puderem ter convivência pacífica, possibilidade de dialogar, capacidade de flexibilizar e de conceder para, juntos, poderem cuidar das responsabilidades parentais.

Segundo a pesquisa, a lei deveria prever, expressamente, que, se fosse possível, seria fixada a guarda compartilhada, mas, se não fosse, que seria determinada guarda unilateral. Isso, para evitar a ideia de preferência legal e, em decorrência, que a guarda unilateral ficasse na posição de modalidade menor, como vem acontecendo.

Observamos que os participantes são juízes de pensamento independente, que reconhecem haver uma recomendação legal, mas se sentem livres para decidir diferentemente caso não estejam convencidos de que aquela recomendação beneficiaria os filhos envolvidos.

Esse trabalho representou um desafio. Em primeiro lugar, por se tratar de lei que representa um ideal no que diz respeito a relacionamento entre pais e filhos, em qualquer situação de vida; em segundo, por ser de difícil execução, dado o conflito que, frequentemente, envolve os casais em crise de separação.

Quando instituído no Brasil, o instituto da guarda compartilhada era aceito na maior parte das legislações ocidentais.

Os magistrados, em um primeiro momento, concluíram que o instituto, em si, não seria necessário, uma vez que a separação ou o divórcio não alteram o poder familiar, não afetam a autoridade parental. Arrolaram, no entanto, motivos que, segundo eles, justificam a especificação dessa modalidade de guarda, sendo um deles trazer à memória dos operadores do direito aspectos do Direito de Família que permaneciam um tanto esquecidos, como a responsabilidade conjunta dos pais, independentemente de serem casados ou não.

Assim, uma das principais conclusões foi ressaltar que a separação ou o divórcio não afetam o poder familiar, a autoridade parental que atribui aos pais o dever e o direito de acompanhar a transformação e a educação dos filhos, e que a guarda compartilhada procura dar equilíbrio, porque a responsabilidade é de ambos.

Outra importante conclusão foi mostrar como se confunde, ainda hoje, guarda compartilhada com guarda alternada, que são modalidades diferentes. Muitas vezes, pede-se guarda compartilhada quando, na verdade, o objetivo é a obtenção da alternada, inclusive para efeito de diminuição de alimentos.

Embora os participantes tenham se preparado para discorrer sobre sua posição teórica e prática, à medida que se sentiram à vontade trouxeram seu lado humano, suas experiências pessoais e profissionais, e denotaram empatia com o sofrimento alheio.

Ficou reforçada a importância dos pais no desenvolvimento psicoemocional dos filhos e a necessidade de eles se empenharem na construção de um melhor relacionamento parental após sua separação. Fica claro que o instituto deveria significar para a criança que os pais não se separaram em relação a ela e continuam a exercer toda aquela proteção e amparo como se estivessem casados.

Salientou-se, também, que, para adoção de guarda compartilhada, os pais precisam ter razoável harmonia, bom senso e menos individualismo em sua relação, bem como reunir um mínimo de maturidade e compromisso para educar os filhos, voltando sua atenção para o que for melhor para eles, visando a protegê-los da melhor maneira possível.

Outra importante conclusão foi o reconhecimento de que faz mal ao filho tanto o abandono como a presença prejudicial. Que, muitas vezes, um pai ou mãe problemático prejudica e, por isso, talvez seja melhor mantê-lo(a) a alguma distância da criança. Que, da mesma forma que se fala em indenização por abandono afetivo, se deveria falar, também, em indenização por presença prejudicial, tema esse a ser apreciado pela Psicologia.

Para criar os filhos após a separação, em qualquer modalidade de guarda, os pais precisam ter – ou adquirir – possibilidade de dialogar, ser flexíveis, ter espírito de cooperação e poder fazer as concessões necessárias. Esses são aspectos que precisam ser despertados e/ou desenvolvidos nas pessoas, especialmente quando se encontram em meio a um litígio.

De acordo com os participantes, os juízes não estão preparados para lidar com conflito, seja de ordem pessoal, seja de ordem interpessoal, em razão do substrato subjetivo que encerra. Eles não conseguem resolvê-lo por sentença e necessitam do auxílio de profissionais de outras áreas, particularmente os psicólogos por seu maior conhecimento da subjetividade humana. Divergências não se resolvem por promulgação de lei e requerem ajuda especializada, até porque o único conflito para cuja resolução os juízes de direito se sentem preparados é o conflito jurídico.

Teoricamente, não restou dúvida de que a guarda compartilhada é a modalidade ideal na medida em que é a que mais se aproxima da guarda conjunta dos pais que vivem juntos. No entanto, também foi unânime a concordância de que sua execução é muito difícil por requerer pré-requisitos que estão na intimidade das pessoas e fogem às possibilidades de intervenção de um juiz, por mais dedicado que seja.

Quanto aos filhos, seu problema não está em pertencer a uma família separada ou não, mas em viver em uma família com ou sem conflitos. Assim, a pesquisa concluiu que se deve buscar a guarda compartilhada, mas que, para tanto, os conflitos devem ser eliminados ou diminuídos. Nisso, concordam com os resultados da pesquisa psicológica de Souza (2000) que afirma que a diminuição do conflito entre os pais e o estabelecimento de uma relação satisfatória entre eles, após a separação, são positivos na adaptação dos filhos à nova fase de vida, enquanto a perpetuação do conflito em relação a guarda, alimentos e visitas, entre outros, é negativa à reestruturação individual e familiar.

A necessidade de os pais se empenharem na construção de um melhor relacionamento parental após sua separação é fundamental ao desenvolvimento psicoemocional dos filhos.

Compartilhar a guarda é mais do que aumentar o tempo de convívio entre filhos e pais; é compartilhar, espontaneamente, responsabilidades e deveres no cotidiano dos filhos a partir de diálogo minimamente civilizado e polido, sem precisar lembrar que existe lei.

Os participantes denotaram conhecer outros métodos de auxílio à justiça, além da perícia, como mediação e ajuda psicológica especializada, denotaram fazer uso deles – o que não acontecia há pouco mais de uma década – e mostraram-se interessados em que o Poder Judiciário busque auxílio psicológico extrajudicial, uma vez que os quadros internos se encontram sobrecarregados.

Houve concordância em que existe espaço na lei para a introdução desse auxílio, e que, quanto aos casos concretos, devem ser apreciados, um a um, para avaliação da procedência, ou não, de fixação de guarda compartilhada.

O discurso dos entrevistados denota estarem significativamente mais sensibilizados pelo discurso psicológico do que há alguns anos. Eles referem, intermitentemente, a importância das perícias psicológicas como recurso de auxílio à Justiça de Família, e trazem expectativas positivas sobre o instituto da mediação como algo de que se apropriaram e em que acreditam. Percebem que a lógica binária de que ou se ganha ou se perde tudo em uma disputa é prejudicial na resolução dos problemas de família, sejam ou não de ordem judicial.

A pesquisa revelou, ainda, a importância de se preparar os jovens para a formação de sua própria família, bem como de se prepararem os separados para assumir a guarda dos filhos após a separação. Os juízes entrevistados acreditam na família, como acreditam que, com critérios bem estabelecidos e em contexto social favorável, seja possível experimentar-se um trabalho de cunho interdisciplinar e multiprofissional de rede que vise a ajudar os separados a conhecer melhor o significado do compartilhamento da guarda e comprometer-se com ele.

Ficou claro que os juízes de direito não conseguem, por meio de sentença judicial, resolver problemas familiares em conflitos de ordem psicológica. O exercício da guarda compartilhada, segundo eles, requer harmonia, bom senso e relacionamento razoável entre os pais. O foco principal é o bem-estar dos filhos e sua proteção integral.

Nesse contexto, é importante os pais terem claro se estão diante de uma dificuldade ou vivem um conflito. Profissionais especializados no trato com minimização ou dissolução de problemas emocionais e relacionais de família poderão ser de grande utilidade nesse esclarecimento e eventual resolução das dificuldades ou conflitos, dentro ou fora do Poder Judiciário.

Em resumo, mas sem esgotar todas as possibilidades, os participantes da pesquisa compreendem que há uma preferência da lei pela guarda compartilhada, mas que isso não é de fácil execução. Compreendem que, para sua aplicação, há necessidade de um mínimo de ajuste entre os pais, de harmonia e bom senso regendo seu relacionamento, e que é difícil para o juiz sentenciar de mérito – sem prévio acordo – em casos belicosos.

Entendem que os pais precisam saber, claramente, o que significa compartilhar a guarda e deveriam ser preparados para o exercício dela, bem como acompanhados na pós-separação ou no divórcio.

A pesquisa concluiu, ainda, que os serviços prestados ao Poder Judiciário devem ser aperfeiçoados e valorizados e que o acompanhamento posterior à separação ou ao divórcio deveria ser feito, de preferência, de forma extrajudicial. E que, ante tanta complexidade do trabalho, a idade e a experiência de vida de juízes e advogados deveriam ser consideradas quando se trata de atendimento a causas de família. Foi significativo o aumento de apreço da magistratura de família, na última década, pelos trabalhos de cunho psicológico, como perícia e mediação. No Poder Judiciário, tais instrumentos estão à disposição.

Em 2010, conscientizado da importância do instituto da mediação, o Conselho Nacional de Justiça (2013) trouxe à luz a Resolução nº 125, alterada em 2013, estabelecendo as normas de mediação e conciliação para o Poder Judiciário. Foi a primeira providência prática a respeito.

O novo Código de Processo Civil, Lei nº 13.105, de 16 de março de 2015, regula a matéria referente a Conciliadores e Mediadores nos artigos 165 a 175 (BRASIL, 2015a). A Lei nº 13.140/2015, Lei de Mediação, foi promulgada em junho de 2015 (BRASIL, 2015b), e a Lei nº 13.058, de 2014, tornou obrigatória a aplicação da guarda compartilhada (BRASIL, 2014).

Fora do âmbito legal, são inúmeras as possibilidades, indo desde orientação de pais, avaliação psicológica, mediação, terapia de pais em separação ou separados e terapia individual, entre outras.

Diante da maior aceitação pela utilidade e facilitação da atividade de julgamento, a nosso ver, é recomendada a inclusão no Direito de Família da possibilidade de encaminhamento de pais a terapia, nesse caso, preventivamente, em moldes semelhantes aos previstos pelo Estatuto da Criança e do Adolescente (1990), no art. 229, e pela Lei de Alienação Parental, de 2010. Isso, sem esquecer que o art. 1.584 do Código Civil, em seu parágrafo 3º, abre um precedente, facultando ao juiz basear-se em orientação técnico-profissional ou de equipe interdisciplinar para estabelecer as atribuições do pai e da mãe e os períodos de convivência sob guarda compartilhada. O novo Código de Processo Civil (BRASIL, 2015a), e a Lei de Mediação (BRASIL, 2015b), também preveem possibilidades de ajuda.

▶ DA APRECIAÇÃO DAS LEIS QUE INTRODUZIRAM GUARDA COMPARTILHADA

Se a lei que instituiu a guarda compartilhada recomendava que, sempre que possível, fosse essa a modalidade de guarda aplicada, caberia pensar que o Estado deveria propiciar meios de ajuda aos pais, tanto durante o processo como após a separação ou divórcio. Ainda mais quando a nova lei veio a alterar mais uma vez o Código Civil tornando obrigatória a aplicação dessa modalidade de guarda.

Guarda compartilhada é ideal a ser atingido, por ser a mais próxima da guarda conjunta de pais que vivem juntos, mas não é remédio para dissensões entre os pais. Mais importante do que a modalidade de guarda é a relação do ex-casal como pais, no sentido de administrar a vida diária dos filhos. Ambos continuam a deter poder familiar após a separação ou o divórcio; responsabilidades conjuntas são fruto do poder familiar; convivência familiar e comunitária é obrigatória, qualquer que seja o tipo de guarda.

A guarda compartilhada deve ser buscada intensamente, mas, por si só, não minimiza os atritos entre os pais nem evita a alienação parental.

A tese de doutorado de Cezar-Ferreira, Guarda compartilhada: uma visão psicojurídica do relacionamento parental pós-separação ou divórcio (2013), pesquisou exaustivamente o tema e concluiu que os profissionais devem estar informados sobre a importância dos pais no desenvolvimento biopsicossocial dos filhos; e que os pais, além de conscientizados sobre sua importância na vida dos filhos, devem ser avaliados a respeito de sua possibilidade de assumir tal modalidade de guarda, bem como ser preparados para assumi-la.

Na guarda compartilhada, os pais precisam decidir sobre aspectos básicos e operacionais da vida dos filhos. Para isso, devem poder discernir entre ser ex-casal e ser pais.

Ao se considerar que os pais não têm de administrar conjuntamente a vida cotidiana dos filhos, estar-se-á confundindo guarda com poder familiar. Sem comunicação, qualquer dos pais tomará decisão individual sobre aspectos diurnos da vida de seus filhos, o que poderá colidir com a opinião do outro e será prejudicial aos filhos.

Isso não significa que devam viver em harmonia absoluta, pois, se assim fosse, provavelmente não se teriam separado ou divorciado. Significa, porém, que precisam ter maturidade emocional suficiente e manter aberto um canal de comunicação que lhes permita tomar as decisões necessárias, mesmo as mais comezinhas, como quem vai levar as crianças à escola e buscá-las ou a que horas o adolescente pode sair e voltar à noite, sem que suas dissidências como ex-casal obscureçam uma decisão que deve ser comum e transparente.

Essas são decisões que os pais que vivem juntos e detêm guarda conjunta tomam, ainda que, em havendo entendimento implícito entre ambos, um dos dois o estabeleça e o outro acate. Há, no entanto, pressuposição de que tenha havido determinação conjunta.

Caso os pais não estejam preparados para assumir a guarda compartilhada, os filhos ficarão em um vácuo de cuidados.

A nós, parece que, mais importante do que alterar a lei, tornando a guarda compartilhada obrigatória, é preparar e conscientizar os cidadãos a respeito da importância que têm na criação de seus filhos.

É crucial que tal problemática, se se pretende que seja solucionada, seja tratada sistemicamente, de forma interdisciplinar, e não como algo próprio de uma disciplina ou apanágio de um Poder do Estado.

Situações nas quais há sentimentos envolvidos são mais complexas do que se imagina e não se resolvem pela mera promulgação de lei; requerem cuidados e refinamento de trato na abordagem das dificuldades interpessoais.

A guarda unilateral não deve ser vista como uma "punição", algo de menor valia, e aquele dos pais que não propiciar uma boa relação entre guarda e visita para os filhos, esse, sim, deve ser penalizado por não ser genitor/a adequado.

É dispensável dizer que, quando um dos pais não tem possibilidade de exercer a responsabilidade parental, caberá ao outro assumi-la, bem como que, se um deles declinar da guarda, o que nem sempre significa, necessariamente, que ame menos o filho, ao outro caberá exercê-la.

O cerne da questão é que ela não é meramente jurídica; é psicojurídica. Sem mentalidade psicojurídica não há como solucionar impasses dessa ordem. E sem consideração sistêmica pela matéria, não se caminhará adiante, pelo contrário.

A obrigatoriedade de aplicação da guarda compartilhada provavelmente ainda encontrará dissidências no próprio Judiciário. Mesmo os acordos de guarda compartilhada devem ser cuidadosamente examinados pelos magistrados, uma vez confirmado pelo juiz que as partes entendem perfeitamente a que estão se obrigando, como determina a lei.

Em caso de dúvida, o magistrado provavelmente tenderá a negar a homologação, a suspender o processo judicial e a propor que os pais se submetam a processo psicológico preparatório antes de assumirem entre si o compromisso de exercer essa guarda, dado que a corresponsabilidade parental na criação e educação dos filhos outorgada pelo poder familiar não está em discussão.

Dependendo de seu perfil de personalidade e da abertura que encontre na lei e no Poder Judiciário, o juiz poderá adotar postura de sensibilização dos operadores do direito e/ou criar grupos de estudo interdisciplinares e multiprofissionais, incluindo profissionais jurídicos e profissionais da Psicologia e do Serviço Social, para que, adaptados ao contexto em que se insiram, introduzam uma mentalidade cooperativa nos moldes do que tem sido feito em outros países, e, de maneira exitosa, em algumas varas de família paulistas. A inclusão de conhecimento teórico e de práticas de terapia familiar será de grande auxílio na compreensão das dinâmicas encontradas nas famílias.

Propomos a realização de experiência com o que chamamos de Medidas de Apoio Familiar, visando a encontrar uma melhor estruturação para as alternativas de ajuda na avaliação da possibilidade e preparo parental para o exercício da guarda compartilhada, o que, indiretamente, poderá ser útil ao exercício da guarda unilateral, se for o caso.

Dado que os divórcios estão mais frequentes e as informações a respeito da importância dos pais no desenvolvimento biopsicossocial dos filhos cada vez mais à disposição de todos, propomos que os pais, ao pensar em separação, busquem auxílio psicoterápico para lidar com esse significativo momento de transição em sua vida e possam enfrentá-lo de forma mais equilibrada emocionalmente.

Propomos, também, que os advogados se sensibilizem e busquem conhecimentos psicológicos para orientar seus clientes na direção do melhor interesse dos filhos, considerando-se serem eles os primeiros profissionais procurados e a conhecer o problema. Aliás, os advogados familiaristas, dada sua experiência, têm muito a colaborar, pelo que se recomenda seja realizada pesquisa acadêmica, tendo-os como participantes, para maior enriquecimento na construção de conhecimento na área.

Propomos, ainda, que os juízes de família continuem se aprofundando na matéria, do ponto de vista psicológico, tendo apontado a pesquisa quanto avanço houve nesse aspecto na última década, como dito. Que usem dos recursos disponíveis e de sua criatividade no que seja possível ao exercício da função e façam sugestões ao Poder Judiciário para aperfeiçoamento na atenção a esses casos.

O mesmo avanço de mentalidade foi encontrado nos advogados e promotores de justiça nos últimos anos.

Sugerimos que os mediadores, agora amparados pela Lei de Mediação e pelo novo Código de Processo Civil, sejam especificamente preparados para atuar nesses casos.

Sugerimos, ainda, que possibilidades de ajuda psicoterapêutica encontradas em algumas leis, como no Estatuto da Criança e do Adolescente (BRASIL, 1990) e na Lei de Alienação Parental (BRASIL, 2010a), sejam estendidas ou efetivamente aplicadas, conforme o caso, ao Direito de Família, para maior benefício das famílias em estado de separação, mesmo que requeiram alterações legislativas, bem como que seja utilizada a faculdade prevista no § 3º do art. 1.584 do Código Civil.

Um cuidado a ser tomado é com os Centros de Resolução de Disputas previstos pela Resolução nº 125/2010, para que, com a centralização dos serviços e o crescimento quantitativo, não percam o aspecto informal, acolhedor e afetivo que a prática da mediação familiar requer.

Algo parece inegável: a necessidade de relacionamento próximo e afetivo com os pais para o melhor desenvolvimento biopsicossocial dos filhos. Isso, porém, não é absoluto nem significa que o relacionamento com apenas um deles ou com figura significativa substituta não possa levar a um desenvolvimento saudável.

A nosso ver, como resultados deste trabalho:

- ▶ Os pais e profissionais devem receber mais informações sobre a importância dos primeiros no desenvolvimento biopsicossocial dos filhos.
- ▶ Os operadores do direito deveriam estar mais inteirados dos recursos sistêmicos colocados a sua disposição para que os pais exerçam adequadamente a guarda, qualquer que seja a modalidade, inclusive a compartilhada.
- ▶ Os profissionais da Psicologia deveriam conscientizar-se de suas possibilidades de ajuda aos casais separados ou em processo de separação para que estes últimos consigam manter uma convivência equilibrada e melhor exerçam a guarda que lhes é atribuída.

- Os pais devem procurar recursos profissionais que os ajudem a enfrentar as dificuldades, superar os conflitos e instrumentalizar-se para o melhor exercício da guarda dos filhos.
- No Direito de Família, é desejável redobrarem-se os esforços para propiciar assimilação e internalização da mentalidade psicojurídica.

A questão da exequibilidade da guarda compartilhada é complexa e problemática. A pesquisa revelou a importância da visão psicojurídica para seu estudo e compreensão, bem como o fato de que essa é uma inquietação não apenas nossa, mas que acomete outros países que instituíram essa modalidade de guarda e se preocupam com seus menores. Há muito que se fazer e por fazer. É possível iniciar-se algo. Sugerimos, ainda, nessa direção, que sejam realizadas pesquisas aprofundadas sobre o que se tem feito em outros países.

É louvável o esforço dos legisladores em aperfeiçoar nosso arcabouço legal, porém é de se lembrar que a lei, por si só, não produz mudanças. A consulta a juristas é usual e, em casos que envolvem família, a consulta a psicojuristas é altamente desejável.

O melhor interesse e o bem-estar dos filhos estão tanto na convivência com a mãe quanto nas experiências vividas com o pai, assim, quanto mais equânime for a distribuição do convívio dos filhos com seus ascendentes, maior a possibilidade de usufruírem harmonicamente da família que têm.

O direito à convivência é dos filhos, mais do que dos pais, a quem cabe o dever de propiciar o contato das crianças com ambos os pais, avós maternos e paternos, tios, padrinhos e demais familiares, uma vez que todo esse convívio é fundamental ao melhor desenvolvimento psicossocial dos menores e, portanto, de seu melhor interesse.

O conflito entre os pais, na condição de sócios na função parental, constitui a fonte das fontes do sofrimento dos filhos. Isso é algo para ser considerado com a maior seriedade.

Em suma, trata-se de questão complexa, que não deve deixar conclusões definitivas, antes, considerar que este é um diálogo que merece ser continuado. Afinal, em se tratando de pais, atitude moderada e flexível, habilidade na comunicação, confiança recíproca e respeito mútuo são imprescindíveis para o exercício da guarda compartilhada.

Referências

AINSWORTH, M. D. S. et al. *Patterns of attachment*: a psychological study of the strange situation. Hillsdale: Lawrence Erlbaum, 1978.

ALEXANDRE, D. T. *Influência da guarda exclusive e compartilhada no relacionamento entre pais e filhos e na percepção do cuidado parental*. 2009. Tese (Doutorado em Psicologia) – Universidade Federal de Santa Catarina, Florianópolis, 2009.

AMERICAN BAR ASSOCIATION FAMILY LAW. *Pesquisa*. [S. l.: s. n., 1987].

AMERICAN PSYCHIATRIC ASSOCIATION. *DSM-5*: manual diagnóstico e estatístico de transtornos mentais. 5. ed. Porto Alegre: Artmed, 2014.

ANDERSEN, T. *Processos reflexivos*. 2. ed. ampl. Rio de Janeiro: Instituto NOOS, 2002.

ANDRADE, C. D. *O avesso das coisas*: aforismos. Rio de Janeiro: Record, 2007.

ANDRIGHI, F. N. (Rel.). *Recurso Especial nº 1.251.000 - MG (2011/0084897-5)*. Brasília: STJ, 2011. Disponível em: <http://www.apase.org.br/11000-stjementaeacordaostj.pdf>. Acesso em: 21 jan. 2012.

ANTONIO, M. de L. B. *Relações afetivas em litígio e a mediação familiar*. 2013. 277 f. Tese (Doutorado em Serviço Social) – Pontifícia Universidade Católica de São Paulo, São Paulo, 2013.

ARÁGON. *Ley nº 2/2010, de 26 de mayo, de Igualdad en las Relaciones Familiares ante la Ruptura de los Padres*. Arágon: Presidencia del Gobierno de Aragón, 2010.

ARIÈS, P. *História social da criança e da família*. Rio de Janeiro: LTC, 1978.

AUN, J. G.; VASCONCELLOS, M. J. E. de; COELHO, S. V. *Atendimento sistêmico de famílias e redes sociais*. Belo Horizonte: Ophicina de Arte & Prosa. 2007. (O Processo de Atendimento Sistêmico, v. II, t. I).

AZEVEDO, André Gomma (Org.). *Manual de mediação judicial*. Brasília: MJ, 2009. Disponível em: <http://www2.trf4.jus.br/trf4/upload/editor/dpn_manualmediacaojudicialandregomma.pdf>. Acesso em: 29 mar. 2013.

BALZAC, H. *A mulher de trinta anos*. Porto Alegre: L&PM, 1998.

BANDEIRA. M. S. et al. O cuidado parental e o papel do pai no contexto familiar. In: PONTES, F. A. R. et al. (Org.). *Temas pertinentes a construção da psicologia contemporânea*. Belém: UFPA, 2005. p. 191-230.

BARBOSA, Á. A. *Construção dos fundamentos teóricos e práticos do código de família brasileiro*. 2007. 153 f. Tese (Doutorado em Direito Civil) – Faculdade de Direito, Universidade de São Paulo, São Paulo, 2007. Disponível em: <http://www.teses.usp.br/teses/disponiveis/2/2131/tde-02082007-115632/>. Acesso em: 30 ago. 2012.

BAUMAN, Z. *Amor líquido*: sobre a fragilidade dos laços humanos. Rio de Janeiro: Zahar, 2004.

BAUSERMAN, R. Child adjustment in joint-custody versus sole-custody arrangements: a meta-analytic review. *Journal of Family Psychology*, v. 16, n. 1, p. 91-102, Mar 2002.

BERTALANFFY, L. V. *Teoria geral dos sistemas*. 3. ed. Petrópolis: Vozes, 1977.

BOSS, P. *Ambiguous loss*: learning to live with unresolved grief. Cambridge: Harvard University, 1999.

BOSS, P. *Loss, trauma, and resilience*: therapeutic work with ambiguous loss. New York: W. W. Norton, 2006.

BOSZORMENYI-NAGY, I.; SPARK, G. M. *Lealtades invisibles*. Buenos Aires: Amorrortu, 1983.

BOULOS, K. Da guarda "com-parte-ilhada" à guarda compartilhada: novos rumos e desafios. In: SILVA, R. B. T. da; CARVALHO, T. de A. *Grandes temas de direito de família e das sucessões*. São Paulo: Saraiva, 2011. p. 64-99.

BOWLBY, J. *Apego*. São Paulo: Martins Fontes, 1990. (Trilogia apego e perda, v. 1).

BOWLBY, J. *Perda*: tristeza e depressão. São Paulo: Martins Fontes, 1993. (Trilogia apego e perda, v. 3).

BRAGA NETO, A.; CASTALDI, L. R. *O que é mediação de conflitos*. São Paulo: Brasiliense, 2007.

BRASIL. Conselho Nacional de Justiça. *Resolução nº 125, de 29 de novembro de 2010. Dispõe sobre a Política Judiciária Nacional de tratamento adequado dos conflitos de interesses no âmbito do Poder Judiciário e dá outras providências*. Brasília: CNJ, 2010c. Disponível em: <http://www.cnj.jus.br/busca-atos-adm?documento=2579>. Acesso em: 20 fev. 2016.

BRASIL. *Constituição da República Federativa do Brasil de 1988*. Brasília: Casa Civil, 1988. Disponível em: <http://www.planalto.gov.br/ccivil_03/Constituicao/Constituicao.htm>. Acesso em: 20 fev. 2016.

BRASIL. *Decreto nº 181, de 24 de janeiro de 1890. Promulga a lei sobre o casamento civil*. Rio de Janeiro: Casa Civil, 1890. Disponível em: <http://www.planalto.gov.br/ccivil_03/decreto/1851-1899/D181.htm>. Acesso em: 20 fev. 2016.

BRASIL. *Decreto-Lei nº 4.657, de 4 de setembro de 1942. Lei de Introdução às normas do Direito Brasileiro*. Rio de Janeiro: Casa Civil, 1942. Disponível em: <http://www.planalto.gov.br/ccivil_03/decreto-lei/Del4657compilado.htm>. Acesso em: 20 fev. 2016.

BRASIL. *Emenda Constitucional nº 66, de 13 de julho de 2010. Dá nova redação ao § 6º do art. 226 da Constituição Federal, que dispõe sobre a dissolubilidade do casamento civil pelo divórcio, suprimindo o requisito de prévia separação judicial por mais de 1 (um) ano ou de comprovada separação de fato por mais de 2 (dois) anos*. Brasília: Casa Civil, 2010b. Disponível em: <http://www.planalto.gov.br/ccivil_03/Constituicao/Emendas/Emc/emc66.htm>. Acesso em: 20 fev. 2016.

BRASIL. *Lei nº 4.121, de 27 de agosto de 1962. Dispõe sôbre a situação jurídica da mulher casada*. Brasília: Casa Civil, 1962. Disponível em: <http://www.planalto.gov.br/ccivil_03/leis/1950-1969/L4121.htm>. Acesso em: 20 fev. 2016.

BRASIL. *Lei nº 10.406, de 10 de janeiro de 2002. Institui o Código Civil*. Brasília: Casa Civil, 2002a. Disponível em: <http://www.planalto.gov.br/ccivil_03/leis/2002/L10406.htm>. Acesso em: 20 fev. 2002.

BRASIL. *Lei nº 11.698, de 13 de junho de 2008. Altera os arts. 1.583 e 1.584 da Lei nº 10.406, de 10 de janeiro de 2002 – Código Civil, para instituir e disciplinar a guarda compartilhada*. Brasília: Casa Civil, 2008. Disponível em: <http://www.planalto.gov.br/ccivil_03/_Ato2007-2010/2008/Lei/L11698.htm>. Acesso em: 20 fev. 2016.

BRASIL. *Lei nº 12.318, de 31 de agosto de 2010. Dispõe sobre a alienação parental e altera o art. 236 da Lei nº 8.069, de 13 de julho de 1990*. Brasília: Casa Civil, 2010a. Disponível em: <http://www.planalto.gov.br/ccivil_03/_ato2007-2010/2010/lei/l12318.htm>. Acesso em: 20 fev. 2016.

BRASIL. *Lei nº 13.058, de 22 de dezembro de 2014. Altera os arts. 1.583, 1.584, 1.585 e 1.634 da Lei nº 10.406, de 10 de janeiro de 2002 (Código Civil), para estabelecer o significado da expressão "guarda compartilhada" e dispor sobre sua aplicação*. Brasília: Casa Civil, 2014. Disponível em: <http://www.planalto.gov.br/ccivil_03/_ato2011-2014/2014/Lei/L13058.htm>. Acesso em: 20 fev. 2016.

BRASIL. *Lei nº 13.105, de 16 de março de 2015. Código de Processo Civil*. Brasília: Casa Civil, 2015a. Disponível em: <http://www.planalto.gov.br/ccivil_03/_ato2015-2018/2015/lei/l13105.htm>. Acesso em: 20 fev. 2016.

BRASIL. *Lei nº 13.140, de 26 de junho de 2015. Dispõe sobre a mediação entre particulares como meio de solução de controvérsias e sobre a autocomposição de conflitos no âmbito da administração pública; altera a Lei nº 9.469, de 10 de julho de 1997, e o Decreto nº 70.235, de 6 de março de 1972; e revoga o § 2º do art. 6º da Lei nº 9.469, de 10 de julho de 1997*. Brasília: Casa Civil, 2015b. Disponível em: <http://www.planalto.gov.br/ccivil_03/_Ato2015-2018/2015/Lei/L13140.htm>. Acesso em: 20 fev. 2016.

BRASIL. *Lei nº 3.071, de 1º de janeiro de 1916. Código Civil dos Estados Unidos do Brasil*. Rio de Janeiro: Casa Civil, 1916. Disponível em: <http://www.planalto.gov.br/ccivil_03/leis/L3071.htm>. Acesso em: 20 fev. 2016.

BRASIL. *Lei nº 5.869, de 11 de janeiro de 1973. Institui o Código de Processo Civil*. Brasília: Casa Civil, 1973. Disponível em: <http://www.planalto.gov.br/ccivil_03/leis/L5869.htm >. Acesso em: 22 fev. 2016.

BRASIL. *Lei nº 8.069, de 13 de julho de 1990. Dispõe sobre o Estatuto da Criança e do Adolescente e dá outras providências*. Brasília: Casa Civil, 1990. Disponível em: <http://www.planalto.gov.br/ccivil_03/LEIS/L8069.htm>. Acesso em: 20 fev. 2016.

BRASIL. *Projeto de Lei nº 1.009, de 12 abril de 2011. Altera o art. 1584, § 2º, e o art. 1585 do Código Civil Brasileiro, visando maior clareza sobre a real intenção do legislador quando da criação da Guarda Compartilhada*. Brasília: Câmara dos Deputados, 2011. Disponível em: <http://www.camara.gov.br/proposicoesWeb/fichadetramitacao?idProposicao=498084>. Acesso em: 21 fev. 2016.

BRASIL. *Projeto de Lei nº 6.350, de 20 de março de 2002. Define a Guarda compartilhada*. Brasília: Câmara dos Deputados, 2002b. Disponível em: <http://www2.camara.leg.br/proposicoesWeb/fichadetramitacao?idProposicao=46748>. Acesso em: 21 fev. 2016.

BRITO, A. (Rel.). Ação Direta de Inconstitucionalidade 4.277 Distrito Federal. *DJE*, n. 198, ementário n. 2607-3, out. 2011a.

BRITO, A. (Rel.). Argüição de descumprimento de preceito fundamental 132 Rio de Janeiro. *DJE*, n. 198, ementário n. 2607-1, out. 2011b.

BROEMMEL, M. *Child Joint Custody Laws*. [S. l.: s. n, 2010]. Disponível em: http://www.livestrong.com/article/127626-child-joint-custody-laws/. Acesso em: 20 maio 2010

CABRAL, A. C. P. *Guarda de filhos e mediação familiar*: garantia de maior aplicabilidade do princípio constitucional do melhor interesse da criança e do adolescente. 2008. 110 f. Dissertação (Mestrado em Direito Constitucional) – Fundação Edson Queiroz, Universidade de Fortaleza, Fortaleza, 2008.

CALDAS, D. Da família do futuro ao futuro da família. *Folha de S. Paulo*, São Paulo, 25 dez. 2012. Disponível em: <http:// www. 1.folha.uol.com.br/fsp/equilíbrio/85578-da-família-do--futuro-ao-futuro-da-familia.shtml>. Acesso em: 9 jan. 2013. Acesso restrito.

CALLIGARIS, C. Adoção por homossexuais. *Folha de São Paulo*, 13 maio 2010. Acesso restrito. Disponível em: <http://www1.folha.uol.com.br/fsp/ilustrad/fq1305201027.htm>. Acesso em: 11 nov. 2010.

CANO, D. S. et al. As transições familiares do divórcio ao recasamento no contexto brasileiro. *Psicologia: Reflexão e Crítica*, v. 22, n. 2, p. 214-222, 2009.

CAPRA, F. *O ponto de mutação*: a ciência, a sociedade e a cultura emergente. São Paulo: Cultrix, 1982.

CÁRDENAS, E. J. *La mediación de conflictos familiares*. 2. ed. Buenos Aires: Lúmen Humanitas, 1999.

CARTER, B.; MCGOLDRICK, M. (Org.). *As mudanças no ciclo de vida familiar*: uma estrutura para a terapia familiar. 2. ed. Porto Alegre: Artmed, 1995.

CASABONA, M. B. *Guarda compartilhada*. São Paulo: Quartier Latin, 2006.

CECCARELLI, P. R. As repercussões das novas organizações familiares nas relações de gênero. *Cronos*, v. 7, n. 2, p. 321-326, jul./dez. 2006.

CERVENY, C. M. O. Pensando a família sistemicamente. In: CERVENY, C. M. O; BERTHOUD, C. M. E. (Ed.). *Visitando a família ao longo do ciclo vital*. São Paulo: Casa do Psicólogo, 2002.

CEZAR-FERREIRA, V. A. da M. *A construção da psicojurídica no contexto das separações judiciais*. 2000. Dissertação (Mestrado em Psicologia Clínica). Pontifícia Universidade Católica de São Paulo, São Paulo, 2000.

CEZAR-FERREIRA, V. A. da M. A mediação jurídica. In: CONGRESSO PANAMERICANO DE PSICOLOGIA, 26, 1997, São Paulo. *Trabalho apresentado na Mesa Redonda*: A mediação como forma de resolução de conflito. São Paulo: [s.n.], 1997a.

CEZAR-FERREIRA, V. A. da M. Auxílio à justiça de família: apoio emocional ao casal que se separa. In: GRANDESSO, M. (Org.). *Terapia e justiça social*: respostas éticas a questões de dor em terapia. São Paulo: APTF, 2001.

CEZAR-FERREIRA, V. A. da M. Da pertinência da interdisciplinaridade nas questões de direito de família. In: NAZARETH, E. R. (Org.). *Direito de família e ciências humanas*. São Paulo: Jurídica Brasileira, 1997b. (Caderno de Estudos, n. 1).

CEZAR-FERREIRA, V. A. da M. *Guarda compartilhada*: uma visão psicojurídica do relacionamento parental pós separação ou divórcio. 2013. Tese (Doutorado em Psicologia). Pontifícia Universidade Católica de São Paulo, São Paulo, 2013.

CEZAR-FERREIRA, V. A. da M. *Família, separação e mediação*: visão psicojurídica. São Paulo: Método, 2004a.

CEZAR-FERREIRA, V. A. da M. *Família, separação e mediação*: visão psicojurídica. 2. ed. São Paulo: Método, 2007.

CEZAR-FERREIRA, V. A. da M. *Família, separação e mediação*: visão psicojurídica. 3. ed. São Paulo: Método, 2012.

CEZAR-FERREIRA, V. A. da M. Mediação: considerações a respeito de procedimento e ética. *Jornal A Tribuna do Direito*, São Paulo, jul. 1998. Trabalho conjunto da Comissão de Mediação do IBEIDF.

CEZAR-FERREIRA, V. A. da M. Sobre a função do pai aos olhos da lei. In: POLITY, E.; SETTON, M.; COLOMBO, S. (Org.). *Ainda existe a cadeira do papai? Conversando sobre o lugar do pai na atualidade*. São Paulo: Vetor, 2004b.

CHAMOUN, E. *Instituições de direito romano*. 2. ed. Rio de janeiro: Forense, 1954.

CHAVES, S. F. de V. (Rel.). *Agravo Interno nº 70 047 443 320*. Porto Alegre: Sétima Câmra Cível do TJRS, 2012. Disponível em: <http://tj-rs.jusbrasil.com.br/jurisprudencia/22041631/agravo-agv-70049349632-rs-tjrs/inteiro-teor-22041632>. Acesso em: 22 fev. 2016.

COELHO, F. U. *Curso de direito civil*. 3. ed. São Paulo: Saraiva, 2009. (Família e Sucessões, v. 5).

COLTRO, A. C. M. *Guarda compartilhada*. São Paulo: Escola Paulista da Magistratura, 2011. Palestra.

COMEL, D. D. *Do poder familiar*. 3. ed. São Paulo: Revista dos Tribunais, 2003.

CONSELHO FEDERAL DE PSICOLOGIA. *Resolução CFP nº 007/2003. Institui o Manual de Elaboração de Documentos Escritos produzidos pelo psicólogo, decorrentes de avaliação psicológica e revoga a Resolução CFP º 17/2002*. Brasília: CFP, 2003. Disponível em: <http://site.cfp.org.br/wp-content/uploads/2003/06/resolucao2003_7.pdf>. Acesso em: 22 fev. 2016.

CONSELHO NACIONAL DE JUSTIÇA. *Emenda nº 1 de 31 de janeiro de 2013. Alteraos arts. 1º, 2º, 6º, 7º, 8º 9º, 10,12, 13,15,16, 18 e os Anexos I, II, III e IV da Resolução nº 125, de 29 de novembro de 2010*. Brasília: CNJ, 2013. Disponível em: < http://cnj.jus.br/images/emenda_gp_1_2013.pdf>. Acesso em: 31 mar. 2016.

CONSELHO NACIONAL DE JUSTIÇA. *Resolução nº 125, de 29 de novembro de 2010. Dispõe sobre a Política Judiciária Nacional de tratamento adequado dos conflitos de interesses no âmbito do Poder Judiciário e dá outras providências*. Brasília: CNJ, 2010. Disponível em: <http://www.scribd.com/doc/73218804/Resolucao-125-10-do-CNJ#scribd>. Acesso em: 31 mar. 2016.

CRETELLA JUNIOR, J. *Curso de direito romano*. Rio de Janeiro: Forense, 1994.

D'ABATE, D. A. *Coordinador parental para salir del conflicto*. Madri: Associação Madrilenha de Mediadores, 2013. Palestra.

DABAS, E.; NAJMANOVICH, D. *Uma, dos, muchas redes*: itinerários y afluentes del pensamiento y abordage em redes. Crónica Mesa Territorial del día 7 de Marzo de 2007. Disponível em: <https://mesaenred.wordpress.com/2008/11/06/una-dos-muchas-redes-itinerarios--y-afluentes-del-pensamiento-y-abordaje-en-redes/>. Acesso em: 19 fev. 2016.

DINAMARCO, C. R. *Instituições de direito processual civil*. 4. ed. São Paulo: Malheiros, 2003. v. 3.

DINIZ, M. H. *Curso de direito civil brasileiro*. 27. ed. São Paulo: Saraiva, 2012. (Direito de Família, v. 5).

DINIZ, M. H. *Curso de direito civil*. São Paulo: Saraiva, 1993. (Teoria Geral das obrigações, v. 2).

ESTEVES DE VASCONCELLOS, M. J. *Terapia familiar sistêmica*: bases cibernéticas. São Paulo: Psy, 1995.

FALICOV, C. J. Contribuiciones de la sociología de la familia y de la terapia familiar al "esquema del desarrollo familiar": análisis comparativo y reflexiones sobre las tendencias futuras. In: FALICOV, C. J. *Transiciones de la familia*. Buenos Aires: Amorrortu, 1991.

FÉRES-CARNEIRO, T. Casamento contemporâneo: o difícil convívio da individualidade com a conjugalidade. *Psicologia: Reflexões e Crítica*, v. 11, n. 2, p. 379-394, 1998.

FRANCISCHETTI, S. R. R. *A solução para a continuidade do exercício da responsabilidade parental após a ruptura da relação conjugal*: a guarda compartilhada dos filhos. 2008. Dissertação (Mestrado em Direito) – Faculdade Autônoma de Direito de São Paulo, São Paulo, 2008.

FRESCURA: significando pessoa de maneiras afetadas. *Jornal da Gíria*, Niterói, ed. 39, ano 5, ago./out. 2005. Disponível em: <http://www.cruiser.com.br/giria/jornal.out.nov.05.htm>. Acesso em: 26 mar. 2013.

FUECHSLE-VOIGT, T. *Cooperação ordenada no conflito familiar como processo de ajuste*: reflexões teóricas e transposição prática. Coblence: [s.n.], 2004. Disponível em: <http://www.sos-papai.org/br_cochem.html>. Acesso em: 9 set. 2011

GABLE, S. L.; POORE, J. Which thoughts count? Algorithms for evaluating satisfaction in relationships. *Psychological Science*, v. 19, n. 10, p. 1030-1036, Oct. 2008.

GAGLIANO, P. S.; PAMPLONA FILHO, R. *O novo divórcio*. São Paulo: Saraiva, 2010.

GARBARINO, J.; ECKENRODE, J.; BOLGER, K. El maltrato psicológico: un delito difícil de definir. In: GARBARINO, J.; ECKENRODE, J. (Org.). *Por qué las familias abusan de sus hijos*. Barcelona: Granica, 1999. p. 143-157.

GARCIA, C. A.; COUTINHO, L. G. Os novos rumos do individualismo e o desamparo do sujeito contemporâneo. *Psychê*, v. 8, n. 13, p. 125-140, jan./jun. 2004.

GARCIA, M. L. Contribuições da psicanálise de família no contexto da disputa pela guarda de filhos. In: GOMES, I. C.; FERNANDES, M. I. A.; LEVISKY, R. B. (Org.). *Diálogos psicanalíticos sobre família e casal*. São Paulo: Zagodoni, 2012. p. 218-231.

GARDNER, R. A. *O DSM-IV tem equivalente para o diagnóstico de Síndrome de Alienação Parental (SAP)?* [S.l.]: SAP, 2002. Disponível em: <http://www.alienacaoparental.com.br/textos-sobre-sap-1/o-dsm-iv-tem-equivalente>. Acesso em:10 mar. 2012.

GARDNER, R. A.; SAUBER, S. R.; LORANDOS, D. (Ed.). *The international handbook of parental alienation syndrome*: conceptual, clinical and legal considerations. Springfield: Charles C Thomas, 2006.

GEARY, D. C.; FLINN, M. V. Evolution of human parental behavior and human family. *Parenting: Science and Practice*, v. 1, n. 1-2, p. 5-61. 2001.

GIORGIS, J. C. T. *Apresentação*. In: COLTRO, A. C. M.; DELGADO, M. L. (Org.). *Guarda compartilhada*. São Paulo: Método, 2009.

GOLDRAJCH, D. Treinamento em habilidades com genitores em situação de guarda compartilhada. *Revista Brasileira de Terapias Cognitivas*, v. 1, n. 1, p. 111-117, jun. 2005.

GONÇALVES, C. R. *Direito civil brasileiro*. 8. ed. São Paulo: Saraiva, 2010. (Direito de família, v. 6).

GRANDESSO, M. *Sobre a reconstrução do significado*: uma análise epistemológica e hermenêutica da prática clínica. São Paulo: Casa do Psicólogo, 2000.

GRISARD FILHO, W. *Guarda compartilhada*: repertório de doutrina sobre direito de família. São Paulo: Revista dos Tribunais, 1999. 4 v.

GRISARD FILHO, W. *Guarda compartilhada*: um novo modelo de responsabilidade parental. 2. ed. atual. ampl. São Paulo: Revista dos Tribunais, 2002.

GROENINGA, G. C. Guarda compartilhada: a efetividade do poder familiar. In: COLTRO, A. C. M.; DELGADO, M. L. (Org.). *Guarda compartilhada*. São Paulo: Método, 2009.

GRZYBOWSKI, L. S. *Parentalidade em tempos de mudanças*: desvelando o envolvimento parental após o fim do casamento. 2007. 103 f. Tese (Doutorado em Psicologia) – Faculdade de Psicologia, Universidade Católica do Rio Grande do Sul, Porto Alegre, 2007.

GRZYBOWSKI, L. S.; WAGNER, A. O envolvimento parental após a separação/divórcio. *Psicologia: Reflexão e Crítica*, v. 23, n. 2, p. 289-298, 2010.

HALEY, J. *Tratamiento de la família*. México: Toray, 1974.

HART, S. N.; BRASSARD.; M. R.; KARLSON, H. C. Psychological maltreatment. In: BRIER, J. et al. (Ed.). *The APSAC handbook on child maltreatment*. Thousand Oaks: Sage, 1996. p. 72-89.

HESKETH, F. Aspectos atuais sobre a guarda compartilhada. *Boletim da Associação Paulista de Terapia Familiar*, São Paulo, 2009.

HETHERINGTON, M. The influence of conflict, marital problem solving and parenting on children's adjustment in nondivorced, divorced and remarried families. In: CLARKE-STEWART, A.; DUNN, J (Ed.). *Families count*: effects on child and adolescent development. New York: Cambridge University, 2006. p. 203-237.

HETHERINGTON, M.; KELLY, J. *For better or for worse*: divorce reconsidered. New York: Norton, 2002.

HEYNES, J. M.; MARODIN, M. *Fundamentos da mediação familiar*. Porto Alegre: Artes Médicas, 1996.

HIRONAKA G. M. F. N.; MÔNACO, G. F.C. Síndrome de alienação parental. *Boletim do IBDFAM*, n. 142, p. 1-2, mar. 2010.

HOBSBAWN, E. *A invenção das tradições*. Rio de Janeiro: Paz e Terra, 2002.

INSTITUTO BRASILEIRO DE GEOGRAFIA E ESTATÍSTICA. *Estatísticas do registro civil 2010*. Rio de Janeiro: IBGE, 2010. v. 37.

INSTITUTO BRASILEIRO DE GEOGRAFIA E ESTATÍSTICA. *Estatísticas do registro civil 2011*. Rio de Janeiro: IBGE, 2012.

ISAACS, M. B.; MONTALVO, B.; ABELSOHN, D. *O divórcio difícil*: terapia para los hijos y la família. Buenos Aires: Amorrortu, 1988.

JULIEN, P. *Abandonarás teu pai e tua mãe*. Rio de Janeiro: Companhia de Freud, 2000.

KASLOW, F. W.; SCHWARTZ, L. L. *As dinâmicas do divórcio*: uma perspectiva de ciclo vital. Campinas: Psy II, 1995.

LAGO, V. de M.; BANDEIRA, D. R. A psicologia e as demandas atuais do direito de família. *Psicologia: Ciência e Profissão*, v. 29, n. 2, p. 290-305, 2009.

LAMELA, D.; FIGUEIREDO, B.; BASTOS, A. Adaptação ao divórcio e relações coparentais: contributos da teoria da vinculação. *Psicologia: Reflexão e Crítica*, v. 23, n. 3, p. 562-574, 2010.

LAPLANCHE, J. L.; PONTALIS, J. B. *Vocabulário de psicanálise*. São Paulo: Martins Fontes, 1970.

LEIRIA, M. L. L. Guarda compartilhada: a difícil passagem da teoria à prática. *Revista da AJURIS*, n. 78, 2000. Disponível em <http://www.egov.ufsc.br/portal/sites/default/files/anexos/28320-28331-1-PB.pdf>. Acesso em: 19 fev. 2016.

LEVY, F. R. L. *Guarda de filhos*: o conflito no exercício do poder familiar. São Paulo: Atlas, 2008.

LUEPNITZ, D. A. *Maternal, paternal and joint custody*: a study of families after divorce. 1980. Thesis (Doctoral) – State University of New York at Buffalo, 1980. UMI n° 80-27618.

MADALENO, R. *Alguns apontamentos sobre guarda compartilhada*. Porto Alegre: Madaleno, 2009. Disponível em: <http://www.rolfmadaleno.com.br/novosite/conteudo.php?id=668>. Acesso em: 11 abr. 2009.

MALDONADO, M. T. *Casamento*: término e reconstrução. São Paulo: Saraiva, 2000.

MANNI, Y. *Strumenti di valutazione e sostegno alla genitorialità nei contesti giudiziari*: Il Lousanne Trilogue Play clinico. [S.l.: s.n.], 2007-2008. Disponível em: <http://www.psicologiagiuridica.com/pub/docs/2009/numero%20X%20rivista/YleniaManni.pdf>. Acesso em fev./2013.

MAPELANE, L.; WAJSS, C.; MERCÊS, G. Violência familiar: porque as famílias abusam dos filhos. In: SEMINÁRIO VIOLÊNCIA FAMILIAR. 2011. *Trabalho*... São Paulo: Departamento de Pós-Graduação em Psicologia Clínica, 2011.

MARKY, T. *Curso elementar de direito romano*. 6. ed. São Paulo: Saraiva. 1992.

MARTINS, S. R. C. *Perícias psicológicas judiciais e a família*: proposta de uma avaliação sistêmica. 1999. 344 f. Dissertação (Mestrado em Psicologia Clínica) – Pontifícia Universidade Católica de São Paulo, São Paulo, 1999.

MENDES, S. S. *Direito romano resumido*. 2. ed. Rio de Janeiro: Rio e Faculdades Integradas Estácio de Sá, 1978. (Coleção Direito Resumido, n. 41).

MICHAELIS 2000: moderno dicionário da língua portuguesa. São Paulo: Melhoramentos, 2000.

MIERMONT, J. (Org.). *Dicionário de terapias familiares*: teoria e pratica. Porto Alegre: Artes Médicas, 1994.

MINUCHIN, S. *Calidoscopio familiar*: imágenes de violencia y curación. México: Paidós, 1985.

MIOTO R. C. T. O Trabalho com redes como procedimento de intervenção profissional: o desafio da requalificação dos serviços. *Katálysis*, v. 5, n. 1, p. 51-58, jan./jun. 2002.

MÔNACO, G. F. de C. *Atribuição da guarda e suas conseqüências em direito internacional privado*. 2008. 212 f. Tese (Doutorado em Direito) – Faculdade de Direito, Universidade de São Paulo, São Paulo, 2008.

MONTEIRO, W. B. *Curso de direito civil.* 36. ed. São Paulo: Saraiva, 2001. (Direito de Família, v. 2).

MORIN, E. *Ciência com consciência.* Rio de Janeiro: Bertrand, 2000.

MORIS, V. L. *Preciso te contar? Paternidade homoafetiva e a revelação para os filhos.* 2008. 222 f. Tese (Doutorado em Psicologia Clínica) – Pontifícia Universidade Católica de São Paulo, São Paulo, 2008. Disponível em: <http://www.arco-iris.org.br/wp-content/uploads/2010/07/Vera-Lucia-Moris_-Preciso-te-contar.pdf>. Acesso em: 08 fev. 2011.

MORRONE, A. *Emplea la mediación en tus conflictos familiares.* Madri: Associação Madrilenha de Mediadores, 2013. Palestra.

MOTTA, M. A. P. A síndrome da alienação parental. In: LINS E SILVA, E. et al. (Org.). *Síndrome da alienação parental e a tirania do guardião*: aspectos psicológicos, sociais e jurídicos. Porto Alegre: Equilíbrio, 2007. p. 40-72.

NASCIMENTO, C. C. et al. Apego e perda ambígua: apontamentos para uma discussão. *Revista Mal Estar e Subjetividade*, Fortaleza, v. 6, n. 2, p. 426-449, set. 2006.

NEDER, M. et al. A mediação como forma de resolução de conflito. In: CONGRESSO PANAMERICANO DE PSICOLOGIA, 26, 1997, São Paulo. *Trabalhos...* São Paulo: [s.n.], 1997.

NORGREN, M. de B. P. et al. Satisfação conjugal em casamentos de longa duração: uma construção possível. *Estudos de Psicologia*, v. 9, n. 3, p. 575-584, set./dez. 2004.

NUNES. J. C. A. V. *Novos vínculos jurídicos na formação da família.* 2009. 201f. Tese (Doutorado em Direito) – Faculdade de Direito da Universidade de São Paulo, São Paulo, 2009.

PECK, S. J.; MANOCHERIAN, J. R. O divórcio nas mudanças do ciclo de vida familiar. In: CARTER, B.; MCGOLDRICK, M. (Org.). *As mudanças no ciclo de vida familiar*: uma estrutura para a terapia familiar. 3. ed. Porto Alegre: Artmed, 2001. p. 291-320.

PENTEADO, P. A. Construção social da maternidade. *Revista Brasileira de Terapia Familiar*, v. 4, n. 1, p. 21-32, 2012.

PEREIRA, R. C. (Org.). *Família e solidariedade.* Rio de Janeiro: Lumen Júris, 2009.

PINHO, L. A mulher no direito romano: noções históricas acerca de seu papel na constituição da entidade familiar. *Revista Jurídica Cesumar*, v. 2, n. 1, p. 269-291, 2002.

PITTMAN, F. S. *Momentos decisivos*: tratamientos de familias en situaciones de crisis. México: Paidós, 1990.

PLÁCIDO E SILVA, O. J. de. *Vocabulário jurídico.* 17. ed. Rio de Janeiro: Forense, 2000.

PONTES DE MIRANDA, F. C. *Tratado de direito privado.* Campinas: Bookseller, 2000. v. 9.

PRADO, A. B. *Semelhanças e diferenças entre homens e mulheres na compreensão do cuidado paterno.* 2005. 155 f. Dissertação (Mestrado em Psicologia) – Universidade Federal de Santa Catarina, Florianópolis, 2005.

QUINTEIRO, M. C. *União conjugal*: a grande busca. 1993. 78 f. Tese (Doutorado em Sociologia) – Faculdade de Filosofia, Letras e Ciências Humanas, Universidade de São Paulo, São Paulo, 1993.

RIO GRANDE DO SUL. Tribunal de Justiça do Rio Grande do Sul. *Apelação Cível*: AC 70046988960 RS. Porto Alegre: TJRS, 2012. Disponível em <http://www.jusbrasil.com.br/jurisprudencia/21829935/apelacao-civel-ac70046988960-rs-tjrs/inteiro-teor>. Acesso em: 04 jun. 2012.

RODRIGUES, S. *Direto civil*. 27. ed. rev. atual. São Paulo: Saraiva, 2002. (Direito de Família, v. 6).

SANTA CATARINA. Tribunal de Justiça de Santa Catarina. *Apelação Cível nº 2011.074931-9, de Santa Rosa do Sul*. Florianópolis: TJSC, 2011. Disponível em: <http://www.jusbrasil.com.br/diarios/30733183/djsc-20-09-2011-pg-142>. Acesso em: 28 maio 2012.

SCHNITMAN, D. F. Novos paradigmas na resolução de conflitos. In: SCHNITMAN, D. F.; LITTLEJOHN, S. (Org.). *Novos paradigmas em mediação*. Porto Alegre: Artmed, 1999.

SCHWARTZ, L. L.; KASLOW, F. W. *Painful partings*: divorce and its aftermath. New York: J. Wiley, 1997.

SEMENSATO, M. R. *Relações entre os scripts de apego individuais e compartilhados em casais com um filho com autismo*. 2009. 88f. Dissertação (Mestrado em Psicologia) – Instituto de Psicologia, Univresidade Federal do Rio Grande do Sul, Porto Alegre, 2009. Disponível em: <http://www.lume.ufrgs.br/bitstream/handle/10183/32001/000763440.pdf?sequence=1>. Acesso em: 4 ago. 2012.

SILVA, E. L. *Os efeitos do tipo de guarda, compartilhada ou exclusiva – legal ou de fato – na dinâmica da criança*: estudos de casos. 2003. 129 f. Dissertação (Mestrado em Psicologia) – Universidade Federal de Santa Catarina, Florianópolis, 2003.

SILVA, E. Z. M. da. *Alcances e limites da psicologia jurídica*: o impacto da avaliação psicológica na visão das partes envolvidas. 2005. Tese (Doutorado em Psicologia Clínicas) –Pontifícia Universidade Católica de São Paulo, São Paulo, 2005.

SOARES, H. M. *O acompanhamento da família no seu processo de adaptação e exercício da parentalidade*: intervenção de enfermagem. 2008. 221 f. Dissertação (Mestrado em Ciências de Enfermagem) – Instituto de Ciências Biomédicas Abel Salazar, Universidade do Porto, Porto, 2008.

SOUZA, J. L. C. de; BRITO, D. C. de; BARP, W. J. Violência doméstica: reflexos das ordenações Filipinas na cultura das relações conjugais no Brasil. *Teoria e Pesquisa*, v. 18, n. 1, p. 137-161, jan./jun. 2009.

SOUZA, R. M. de. Começar de novo: as mulheres no divórcio. In: MEIRELLES, V. (Org.). *Mulher do século XXI*. São Paulo: Roca, 2008.

SOUZA, R. M. de. Depois que papai e mamãe se separaram: um relato dos filhos. *Psicologia: Teoria e Pesquisa*, v. 16, n. 3, p. 203-211, set./dez. 2000.

SOUZA, R. M.; RAMIRES, V. R. R. *Amor, casamento, família, divórcio ... e depois, segundo as crianças*. São Paulo: Summus, 2006.

STRENGER, G. G. *Guarda de filhos*. São Paulo: LTr, 1998.

TEYBER, E. *Ajudando as crianças a conviver com o divórcio*. São Paulo: Nobel, 1995.

TOLOI, M. D. C. *Filhos do divórcio*: como compreendem e enfrentam conflitos conjugais no casamento e separação. 2006. 183 f. Tese (Doutorado em Psicologia Clínica) – Pontifícia Universidade Católica de São Paulo, São Paulo, 2006.

VAINER, R. *Anatomia de um "Litígio Amigável"*. São Paulo: Casa do Psicólogo, 1999.

VICENTE, J. *Um ensaio sobre o legado do imperador Justiniano (527-565)*. [S.l.]: Bizantinística, 2011. Disponível em: <http://imperiobizantino.com.br/2011/10/16/um-ensaio-sobre--o-legado-do-imperador-justiniano-527-565/>. Acesso em: 20 maio 2012.

VINES, J. Relatório global prevê era do "pós-familismo". *Folha de S. Paulo*, São Paulo, 25 dez. 2012. Disponível em: < http://m.folha.uol.com.br/equilibrioesaude/2012/12/1205610-relatorio-global-preve-era-do-pos-familismo.shtml?mobile>. Acesso em: 9 jan. 2013.

WAGNER, A. Possibilidades e potencialidades da família: a construção de novos arranjos a partir do recasamento. In: WAGNER, A. (Coord.). *Família em cena*: tramas, dramas e transformações. Petrópolis: Vozes, 2002.

WAGNER, A.; FALCKE, D.; MEZA, E. Crenças e valores dos adolescentes acerca de família, casamento, separação e projetos de vida. *Psicologia: Reflexão e Crítica*, v. 10, n. 1, p. 155-167, 1997.

WAGNER, A.; SARRIERA, J. C. Características do relacionamento dos adolescentes em famílias originais e reconstituídas. In: FÉRES-CARNEIRO, T. (Org.). *Casal e família*: entre a tradição e a transformação. Rio de Janeiro: Nau, 1999. p. 15-30.

WAMBIER, L. R. *Curso avançado de processo civil*. 3. ed. São Paulo: Revista dos Tribunais, 2000. v. 1.

WELSH-OSGA, B. *The effects of custody arrangements on children of divorce*. 1981. Thesis (Doctoral) – University of South Dakota, 1981. UMI nº 82-6914.

WILLIAMS F. S. *Child Custody and Parental Cooperation*. [S. l.]: American Bar American Bar Association Family Law, 1987.

YARN, D. H. (Ed.). *Dictionary of conflict resolution*. San Francisco: Jossey-Bass, 1999.

▶ LEITURAS RECOMENDADAS

BERG, D. N.; SMITH, K. K. The clinical demands of research methods. In: BERG, D. N.; SMITH, K. K. (Ed.). *The self in social inquiry*: researching methods. 2nd ed. Newbury Park: Sage, 1988.

BRASIL. *Lei nº 8.742, de 7 de dezembro de 1993. Dispõe sobre a organização da Assistência Social e dá outras providências*. Brasília: Casa Civil, 1993. Disponível em: <http://www.planalto.gov.br/ccivil_03/LEIS/L8742.htm>. Acesso em 20 fev. 2016.

BRASIL. Ministério da Saúde. Conselho Nacional de Saúde. *Resolução nº 196, de 10 de outubro de 1996*. Brasília: MS, 1996. Disponível em: <http://bvsms.saude.gov.br/bvs/saudelegis/cns/1996/res0196_10_10_1996.html>. Acesso em: 20 fev. 2016.

CAPRA, F. *A teia da vida*. 9. ed. São Paulo: Cultrix, 1996.

CERVENY, C. M. O. *A família como modelo*. Campinas: Psy II, 1994.

CEZAR-FERREIRA, V. A. da M. A terapia familiar e sua importante interlocução com a mediação. In: MACEDO, R. M. S. de (Org.). *A terapia familiar no Brasil na última década*. São Paulo: Roca, 2008.

CEZAR-FERREIRA, V. A. da M. et al. Divórcio: uma situação de perdas. In: COUTO, S. (Coord.). *Nova realidade do direito de família*. Rio de Janeiro: COAD, 1999a.

CEZAR-FERREIRA, V. A. da M. *Leis são feitas para serem mudadas*: estudo de um projeto preventivo do sistema familiar. 1993. Monografia (Graduação em Direito) – Pontifícia Universidade Católica de São Paulo, São Paulo, 1993.

CEZAR-FERREIRA, V. A. da M. Mediação com casais em separação. In: COLOMBO, S. F. (Org.). *Gritos e sussurros, intersecções e ressonâncias*: trabalhando com casais. São Paulo: Vetor, 2006. v. 2.

CEZAR-FERREIRA, V. A. da M. Mediação familiar. In: OSORIO, L. C.; VALLE, M. E. P. do. (Org.). *Manual de terapia familiar*: vol. 2. Porto Alegre: Artmed, 2011.

CEZAR-FERREIRA, V. A. da M. O processo de separação: uma construção inter-relacional. In: NAZARETH, E. R. (Org.). *Direito de família e ciências humanas*. São Paulo: Jurídica Brasileira, 1999b. (Caderno de Estudos, n. 3).

COLLINS, E. C. Qualitative research as art: toward a holistic process. *Theory Into Practice*, v. 31, n. 2, p. 181-186, 1992.

DENZIN, N. K.; LINCOLN, Y. S. *O planejamento da pesquisa qualitativa*: teorias e abordagens. 2. ed. Porto Alegre: Artmed, 2006.

DINIZ, M. H. *Curso de direito civil brasileiro*. 22. ed. rev. atual. conforme o CC/2002. São Paulo: Saraiva, 2007. (Direito de Família, v. 5).

DINIZ, M. H. *Curso de direito civil brasileiro*. São Paulo: Saraiva, 1999. (Direito de Família, v. 5).

FACHIN, R. A. G. *Em busca da família do novo milênio*: uma reflexão crítica sobre as origens históricas e as perspectivas do direito de família brasileiro contemporâneo. Rio de Janeiro: Renovar, 2001.

GIAMI, A.; SAMALIN-AMBOISE, C. *Le praticien chercheur et le chercheur intervenant*. In: D'ALLONES, C. R. et al. *La démarche clinique en services humaines, documents, méthodes*. Paris: Bordas, 1989. Apostila.

GRANDESSO, M. A equipe reflexiva: uma análise do ponto de vista da construção do significado. *Revista Nova Perspectiva Sistêmica*, ano 4, n. 7, nov. 1995.

GRANDESSO, M. A. *Sobre a reconstrução do significado*: uma análise epistemológica e hermenêutica da prática clínica. 2. ed. São Paulo: Casa do Psicólogo, 2011. cap. 1.

HOLMES, T. H.; RAHE, R. H. The social readjustment rating scale. *Journal of Psychosomatic Research*, v. 11, p. 213-218, 1967. Disponível em: <http://www.testandcalc.com/richard/resources/Teaching_Resource_Holmes_and_Rahe_Social.pdf>. Acesso em: 19 fev. 2016.

LAGRASTA NETO, C. *A família brasileira no final do século XX*. São Paulo: Malheiros, 2000.

LÔBO, P. L. N. Conferência magna: princípio da solidariedade familiar. In: PEREIRA, R. da C. (Org.). *Família e solidariedade*. Rio de Janeiro: IBDFAM, 2008. p. 4.

MACEDO, R. M. S.; KUBLIKOWSKI, I.; SANTOS, M. G. dos. A interpretação em pesquisa qualitativa: a construção do significado. In: CONFERÊNCIA INTERNACIONAL DO BRASIL DE PESQUISA QUALITATIVA, 1., 2004, Taubaté. *Trabalhos...* Taubaté: [s.n.], 2004.

MONTEIRO, W. de B. *Curso de direito civil*. 29. ed. São Paulo: Saraiva, 1990. (Direito de Família, v. 2).

MONTEIRO, W. de B. *Curso de direito civil*. 39. ed. São Paulo: Saraiva, 2004. (Direito de Família, v. 2).

MOTTA, M. A. P. Guarda compartilhada: novas soluções para novos tempos. In: NAZARETH, E. R. (Org.). *Direito de família e ciências humanas*. São Paulo: Jurídica Brasileira, 2000. (Caderno de Estudos, n. 3).

NAZARETH, E. R. Com quem fico, com papai ou com mamãe? In: NAZARETH, E. R. (Org.). *Direito de família e ciências humanas*. São Paulo: Jurídica Brasileira, 1997. (Caderno de Estudos, n. 1).

NICK, S. E. Guarda compartilhada: um novo enfoque no cuidado aos filhos de pais separados ou divorciados. In: BARRETO, V. (Org.). *A nova família*: problemas e perspectivas. Rio de Janeiro: Renovar, 1997. p. 127-168.

OLIVEIRA, J. B. A.; LOPES, R. G. da C. O processo de luto no idoso pela morte de cônjuge e filho. *Psicologia em Estudo*, v. 13, n. 2, p. 217-221, 2008.

RIVERA ÁLVAREZ, J. M. La custodia compartida: génesis del nuevo art. 92 del Código Civil. *Cuadernos de Trabajo Social*, v. 18, p. 137-162, 2005.

RODRIGUES, S. *Direito de família*. São Paulo: Saraiva, 1991. v. 6.

RODRIGUES, S. *Direto civil*. 28. ed. rev. atual. São Paulo: Saraiva, 2006. (Direito de Família, v. 6).

SHINE, S. *A espada de Salomão*: a psicologia e a disputa de guarda de filhos. São Paulo: Casa do Psicólogo, 2003.

SILVA, E. Z. M. da. *A paternidade ativa na separação conjugal*. São Paulo: J. de Oliveira, 1999.

SOUZA, R. M. de. *Paternidade em transformação*: o pai singular e sua família. 1994. Tese (Doutorado em Psicologia Clínica). Pontifícia Universidade Católica de São Paulo, São Paulo, 1994.

Índice

Número de páginas seguidos de *f* referem-se a figuras

A
Abuso emocional e físico, 75-78
Ajuda extrajudicial, 195-200
Alienação parental, 70-75, 202-206
Alimentos, 171-172
Apoio familiar, medidas de, 146-150
Autoridade parental, 161-163

C
Conflitos, 101-102, 158
  conjugais, 158
  de lealdade, 101-102
Convivência familiar, 69-78 *ver também* Família
  aspectos disruptivos da, 69-78
Cooperação ordenada, 143-144
Coordenação parental, 144-146
Corresponsabilidade parental, 164-166
Crise da separação, 78-81
Cuidados parentais, 63-64

D
Direito de convivência, 164-166
Divórcio, 156-158
  taxas – Brasil 1984-2011 (divórcios), 58f
  taxas – Brasil 1984-2010 (divórcios e separações), 58f

E
Entendimento entre os pais, 174-177
Equiparação entre pai e mãe, 84
Experiência de Cochem-Zell, 145f

F
Família, 41-55, 153-172
  aspectos jurídicos e psicológicos, 41-55
    do Direito Romano ao Código de 2002, 42-48
  família transformada, 57-81
    aspectos disruptivos da convivência, 69-78
      abuso emocional e físico, 75-78
      alienação parental, 70-75
    cuidados parentais, 63-64
    luto da separação, 68-69
    novas organizações, 64-67
      famílias homoafetivas, 65-66
      famílias posteriores e filhos de família anterior, 66-67
    psicologia da família, 78-81
      crise da separação, 78-81

taxa de divórcios – Brasil 1984-2011, 58f

taxa de separações e divórcios – Brasil 1984-2010, 58f

os novos tempos, 52-55

    família e parentalidade, 52-55

poder familiar, 48-52

    caráter protetivo do, 48-50

    deveres e direitos dos pais, 50-52

relação entre pais e filhos, 41-55

Filhos, 154-156

G

Guarda alternada, 89, 171

Guarda compartilhada, 83-119, 121-150

    conceitos, 85-87

    corresponsabilidade parental, 84-85

    cuidados com menores e direito à convivência, 98-104

        do conflito de lealdades, 101-102

    equiparação entre pai e mãe, 84

    guarda, amor e cuidado, 94-97

    modalidades de guarda, 87-91, 161-171

    obrigatoriedade da, 115-119

    preparo para, 121-150

        alternativas, 131-142

        intervenção psicológica especializada, 141-142

        mediação familiar, 133-136

        perícia, 131-133

        experiências estrangeiras, 142-150

            cooperação ordenada, 143-144

            coordenação parental, 144-146

            experiência de Cochem-Zell, 145f

            Lausanne Trilogue Play, 146

            medidas de apoio familiar, 146-150

    propostas da doutrina, lei e judiciário, 126-130

    rede em prol de guarda equilibrada, 126

    sobre o conflito, 123-125

    trabalho de rede social, 121-123

    relacionamento parental adequado, 111-115

Guarda comum, 88

Guarda de fato, 88

Guarda definitiva, 88

Guarda desmembrada e delegada, 88

Guarda por nidação ou aninhamento, 91

Guarda provisória, 88

Guarda unilateral, 88, 107-111, 166-170

I

Interesse da criança, 163-164

Intervenção psicológica, 141-142

J

Juízes *ver* Magistratura (pesquisa com juízes)

L

Lausanne Trilogue Play, 146

Luto da separação, 68-69

M

Magistratura (pesquisa com juízes), 151-209

    após a Lei nº 13.058, 206-209

    auxílio à justiça de família, 191-206

        ajuda extrajudicial, 195-200

        alienação parental e outras contribuições, 202-206

        experiência estrangeira, 200-202

        mediação, 192-195

        perícia, 191-192

    família e seus correlatos, 153-172

        alimentos, 171-172

autoridade parental, 161-163
conflitos, 158
corresponsabilidade parental, 164-166
direito de convivência, 164-166
filhos, 154-156
guarda alternada, 171
guarda compartilhada, 161-163
guarda unilateral, 166-170
imaturidade, 159-161
individualismo, 159-161
interesse da criança, 163-164
limiar de frustração, 159-161
poder familiar, 161-163
proteção integral do menor, 163-164
separação ou divórcio, 156-158
guarda compartilhada propriamente dita, 173-191
entendimento entre os pais, 174-177
importância no Brasil, 173-174
mudança na lei, 189-190
regulamentação de convivência, 184-189
Mediação, 192-195
Mediação familiar, 133-136
no Novo Código de Processo Civil, 136-141
Medidas de apoio familiar, 146-150

P

Pais e filhos, relação *ver* Relação entre pais e filhos
Perícia, 131-133, 191-192
Poder familiar, 48-52, 161-163
caráter protetivo do, 48-50
deveres e direitos dos pais, 50-52

Proteção integral do menor, 163-164
Psicologia da família, 78-81

R

Regulamentação de convivência, 184-189
Relação entre pais e filhos, 41-55, 57-81
aspectos jurídicos e psicológicos, 57-81
do Direito Romano ao Código de 2002, 42-48
família transformada, 57-81
aspectos disruptivos da convivência, 69-78
abuso emocional e físico, 75-78
alienação parental, 70-75
cuidados parentais, 63-64
luto da separação, 68-69
novas organizações, 64-67
famílias homoafetivas, 65-66
famílias posteriores e filhos de família anterior, 66-67
psicologia da família, 78-81
crise da separação, 78-81
taxa de divórcios – Brasil 1984-2011, 58f
taxa de separações e divórcios – Brasil 1984-2010, 58f
novos tempos, 52-55
família e parentalidade, 52-55
poder familiar, 48-52
caráter protetivo do, 48-50
deveres e direitos dos pais, 50-52

S

Separação, 79-81, 58f, 159-158
crise da, 78-81
luto da, 68-69
taxas – Brasil 1984-2010, 58f